ČESKÁ
REPUBLIKA

Vltava a Pražský hrad ● Moldau und Prager Burg ● The River Vltava and Prague Castle ● La Vltava et le Château de Prague ● La Moldava e il Castello di Praga ● Río Moldava y Castillo de Praga

Karlův most ● Karlsbrücke ● Charles Bridge ● Le pont Charles ● Il Ponte Carlo ● Puente de Carlos

Říkáme o své zemi, že je na prostředku světa. A nechtěně vlastně tak vypovídáme nejen o její poloze, ale také o její patřičnosti k tomuto světu. O tom, že není sama. O tom, že jí není dáno nehleděti na druhé.

Je malá, je ještě menší, nežli bývala. Ale často příliš veliká na to, abychom ji pobrali. Abychom ji vyslovili. Neboť vědomí, že je to náš domov, nemusí pro nás v této překotné, nesentimentální době, kdy se ruší hranice mezi zeměmi i státy, ještě znamenat celou pravdu.

Doma asi může být člověk kdekoli. Pokud příliš nestůně steskem, pokud závaží, s nimiž se vydal do světa, nejsou příliš těžká. Čím mladší let, tím volnější ...

Ale jsou věci, kterých se těžko zbavit. Které těžko překročit. Protože dosahují až k srdci.

Ano, jsou to věci, o kterých se spíš mlčí, neboť jsou z příliš velkých slov. Jako je třeba paměť. Nebo řeč. Nebo krajina. O tom mluviti těžko. Ale mlčení o nich je někdy schopno křiku ... Protože paměť není jenom z dějů a dat — ale i z úžasů a malých zázraků, z ptáků a ze stromů, z pověr a z dobrých pořízení, z první laskavosti a strachu. A řeč, ač třeba zapomenuta, umí tu a tam nastoliti nejspanilejší hudbu. A česká krajina? I kdybys v tom kolorovaném slabikáři vytrhal všecky stránky, zbude ti v deskách připomínka obzoru, kde jsou v nejkrásnější rovnováze nebesa a země. Čímž je asi řečeno jen to, že někam patřit, mít domov — je i dar. I pýcha. I osud.

Možná, že právě představa takového slabikáře, v němž možno čísti aspoň očima, patří k ctižádostem těch, kdo se rozhodli portrétovat zem. Kdo si usmysleli zachytit její obraz. Je to k zoufání těžké. Protože země má tisíc tváří jako žena. A nejen to ... Přečasto o ní vypovídá víc to, co je za obrazem, co je v lomu desítek barev a světel, co je ve vteřině zrušeno posunkem letu či oblak, co je ve vteřině znovuzrozeno vyhrklou rosou nebo nechtěnými slzami.

Je to tedy vlastně jen kousek snu.

Listovat si v zemi — a věřit, že ji na okamžik spatříte celou, celou takovou, jaká je.

Jak ji neznáte. Jak ji do posledního pomyšlení znáte.

· Tschechische Republik
· Czech Republic
· République tchèque

· Repubblica Ceca
· República Checa

KVARTA
PRAHA

ČESKÁ

Čechy, Morava a Slezsko

REPUBLIKA

Miroslav
KROB
& jr.

Čechy

Dávná minulost si v této zemi podává ruce s dneškem, včerejší dění s nadějemi zítřka. Jsme ve středu Evropy, v níž Čechy leží. Sama příroda je nápadně ohraničila pevnými obrysy. Horské valy zformovaly jejich obrys do čtverhranu, po němž probíhá státní hranice, po tisíc let téměř nezměněná. Nejednou v minulosti byla horská hradba v sázce, naposled v tomto století, jako kořist úskočného souseda. Přirozené ohraničení Čech zaznamenal již kronikář Kosmas († 1125) ve své Kronice české: „Kraj kolem dokola obklíčený horami, jež se podivuhodným způsobem táhnou po obvodu celé země, že se na pohled zdá, jako by jedno souvislé pohoří celou tu zemi obklopovalo a chránilo." Hory zemi skutečně chránily, napomáhaly tomu také neprostupné pohraniční hvozdy, jimiž vedly jen cesty k průsmykům.

V kotlině pod hraničními horami, které dosahují jen středohorských výšek, se prostírá Česká země, o níž národní hymna básnicky praví, že je to zemský ráj na pohled. Jaký div, že mytologický praotec Čech, když stanul na hoře Říp, byl okouzlen pohledem na okolní kraj. A čeští Slované, když sem přišli v 5. století, tu zůstali navždy. Nebyli jejími prvními obyvateli, člověk žil v Čechách již v mladší době kamenné, svá oppida si na mnoha místech zbudovali keltští Bojové, hmotné památky tu zůstaly po germánských Markomanech z doby římské.

Téměř uprostřed České země, v pražské kotlině, založili v 9. století Přemyslovci Pražský hrad. Svým vzhledem měl blíže k hradištím než k středověkému hradu. Pod jeho záštitou vznikala pak jednotlivá pražská města. Po celých jedenáct století byla Praha centrem Českého státu. Její dějiny, slavné i tragické, vždy byly i dějinami celé země. Nikdy v ní ani neochabla intenzita kulturního dění. Již v raném středověku se zaplnila množstvím kostelů, klášterních komplexů, paláců, staveb na Pražském hradě. Pražskou pozoruhodností jsou desítky kamenných románských domů, ukrytých pod dnešní zástavbou Starého Města, které jinde nemají obdobu. Velkého rozkvětu dosáhla Praha za vlády Karla IV., obohatila ji jagellonská pozdní gotika, nové impulsy přinesla doba rudolfínská, proslavil český barok, jenž změnil ráz do té doby gotického města. Obdiv a ocenění vždy budilo citlivé vkomponování různorodé architektury do členitého pražského terénu s velkými výškovými rozdíly, od hladiny Vltavy po Strahov a Petřín.

Kromě Pražského hradu věnovali čeští panovníci velkou pozornost i Vyšehradu, druhému pražskému hradu. K ochraně zemských hranic, avšak i ve vnitrozemí vyrůstaly kamenné gotické hrady. Mocensky významné, královské, jako Zvíkov a Bezděz, patří mezi národní kulturní památky. Karlštejnu, hradu se zvláštním posláním, patří přední místo. Hradů je v Čechách bezpočet, četné jsou v troskách, ale i jejich rozvaliny charakterizují krajinu. S pozdějšími zámky, stavbami obvykle vynikající architektonické úrovně, se lze setkat téměř všude. Nemalého věhlasu získalo Konopiště, Opočno, Hluboká nad Vltavou, Rychnov nad Kněžnou, Sychrov. Před sedmi sty lety, za vlády velkých přemyslovských králů, se cílevědomě zakládala a vyrůstala města, královská i poddanská, úkaz měnících se společenských a hospodářských proměn v zemi. Vznikala při křižovatkách obchodních cest, v podhradích, zakládala se na „zelené louce" na pravidelném půdorysu. Každé z nich má svou nezaměnitelnou tvářnost, od podoby náměstí, vzhledu kostela, radnice, městské zástavby, klášterního souboru až po ohrazení. Během staletí se leccos změnilo, obvykle se však zachovala historická jádra měst, dnes mnohá prohlášená za památkové rezervace. Vedle Prahy a Českého Krumlova, zařazených mezi světové kulturní památky, je třeba vzpomenout Kutné Hory, Tábora, Českých Budějovic, Domažlic, Litoměřic, Hradce Králové, Třeboně, Jičína. Ve svých zdech uchovávají cenné historické a kulturní hodnoty, v městských kostelích plastiky krásných madon, nástěnné a nástropní gotické a barokní malby, hodnotná vnitřní zařízení, vzácnou výzdobu. Obrovské bohatství shromáždila místní muzea, obrazárny, knihovny, archívy.

Tvářnost české krajiny po staletí formovaly lidské ruce a lidský um, ale trvalé rysy jí vtiskla příroda za statisíce a milióny uplynulých let. Neobyčejně bohatá a mnohotvárná je geologická a horotvorná historie českých hor. Na mohutné Krkonoše, horstvo nejvyšší, navazují na západě Krušné hory, další článek horského řetězu tvoří rozlehlá Šumava na jihozápadě, zatímco Českomoravská vrchovina spojuje Čechy a Moravu na východě, bez viditelné hranice mezi oběma zeměmi. Rozsáhlé plochy lesů dosud pokrývají všechna tato horstva i rozsáhlá podhůří. I uvnitř české kotliny se zvedají lesnaté pahorkatiny a hornatiny, které dodávají krajině na malebnosti a přitažlivosti. Kupovité a kuželovité vrchy Českého středohoří, projevy dávné sopečné činnosti v Čechách, svou krásou a malebností i jistou exotičností patří k zvláštnostem země. Většina horstev a řada přírodních regionů je chráněna jako národní parky nebo krajinné oblasti státem. Pískovcová skalní města jsou nejen kolem údolí řeky Labe, ale prostupují oblast Českého ráje, aby velkolepými skalními útvary končila ve východních Čechách. Zcela jiný ráz mají jižní Čechy. Třpytí se zde bezpočet vodních hladin. Rybníky se tu zakládaly od středověku, zlatý věk zaznamenalo rybníkářství v 16. století. Kdysi močálovitá krajina se lidskou prací změnila k nepoznání. A navíc důmyslným systémem vodních stok došlo k propojení mnoha rybníků. Na několika místech západních Čech prýští ze země horké i chladné minerální prameny s léčivými účinky; vzniklé lázně si vydobyly světovou pověst. V centru země, v Českém krasu objevené jeskyně získaly pověst jedněch z nejkrásnějších svou krápníkovou výzdobou a zajímavostmi.

Mnohé o přírodních krásách Čech nebylo řečeno. Nezbývá než znovu si vypůjčit slova z národní hymny, že „. . . ta krásná země, země česká, (je) domov můj".

Böhmen

In diesem Land reicht das längst Vergangene der Gegenwart die Hände.

Das Gestern nährt die Hoffnungen für Morgen. Wir sind in der Mitte Europas, in Böhmen.

Die Natur selbst hat die Grenzen mit auffällig festen Umrissen gezeichnet.

Einem Viereck gleich, umrahmen Gebirgszüge das Land. Sie bestimmen, die seit Jahrhunderten fast unverändert gebliebene Staatsgrenze. Nicht nur einmal war diese Gebirgsfestung im Spiel, zuletzt in diesem Jahrhundert, als Beute eines hinterlistigen Nachbarn. Bereits der Chronist Kosmas († 1125) vermerkte in seiner Chronik Böhmens die natürliche Grenzziehung des Landes: „Das Gebiet ist rundherum von Gebirgszügen eigekreist, die auf wundersame Weise das ganze Land einrahmen, daß es scheint, als hätte das zusammenhängende Gebirge das Land einst schützend umringt". Unterstützt von undurchdringlichen, tiefen Grenzwäldern — durch die lediglich Paßwege führten — haben die Berge das Land tatsächlich geschützt.

Im Tal des Grenzgebirges, das nur Mittelgebirgshöhe erreicht, erstreckt sich das böhmische Land, in dem es in der Nationalhymne heißt, daß es das Paradies auf Erden sei.

Was Wunder, daß der Urvater Čech beim Anblick dieses Landes vom Berg Říp bezaubert war und daß die tschechischen Slawen, die im 5. Jahrhundert kamen, für immer blieben.

Sie waren hier jedoch nicht die ersten Bewohner. Bereits in der Jungsteinzeit lebten Menschen in Böhmen. An etlichen Stellen hatten die keltischen Krieger ihre Siedlungen und aus der Zeit der Römer stammen die materiellen Überreste der germanischen Markomannen.

Fast genau in der Mitte des Landes der Tschechen, im Prager Becken, gründeten die Přemysliden im 9. Jahrhundert die Prager Burg. Vom Aussehen her mehr eine Burganlage als eine klassische Burg des Mittelalters. Unter ihrem Schutz entstanden die einzelnen Städte Prags. Für ganze Jahrhunderte war Prag das Zentrum des tschechischen Staates. Seine Geschichte, die ruhmreiche wie auch die tragische, war stets auch die Geschichte des ganzen Landes. Die Intensität des kulturellen Lebens und Geschehens hat hier jedoch nie nachgelassen.

Bereits im frühen Mittelalter wuchs die Zahl der Kirchen, Klosteranlagen, Paläste und der Bauten auf der Prager Burg. Eine Prager Besonderheit stellt die Vielzahl romanischer Steinhäuser dar, die — von den Bauten der Neuzeit überdeckt — in Prag einmalig sind. Groß erblüht ist Prag unter der Regentschaft des Karl IV. Eine Bereicherung bedeutete die Spätgotik der Jagiellonen, neue Impulse brachte die Rudolfinische Epoche, Berühmtheit erlangte das böhmische Barock, das den bis dahin gotischen Charakter der Stadt veränderte. Bewunderung und Wertschätzung weckte stets die einfühlsame Einbeziehung der unterschiedlichen Architekturstile in das gegliederte Terrain Prags mit seinen großen Höhenunterschieden, vom Wasserspiegel der Moldau bis Strahov und Petřín.

Neben der Prager Burg, widmeten die Herren Böhmens dem Vyšehrad, der zweiten Burg in Prag, große Aufmerksamkeit. Zum Schutz der Landesgrenzen, aber auch im Landesinneren, entstanden große gotische Steinburgen. Die für die Macht bedeutenden, die königlichen, wie Zvíkov und Bezděz, zählen zu den nationalen Kulturdenkmälern. Karlštejn, die Burg mit Sonderbestimmung, gehört an die vorderste Stelle. Es gibt zahlreiche Burgen in Bohmen. Viele sind Ruinen. Aber auch ihre Trümmer gehören zum Charakteristikum der Lanschaft. Auf Schlösser, die später auf einem hohen Niveau der Architektur entstanden sind, trifft man überall im Land. Weltruf erwarb das Schloß Konopiště, Opočno, Hluboká nad Vltavou, Rychnov nad Kněžnou, Sychrov. Vor 700 Jahren, während der Regentschaft der großen Könige der Přemysliden, wurden gezielt Städte angelegt und gegründet.

Es waren freie Stadte und auch abhängige Städte der Leibeigenen und Untertanen. Sie waren ein Zeichen für gesellschaftliche und ökonomische Veränderungen im Land. Sie entstanden an Kreuzungen von Handelswegen, in Burgnähe, sie wurden auf der „grünen Wiese" entworfen und gegründet. Die Form des Marktplatzes, das Aussehen der Kirchen, das Rathaus, die städtische Bebauung bis hin zur Stadtbegrenzung, jede Stadt hat ihr unverwechselbares Gesicht. Im Laufe der Jahrhunderte hat sich zwar einiges verändert, gewöhnlich sind jedoch die historischen Stadtkerne erhalten geblieben. Vielerorts sind sie heute Kulturdenkmäler. Neben Prag und Český Krumlov — beides Weltkulturdenkmäler — soll beispielsweise auch an Städte wie Kutná Hora, Tábor, České Budějovice, Domažlice, Litoměřice, Hradec Králové, Třeboň, Jičín erinnert werden. In den Mauern dieser Städte sind wertvolle historische und kulturelle Werte verborgen. So beherbergen die Stadtkirchen Plastiken prachtvoller Madonnen, gotische und barocke Wand- und Deckenmalereien, wertvolle Inneneinrichtungen und kostbare Dekorationen. Riesige Reichtümer haben die örtlichen Museen, Galerien, Büchereien und Archive angesammelt.

Das Aussehen der böhmischen Landschaft ist über Jahrhunderte von der Hand und dem Verstand der Menschen geformt, die dauerhaften Züge sind ihr jedoch in den vergangenen hunderttausenden und Millionen von Jahren von der Natur eingeprägt worden. Ungewöhnlich reichhaltig und vielfältig ist die geologische Geschichte der Gebirge Böhmens. An den höchsten und mächtigsten Gebirgszug Krkonoše (Riesengebirge) schließen sich im Westen Krušné hory (Erzgebirge) an. Ein weiteres Glied in der Gebirgskette stellt die ausgedehnte Šumava (Böhmerwald) im Südwesten dar, während die Böhmisch-Mährische Höhe Böhmen und Mähren ohne ersichtliche Grenze im Osten verbindet. Diese Gebirge und auch die ausgedehnten Vorgebirge werden bislang von großen Waldflachen bedeckt. Auch innerhalb des Böhmischen Beckens erheben sich bewaldete Anhöhen und Hügel. Diese gestalten das Land malerisch und anziehend. Die kegelförmigen Höhen des Böhmischen Mittelgebirges sind das Ergebnis längst erloschener Vulkantätigkeit. Mit ihrer malerischen Schönheit und mit der von ihr ausgehenden, gewissen Exotik, gehört diese Hügellandschaft zu den Besonderheiten des Landes. Die meisten Gebirge und eine Reihe von Regionen sind als Nationalparks oder Landschaftsschutzgebiete staatlich geschützt.

Das Sandsteingebirge gibt es nicht nur in der Gegend um das Elbtal, es setzt sich im Böhmischen Paradies fort, um dann mit den prächtigsten Sandsteinformationen im Osten Böhmens zu enden. Einen ganz anderen Charakter weist Südböhmen auf. Hier schimmern unzählige Wasserflächen. Seit dem Mittelalter wurden hier Teiche angelegt. Das goldene Zeitalter der Fischerei war hier im 16. Jahrhundert. Die ursprüngliche Sumpflandschaft wurde durch die Arbeit von Menschen bis zur Unkenntlichkeit verändert. Zudem wurden viele Teiche mittels eines durchdachten Kanalsystems miteinander verbunden. An etlichen Stellen Westböhmens sprudeln heiße und kühle Heilquellen. Die hier entstandenen Bäder erlangten Weltruf. Die im Zentrum des Landes, im Böhmischen Karst, entdeckten Tropfsteinhöhlen sind aufgrund ihrer Schönheit berühmt.

Vieles über die Naturschönheiten Böhmens blieb ungesagt. Es bleibt uns nur eines übrig, wir müssen nochmals auf den Text der Nationalhymne zurückgreifen, in dem es heißt: „.. und dies ist das schöne Land, Land der Tschechen, meine Heimat".

Bohemia

History and the present, yesterday's events and tomorrow's hopes stand shoulder to shoulder in this, the centre of Europe: wherein lie the Czech Lands. Nature herself has endowed them with strong contours, their outlines moulded into quadrangle ridge natural border line. Many have been the times in history that this mountain barrier has faced jeapordy: most recently, this century, falling prey to a wily neighbour. The natural border of the Czech lands described as early as 1125 by the chronicler Kosmas in his "Chronicle of the Czech Lands" as:

"A country encircled by mountains which surround it all around. It is almost as if it were one continuous mountain range encircling and protecting this country."

And the mountains were aided in their protective role by the deep forests around, through which led little known tracks to the mountain passes. The Czech Land spreads out below this medium height border mountain range — a land which the National Anthem lauds as a paradise on Earth. It is hardly surprising that the mythological Great Father "Praotec" Čech, standing for the first time on Mount Říp was charmed by the country all around. The Czech slavs when they arrived in the 5th. century were to stay forever. They however were not the first inhabitants of the Czech Land. Indeed man has lived here from as far back as the Early Stone Age. The Celts built their "oppidans" in many varied locations, and traces of historically proven places of habitation were left by the German Markomen of Roman times.

Almost in the centre of the Czech Land Prague Castle, looking more like a fortified settlement than a medieval castle was founded by the Premyslids in the 9th. century. One by one, under its protection, each of the Prague towns were established and grew. Prague was the centre of the Czech State for eleven centuries. Its glorious and tragic history mirrors that of the whole country. The intensity of cultural life in Prague never once lost its momentum throughout the ages. In the Early Middle Ages Prague was full of churches, abbeys, convents, palaces, and new building in the Castle itself. Truly remarkable and unique are a number of stone romanesque houses, the foundations of which are situated beneath the present day buildings of the Old Town. Prague flourished during the reign of Charles the 4th., and the Jagellon reign of the Gothic period enriched it further. New impulses being felt at the time of Rudolf the 2nd. Prague gained fame for its Baroque period architecture, changing the character of a town which until then had been predominantly Gothic. The harmonious management of differing architectural style on the articulated Prague terrain incorporating, from the low Vltava bed level up to Strahov and Petřín, many different heights has always been much admired.

Apart from Prague Castle there was also that of Vyšehrad, second in importance, but also for a time the Seat of the Czech Sovereigns. Stone gothic castles were now being built both inland and along the borders for the protection of the country. The most important of them, such as Royal Zvíkov and Bezděz, now ranked as national cultural monuments. Pride of place must go to Karlštejn, a castle with its own special purpose. There are a countless number of castles in the Czech Land, some of them in ruins, nonetheless characteristic of the countryside. Chateaux, the later buildings usually of outstanding architecture, are found almost everywhere. The most renown being Konopiště, Opočno, Hluboká nad Vltavou, Rychnov nad Kněžnou and Sychrov. Many towns, regal and fiefdom, were founded and built by the Premyslids seven centuries ago mirroring the social and economic changes taking place in the country. Towns were being built at the cross-

roads of trade routes, next to castles and also on empty ground according to regular ground plans. Each one of them is individual, from its characteristic town square, church, town hall, houses, abbey, to fortifications. Many things changed through the centuries but the historic centres of towns were usually preserved, many of them today counted as conservation area. After Prague and Český Krumlov, both on the list of world's cultural monuments, we should mention Kutná Hora, Tábor, České Budějovice, Domažlice, Litoměřice, Hradec Králové, Třeboň, Jičín. Within their walls are precious historic and cultural relics, their churches, their statues of beautiful madonnas, gothic and baroque frescoes, valuable furnishings and decorations, from whence a great wealth was gathered by local museums, art galleries, libraries and archives.

Formed by the hand of man over the centuries the Czech countryside was given its permanent look by the work of Nature encompasing millions of years. Very rich and multifaceted is the geological and mountain moulding history of the Czech highlands: the highest of which are the Krkonoše to the west, followed by Krušné hory, the next piece in the chain is Šumava in the southwest, and the Czech — Moravian Heights link the Czech Land and Moravia without any visible border between the two. Today thick forests still cover the mountain slopes. Even within the Czech basin there are many forested undulating highlands, which serve to make the countryside picturesque and attractive. The cone and mound like hills of the Czech central highlands, manifestations of volcanic activity, account for its beauty and almost exotic atmosphere and belong amongst the curiosities of the country. Most of the mountains and regions are preserved by the state as national parks or nature reserves.

Sandstone towns occur not just around the Labe valley but can be found in the whole area known as "Czech Paradise" their great sculpture-like rocks culminating in the eastern part of the Czech Land. South Bohemia has a totally different look. Here there are a countless number of sparkling water surfaces. Ponds have been dug here since the Middle Ages, their heyday being in the 16th. century. The former boggy land was changed by the hand of man to a lovely countryside indeed, and many ponds were linked by clever design of water channels. In several places in west Bohemia there are hot and cold mineral springs with medicinal properties. Their spa towns earning an excellent reputation throughout the world. In the centre of Bohemia the Czech Karst caves are reputed to be some of the most beautiful anywhere for their stalagmite and stalactite formations and other peculiarities. Only a fraction of the beauty of the Czech land has thus far been described. There is nothing more telling than the words of the National Anthem:

... "that beautiful country, that Czech country, my home."

Bohême

Le passé lointain se donne la main dans ce pays avec le présent, l'activité d'hier avec les espoirs futurs. Nous nous trouvons au centre de l'Europe où s'étend la Bohême. La nature elle-même lui a donné des contours fermes. Les massifs montagneux lui ont conféré la forme d'un carré limité par les frontières le l'Etat qui sont restées presque inchangées pendant mille ans. Souvent dans le passé le rempart montagneux a été menacé, la dernière fois au cours de notre siècle où nous fûmes la proie d'un voisin perfide. La frontière naturelle de la Bohême fut mentionnée déjà par le chroniqueur Kosmas († 1125) qui nota dans sa Chronique tchèque « Un pays entouré tout autour de montagnes qui s'étendent merveilleusement sur toute sa périphérie de manière qu'il semble de prime abord qu'une seule chaîne montagneuse entoure et protège tout le pays ». Les montagnes ont protégé en effet le pays et elles ont été aidées dans leur tâche par les forêts impénétrables des régions limitrophes qui étaient traversées seulement par les routes passant par les cols.

Dans le bassin situé derrière les montagnes frontalières dont les sommets n'atteignent que des altitudes de montagnes moyennes s'étend le pays tchèque dont l'hymne national chante que c'est à première vue un paradis terrestre. On ne peut donc pas s'étonner que l'ancêtre Čech fut enchanté par le spectacle qui s'offrait à ses yeux lorsqu'il atteignit le sommet du mont Říp. Les Slaves tchèques qui y arrivèrent au Ve siècle y restèrent même pour toujours. Ils n'étaient pas les premiers habitants de la région, car l'homme vivait en Bohême déjà à l'ère paléolithique, des oppidums furent créés à de nombreux endroits par les Boïens celtiques et des vestiges restèrent des Marcomans germaniques des temps de l'empire romain. Presque au milieu du pays tchèque, dans le bassin de la Vltava, fut créé au IXe siècle par les Přemyslides le Château de Prague qui rappelait par son aspect plutôt des forteresses qu'un château fort moyenâgeux. Sous sa protection furent construites progressivement les différentes villes pragoises. Prague fut pendant onze siècles entiers le centre de l'Etat tchèque. Son histoire, glorieuse et tragique, fut toujours simultanément l'histoire de tout le pays... Jamais on n'y enregistra un affaiblissement de l'activité culturelle. Déjà au début du moyen âge elle fut ornée d'une multitude d'églises, de monastères, de palais et de maisons construites au Château de Prague. Une particularité de Prague est représentée par des dizaines de maisons romanes en pierres cachées par les maisons plus modernes de la Vieille Ville qui ne trouvent nulle part de pareilles. Prague connut un essor remarquable sous le règne de Charles IV. Elle fut enrichie par l'art gothique tardif des Jagellons, de nouvelles impulsions furent apportées sous le règne de Rodolphe et elle dut une nouvelle gloire au baroque tchèque qui changea le cachet de la ville jusqu'alors gothique. Une admiration et une appréciation particulières furent toujours suscitées par l'incorporation d'une architecture variée dans le terrain articulé de Prague caractérisé par ses dénivellations importantes depuis le niveau de la Vltava jusqu'à Strahov et Petřín.

Les souverains tchèques consacrèrent une grande attention, en dehors du Château de Prague, au deuxième château fort pragois, Vyšehrad. Pour assurer la protection des frontières du pays ainsi que de l'intérieur on construisit des châteaux forts gothiques. Ceux des rois, particulièrement puissants, tels que Zvíkov et Bezděz, se rangent parmi les sites culturels classés. La première place est occupée par Karlštejn qui avait une mission spéciale. Les châteaux forts construits en Bohême sont innombrables et bien que certains soient en ruines, leurs vestiges confèrent un caractère spécial au paysage environnant. Les châteaux construits plus tard et atteignant généralement un haut niveau architectonique peuvent être rencontrés presque partout. Particulièrement renommés sont Konopiště, Opočno, Hluboká nad Vltavou, Rychnov nad Kněžnou et Sychrov. Avant sept siècles, sous le règne des puissants rois de la famille des Přemyslides, furent conséquemment créées et développées des villes, tant royales qu'asservies, documentant les changements sociaux et économiques enregistrés dans le pays. Elles furent créées aux carrefours des routes commerciales, au-dessous des châteaux forts et même en plaine et avaient un plan régulier. Chacune d'elles a son aspect tout particulier, en commençant par le style architectonique de la place principale et les formes de l'église, de l'hôtel de ville, des maisons d'habitation et du monastère et finissant par les remparts. Au fil des siècles beaucoup de choses changèrent, mais les noyaux historiques des villes se sont conservés jusqu'à nos jours et beaucoup d'entre-eux ont été proclamés sites classés. En dehors de Prague et de Český Krumlov classés parmi les sites culturels de renommée mondiale, il faut mentionner Kutná Hora, Tábor, České Budějovice, Domažlice, Litoměřice, Hradec Králové, Třeboň et Jičín. Ces villes gardent entre leurs murs des valeurs historiques et culturelles précieuses et dans leurs églises des statues de belles Madones, des peintures sur plafonds et murales gothiques et baroques, des équipements intérieurs d'une grande valeur et des décorations précieuses. De riches trésors furent accumulés dans les musées locaux, les galeries de tableaux, les bibliothèques et les archives.

La plasticité du paysage tchèque fut assurée pendant des siècles par les mains des hommes et l'ingéniosité humaine, mais ses traits caractéristiques durables lui ont été imprimés par la nature pendant les centaines de milliers et les millions d'années ecoulés. Particulièrement riche et variée est l'histoire géologique et orogénique des montagnes tchèques. Avec la chaîne montagneuse la plus haute, les monts des Géants, enchaînent à l'ouest les monts Métallifères et un autre maillon de la chaîne montagneuse est formé par la Šumava au sud-ouest, tandis que le Plateau tchéco-morave s'étend entre la Bohême et la Moravie à l'est, sans qu'il y ait entre les deux régions une nette frontière. De vastes forêts recouvrent toujours encore toutes ces montagnes ainsi que les régions s'étendant à leurs pieds. Même dans le bassin tchèque se trouvent des monts et des collines boisés augmentant encore le charme et l'attrait de la région. Les monts à sommets ronds et coniques du Massif central tchèque, exprimant l'ancienne activité volcanique en Bohême, se rangent par leur beauté et leur caractère pittoresque ainsi que par leur exotisme parmi les curiosités du pays. La plupart des montagnes et toute une série de régions naturelles sont protégées par l'Etat comme parcs nationaux ou réserves naturelles.

Les villes de rochers en grès ne se trouvent pas seulement près de la vallée de l'Elbe, mais traversent aussi la région du Paradis de Bohême pour aboutir finalement aux formations rocheuses pittoresques s'étendant dans la Bohême orientale. Tout-à-fait différente est la Bohême du Sud, où se trouvent d'innombrables nappes d'eau. Les étangs y furent créés depuis le moyen âge, mais l'âge d'or de la pisciculture fut enregistré au XVIe siècle. La région jadis marécageuse fut transformée par le travail assidu des hommes en région toute différente. En outre on assura par la création de tout un système de canaux la liaison de nombreux étangs. A plusieurs endroits de la Bohême occidentale jaillissent des profondeurs de la terre des sources minérales chaudes et froides à effets curatifs. Les stations thermales qui y furent créées jouissent d'une renommée mondiale. Les grottes karstiques découvertes au centre de la Bohême se rangent par la beauté de leurs concrétions calcaires et leurs autres attraits parmi les plus intéressantes. Beaucoup de beautés naturelles de la Bohême n'ont pas été mentionnées et nous devons donc rappeler encore une fois les mots de l'hymne national tchèque «... ce beau pays, le pays tchèque, (est) ma patrie ».

Boemia

In questo paese il remoto passato si incontra con il presente, gli avvenimenti di ieri con le speranze del domani. Ci troviamo nel cuore dell'Europa, dove è situata la Boemia. La natura stessa l'ha stranamente delimitata con solidi contorni. Le catene montuose le hanno dato una forma a quadrilatero, lungo il quale corre la frontiera statale, rimasta immutata quasi per mille anni. Più volte nel passato si è trovata in pericolo la cinta montuosa, l'ultima volta in questo secolo, come preda dell'insidioso vicino. La demarcazione naturale della Boemia fu registrata già dal cronista Kosmas († 1125) nella sua Cronaca boema: "Una regione circondata tutt'attorno da montagne che si trascinano in maniera ammirevole lungo il perimetro di tutto il paese, tanto da suscitare l'impressione che una continua catena di monti la circondi e la protegga". Le montagne protessero veramente il paese e vi contribuirono anche le impenetrabili foreste limitrofe per le quali conducevano solo i sentieri verso i valichi.

Nella conca sotto i monti di frontiera che raggiungono solo medie altitudini si estende il Paese di Boemia, del quale l'inno nazionale dice poeticamente che sembra un paradiso terrestre. Nessuna meraviglia se il mitologico progenitore Čech, quando raggiunse la cima del monto Říp, rimase incantato al vedere la regione circostante. E gli Slavi Cechi, quando vi giunsero nel V secolo, ci rimasero per sempre. Non erano i suoi primi abitanti: l'uomo viveva in Boemia già nel neolitico, in diverse località costruirono il loro "oppidum" i Boi Celtici, qui rimasero i cimeli dei Marcomanni Germanici del periodo romano.

Quasi nel mezzo del Paese di Boemia, nella conca praghese, i Premyslidi fondarono nel IX secolo il Castello di Praga. Col suo aspetto assomigliava più ai fortilizi che a un maniero medioevale. Sotto il suo patrocinio nacquero in seguito le singole città praghesi. Per undici interi secoli Praga fu il centro dello Stato di Boemia. La sua storia, gloriosa e tragica, fu sempre anche la storia di tutto il paese. In essa non si affievolì nemmeno l'intensità degli avvenimenti culturali. Già nel primo Medioevo si riempì di numerose chiese, di monasteri, di palazzi, delle costruzioni del Castello di Praga. Una curiosità praghese sono decine di case romaniche di pietra, celate sotto l'odierno complesso urbanistico della Città Vecchia, che non hanno pari altrove. Praga raggiunse una grande prosperità sotto il regno di Carlo IV, fu arricchita dall'architettura tardo gotica degli Jagelloni, le portò nuovi impulsi il periodo rodolfino, la rese celebre il barocco ceco che fece cambiare l'aspetto di città gotica che ebbe fino ad allora. Suscitò sempre ammirazione e stima il sensibile componimento di una architettura eterogenea nel vario terreno praghese con grandi dislivelli, dalla superficie della Moldava fino alle colline di Strahov e di Petřín. I sovrani Cechi dedicarono una grande attenzione oltre che al Castello di Praga anche a Vyšehrad, il secondo castello praghese. Per la difesa delle frontiere territoriali, ma anche nell'entroterra sorsero castelli gotici di pietra. Quelli importanti per il dominio, quelli reali, come Zvíkov e Bezděz, si allineano tra i monumenti culturali nazionali. A Karlštejn, castello con una missione particolare, spetta il primo posto. Di castelli ce ne sono tantissimi in Boemia, numerosi sono in macerie, ma anche le loro rovine caratterizzano il paesaggio. Di castelli posteriori, costruzioni solitamente di eccelso livello architettonico, ne possiamo incontrare quasi ovunque. Non poca fama hanno conquistato Konopiště, Opočno, Hluboká nad Vltavou, Rychnov nad Kněžnou, Sychrov. Settecento anni fa, sotto il governo dei grandi re Premyslidi, venivano fondate e crescevano le città, reali e suddite, sintomo dei cambiamenti sociali ed economici del paese. Nascevano agli incroci delle vie d'affari, nei borghi sotto i castel-

li, venivano fondate su un "prato verde" con una pianta regolare. Ognuna di esse ha le sue sembianze inconfondibili, a cominciare dalla piazza, dall'aspetto della chiesa, del palazzo municipale, del complesso edile urbano, del monastero, fino alle fortificazioni.

Nel corso dei secoli qualcosa è cambiato, ma di solito sono conservati i centri storici delle città, molte delle quali oggi sono dichiarate riserva storica. Oltre a Praga e Český Krumlov, inserite tra i monumenti culturali mondiali, vanno ricordate Kutná Hora, Tábor, České Budějovice, Domažlice, Litoměřice, Hradec Králové, Třeboň, Jičín. Dentro i loro muri si conservano preziosi valori storici e culturali, nelle chiese cittadine statue di belle madonne, pitture murali e del soffitto gotiche e barocche, preziosi arredamenti interni, una rara decorazione. Enormi ricchezze sono state messe insieme dai musei locali, dalle pinacoteche, biblioteche, archivi.

L'aspetto del paesaggio Ceco è stato modellato per secoli dalle mani e dall'intelletto umani, ma le caratteristiche durature gli sono state impresse dalla natura nel corso delle centinaia di migliaia e dei milioni di anni passati. Insolitamente ricca e multiforme è la storia geologica e orogenetica delle montagne ceche. Agli imponenti Monti dei Giganti (Krkonoše), la catena più alta, si allacciano ad ovest i Monti Metalliferi (Krušné Hory), un altro anello della catena montagnosa è formato dalla vasta Selva Boema (Šumava) a sud-ovest, mentre l'Altipiano cecomoravo unisce la Boemia e la Moravia ad est, senza visibili frontiere tra i due paesi. Estese superfici a bosco ricoprono tuttora tutti questi sistemi di monti ed i vasti contrafforti. Anche all'interno della conca boema si alzano regioni collinose e montagnose boschive che aggiungono al paesaggio ricchezza di colori ed attrattiva.

Le vette a mucchio e a cono del Massiccio Centrale Ceco, la prova dell'antica attività vulcanica in Boemia, con la loro bellezza e amenità, e anche con una certa esoticità, appartengono alle particolarità del paese. La maggior parte delle catene di monti e numerose regioni naturali sono protette come parchi nazionali o zone paesaggistiche dello Stato.

Le città di roccia arenaria si trovano non solo lungo la valle del fiume Elba, ma penetrano anche la zona del Paradiso Boemo (Český ráj), per finire con magnifiche configurazioni rocciose nella Boemia Orientale. Una caratteristica del tutto differente ce l'ha la Boemia Meridionale. Qui scintillano numerosissimi specchi d'acqua. Fin dal Medioevo vi furono fondati gli stagni, la cui tecnica registrò l'età d'oro nel XVI secolo. Il paesaggio un tempo paludoso si trasformò fino all'inverosimile col lavoro umano. E per di più un ingegnoso sistema di canali fece unire i numerosi stagni. In alcune località della Boemia Occidentale sgorgano dalla terra sorgenti minerali calde e fredde con effetti curativi; le terme che vi sono sorte hanno conquistato fama mondiale. Al centro del paese, le grotte scoperte nel Carso boemo hanno conquistato la fama di alcune tra le più belle grazie alle stalattiti e alle stalagmiti e alle loro curiosità. Non sono state dette molte altre cose sulle bellezze naturali della Boemia. Non resta che ripetere le parole dell'inno nazionale, per cui "… questo bel paese, il paese di Boemia, (è) la mia patria".

Bohemia

En este país el pasado remoto se da la mano con la actualidad, y los acontecimientos del ayer con las esperanzas del mañana. Nos encontramos en el centro de Europa, donde se halla situada Bohemia. La propia naturaleza delimitó sorprendentemente sus firmes contornos. Macizos montañosos conformaron su contorno en un cuadrilátero, por el que pasa la frontera estatal, que apenas ha sufrido cambios en todo un milenio. Más de uña vez en el pasado se halló esta muralla montañosa en peligro, la última en nuestra centuria, como presa de un vecino insidioso. La delimitación natural de Bohemia fue anotada ya por el cronista Kosmas († 1125) en su Crónica Checa: «Un país rodeado de montañas, formando una cadena tan prodigiosa en torno a él que, a primera vista, pareciera que una cordillera ininterrumpida lo rodeara y protegiera». En efecto, las montañas lo protegían, contribuyendo a ello asimismo los impenetrables bosques fronterizos, a través de los cuales sólo senderos conducían a los desfiladeros. En el valle, al pie de las montañas fronterizas que alcanzan sólo alturas medias, se extiende el País Checo, sobre el cual el himno nacional dice poéticamente que es el paraíso terrenal a vista. No es de extrañar que el mitológico padre de la patria, Chej, se sintiera embelesado por las tierras circundantes al contemplarlas desde lo alto del monte Říp, y en el siglo V, los eslavos checos, cuando llegaron, se asentaron aquí para siempre. Sin embargo, no fueron sus primeros pobladores. El hombre pobló Bohemia ya en la Edad de Piedra. En muchos lugares construyeron sus poblados fortificados (oppida) los boyos celtas, y aquí han perdurado monumentos de los marcómanos de la época romana.

Casi en el centro mismo del País Checo, en la depresión praguense, los premyslidas fundaron, en el siglo IX, el Castillo de Praga. Por su aspecto era más bien una plaza fuerte que un castillo medieval. Bajo su protección fueron surgiendo más tarde las distintas ciudades praguenses. Durante once siglos, Praga fue el centro del Estado checo, su historia, ora gloriosa, ora trágica, fue siempre la historia de toda la nación. Nunca decreció en ella la intensidad de su actividad cultural. Ya a comienzos de la Edad Media surgieron por doquier numerosas iglesias, conjuntos monásticos, palacios, edificios en el recinto del Castillo de Praga. Son dignas de consideración las decenas de casas de piedra de estilo románico, ocultas bajo las actuales edificaciones de la Ciudad Vieja praguense, sin parangón en otros lugares. Praga experimentó un extraordinario auge durante el reinado de Carlos IV. la enriqueció el gótico jagelónico tardío, la época del emperador Rodolfo II le dió nuevos impulsos, haciéndose famoso el barroco checo, que transformó el carácter de la ciudad, hasta entonces gótico. Siempre suscitó admiración y reconocimiento la sensible ubicación de arquitecturas heterogéneas en el accidentado suelo praguense, con grandes diferencias de altitud, desde el río Moldava hasta Strahov y el monte Petřín.

Los monarcas checos dedicaron una considerable atención no solamente al Castillo de Praga, sino también a Vyšehrad, el segundo castillo de la capital. Para defender las fronteras del país, también en el interior del mismo se edificaron castillos góticos de piedra. Los de Zvíkov y Bezděz, destacados por su poderío y pertenecientes a la Corona, figuran entre los monumentos del patrimonio nacional. El más destacado por su misión particular es el castillo de Karlštejn. En Bohemia existe un sinfín de castillos, muchos de los cuales se hallan en ruinas, pero incluso estas ruinas caracterizan el paisaje. El visitante se tropieza casi a cada paso con palacios señoriales de épocas más recientes y son, por lo general, edificaciones que descuellan por su nivel arquitectónico. Despuntan por su renombre los de Konopiště, Opočno, Hluboká nad Vltavou,

Rychnov nad Kněžnou, Sychrov. Hace 700 años, durante el reinado de los grandes reyes premyslidas, se fundaron, con propósitos bien determinados, ciudades reales y tributarias, señal de los cambios sociales y económicos que transformaron el país. Estas ciudades crecían en las encrucijadas de las rutas comerciales al pie de castillos: se fundaban «en campo verde» conforme a una proyección horizontal regular. Cada una de ellas es diferente por sus características: desde la forma de la plaza, el aspecto de la iglesia, el ayuntamiento, la urbanización, el conjunto monástico, hasta sus murallas. A lo largo de los siglos muchas cosas fueron cambiando, pero, por lo general, se conservaron los núcleos históricos de las ciudades, muchos de los cuales han sido declarado reservas urbanas. Además de Praga y Český Krumlov, que se han incluido entre los monumentos del patrimonio universal, conviene destacar las ciudades de Kutná Hora, Tábor, České Budějovice, Domažlice, Litoměřice, Hradec Králové, Třeboň y Jičín. En sus muros conservan preciosos vestigios históricos y culturales: en los templos, plásticas de bellas madonas, pinturas al fresco en muros y techos de estilo gótico y barroco, mobiliario de gran valor y decoración primorosa. Los museos, pinacotecas, bibliotecas y archivos locales atesoran fabulosas riquezas.

El hombre con sus manos y su arte fue tranformando el aspecto del paisaje checo, pero la naturaleza le dio rasgos duraderos a lo largo de miles y millones de años. Es excepcionalmente rica y multifacética la historia geológica y orogénica de las montañas checas. A los Montes Gigantes, el mayor macizo montañoso, se unen en el oeste las Montañas Metalíferas. La cadena de montañas, Šumava, al suroeste, constituye otro eslabón, mientras que al este la Meseta Checomorava une a Bohemia con Moravia sin frontera visible entre ambos países. Extensos bosques siguen aún cubriendo todas estas sierras y vastas zonas a sus pies. También en el interior de la depresión checa se alzan colinas y promontorios boscosos qua dan al paisaje su aspecto pintoresco y atractivo. Las cumbres redondeadas y cónicas de las Montañas de Bohemia Central, manifestaciones de la remota actividad volcánica en Bohemia, figuran entre las peculiaridades del país, por su belleza y su pintoresco colorido, amén de su determinado exotismo. La mayoría de las sierras y muchas regiones naturales están protegidas por el Estado como parques nacionales o reservas naturales.

Hay ciudades encantadas de arenisca no sólo en torno al valle del Elba, sino que se adentran en la región del Paraíso Checo, para terminar con impresionantes formaciones rocosas en Bohemia del este. Bohemia del sur reviste un carácter totalmente distinto. Aquí brilla un sinnúmero de superficies acuáticas. Aquí se fundaron en la Edad Media estanques, pero el siglo XVI fue la edad de oro de la piscicultura. Esta región, en otros tiempos pantanosa, la transformó el hombre con su trabajo. Y, por añadidura, un ingenioso sistema de canales confluentes permitió la comunicación de numerosos estanques. En algunos lugares del Sur de Bohemia emanan de la tierra fuentes de aguas minerales calientes y frías con virtudes curativas. Los balnearios en esta región han llegado a ser mundialmente famosos. En el centro del país, las cuevas descubiertas en el sistema cárstico llegaron a tener fama de ser unas de las más bellas por su ornamentación de estalagmitas y estalactitas y otras interesantes formaciones calcáreas.

Es mucho lo que aún queda por decir respecto de las bellezas naturales. No hay más remedio que remitirse, una vez más, a las estrofas del himno nacional: «. . . esa bella tierra, el país checo, (es) mi tierra natal».

Václavské náměstí ● Wenzelsplatz ● Wenceslas Square ● La place Venceslas ● La piazza Venceslao ● Plaza Venceslao

Hotel Evropa ● Hotel Evropa ● Evropa Hotel ● L'hôtel Europa ● L'Albergo Europa ● Hotel Europa 4

Václavské náměstí ● Wenzelsplatz ● Wenceslas Square ● La place Venceslas ● La piazza Venceslao ● Plaza Venceslao 5

Obecní dům ● Gemeindehaus ● Municipal Hall ● La maison municipale ● La Casa Comunale ● Casa Municipal

Pařížská ulice ● Pariser Straße ● Pařížská Street (Paris Street) ● La rue Pařížská ● La Via Pařížská ● Calle de París

Staroměstská radnice ● Altstädter Rathaus ● Old Town Hall ● L'hôtel de ville de la Vieille Ville de Prague ● Il Municipio della Città Vecchia ● Ayuntamiento de la Ciudad Vieja

Staroměstský orloj ● Astronomische Uhr am Altstädter Rathaus ● Old Town Astronomical Clock ● L'horloge astronomique de la Vieille Ville de Prague ● L'Orolo- 9
gio della Città Vecchia ● Reloj del Ayuntamiento de la Ciudad Vieja

Staroměstské náměstí ● Altstädter Platz ● Old Town Square ● La place de la Vieille Ville de Prague ● La piazza della Città Vecchia ● Plaza de la Ciudad Vieja **10**

Starý židovský hřbitov ● Alter jüdischer Friedhof ● Old Jewish Cemetery **11** ● Le Vieux cimetière juif ● L'antico Cimitero Ebraico ● Viejo Cementerio Judío

Staronová synagoga ● Altneue Synagoge ● Old-New Synagogue ●La sy- **12** nagogue Vieille-Neuve ● La sinagoga Vecchia-Nuova ● Vieja Nueva Sinagoga

Národní divadlo ● Nationaltheater ● National Theatre ● Le théâtre national ● Il Teatro Nazionale ● Teatro Nacional

Vyšehrad (Wischehrad)

14

Karlův most ● Karlsbrücke ● Charles Bridge ● Le pont Charles ● Il Ponte Carlo ● Puente de Carlos 15

Karlův most ● Karlsbrücke ● Charles Bridge ● Le pont Charles 16
● Il Ponte Carlo ● Puente de Carlos

Chrám sv. Mikuláše ● St. Niklaskirche ● St Nicholas' Church 17
● L'église Saint-Nicolas ● La chiesa di San Nicola ● Iglesia de San Nicolás

Chrám sv. Mikuláše ● St. Niklaskirche ● St Nicholas' Church ● L'église Saint-Nicolas ● La chiesa di San Nicola ● Iglesia de San Nicolás

Vltavské mosty ● Moldaubrücken ● Bridges over the Vltava ● Les ponts franchissant la Vltava ● I ponti sulla Moldava ● Puentes sobre el Moldava

Katedrála sv. Víta ● St. Veitsdom ● St Vitus' Cathedral ● La cathédrale Saint-Guy ● La cattedrale di San Vito ● Catedral de San Vito

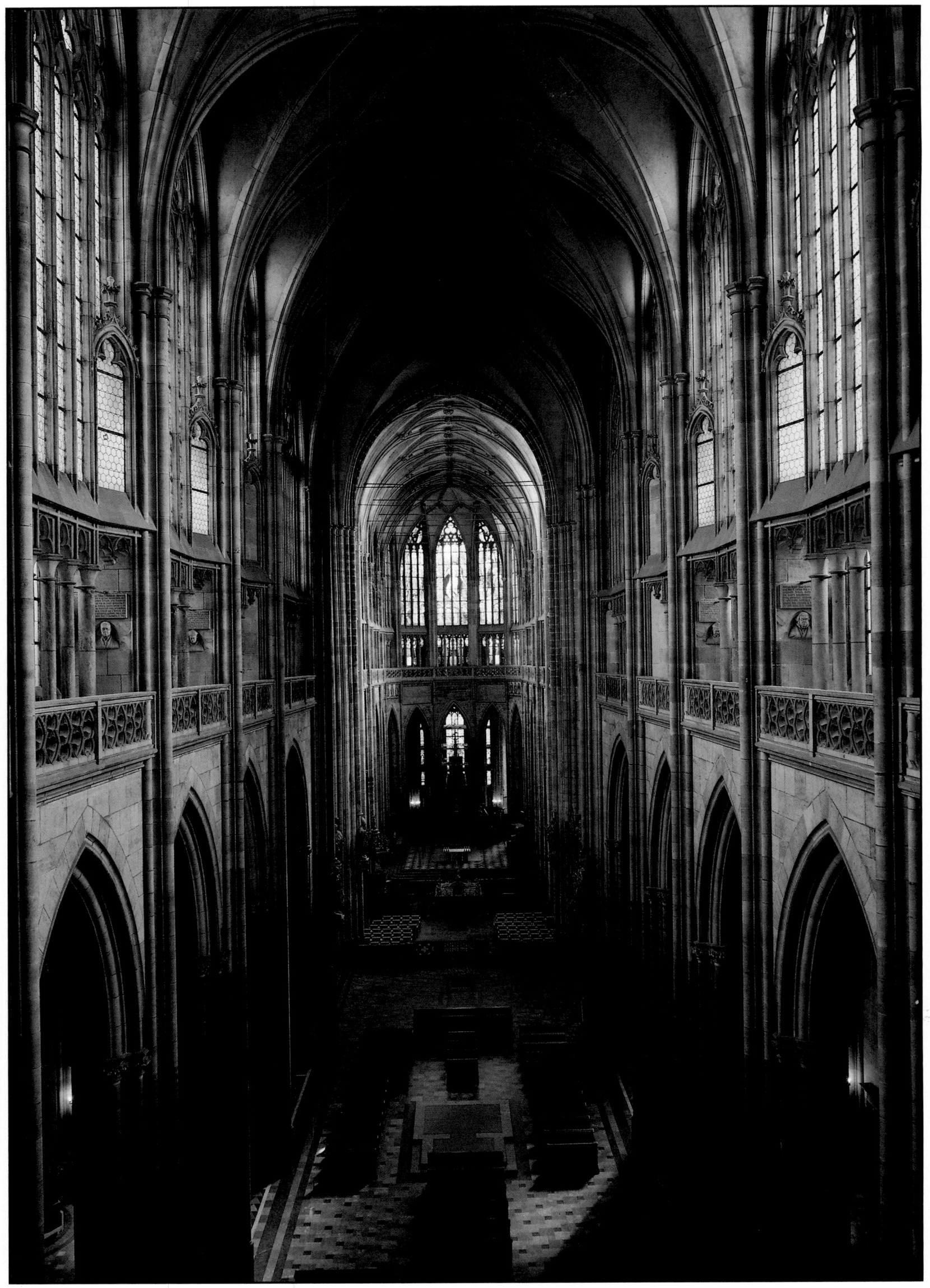

Katedrála sv. Víta ● St. Veitsdom ● St Vitus' Cathedral ● La cathédrale Saint-Guy ● La cattedrale di San Vito ● Catedral de San Vito

Královský letohrádek ● Königliches Belvedère ● Royal Summer Palace (Belvedere) ● Le Belvédère ● Il Belvedere Reale ● Palacete real Belveder   22

Zlatá ulička ● Goldenes Gäßchen ● Golden Lane ● La ruelle d'or ● Il Vicolo dell'oro ● Callejuela del Oro   23

Kostel sv. Jiří ● St. Georgsbasilika ● St George's Church ● L'église Saint-Georges ● La chiesa di San Giorgio ● Iglesia de San Jorge

Strahovská knihovna ● Strahover Bibliothek ● Strahov Monastery Library ● La bibliothèque de Strahov ● La biblioteca di Strahov ● Biblioteca del Monasterio de Strahov

Loreta ● Loreto ● Loretto ● Notre-Dame de Lorette ● La chiesa di Loreto ● Nuestra Señora de Loreto

Noční Praha ● Prag in der Nacht ● Prague at night ● Prague la nuit ● Praga di notte ● Praga de noche

LÁNY — zámek ● Schloß ● Castle ● Le château ● La villa ● Palacio

28

KŘIVOKLÁT — hrad ● Burg ● Castle ● Le château fort ● Il castello ● Castillo   29

KŘIVOKLÁT — kaple ● Burgkapelle ● Chapel   30
● La chapelle ● La cappella ● Capilla del castillo

KONĚPRUSY — jeskyně ● Karsthöhlen ● Caves ● Les grottes   31
● Le grotte ● Cuevas

KARLŠTEJN — hrad ● Burg ● Castle ● Le château fort ● Il castello ● Castillo

33

33.—34. KARLŠTEJN — Mistr Theodorik: sv. Jeroným a kaple sv. Kříže ● Meister Theodorik: hl. Hieronymus und Kapelle des hl. Kreuzes ● Master Theodoric: St Hieronymus and Chapel of the Holy Rood ● Le tableau de saint Jérôme du Maître Théodoric et la chapelle de la Sainte-Croix ● Il Maestro Teodorico: San Geronimo e la cappella della Santa Croce ● Maestro Teodorico: San Jerónimo y Capilla de la Santa Cruz

KONOPIŠTĚ — zámek ● Schloß ● Castle ● Le château ● La villa ● Palacio

PRŮHONICE — zámek ● Schloß ● Castle ● Le château ● La villa ● Palacio

ČESKÝ ŠTERNBERK — hrad ● Burg ● Castle ● Le château fort ● Il castello ● Castillo 37

ČESKÝ ŠTERNBERK — hrad ● Burg ● Castle ● Le château fort ● Il castello ● Castillo 38

PŘÍBRAM — Svatá Hora ● Wallfahrtsort Heiliger Berg ● The Holy Mountain Church ● Le Mont saint ● La Montagna Santa ● Monte Santo　　39

Ševčínský důl ● Grube in Ševčín ● Ševčín mine ● La mine de Ševčín ● La miniera di Ševčín ● Mina de Ševčín　　40

Svatá Hora — madona ● Heiliger Berg — Madonna ● The Holy Mountain Church Madonna ● La Madone du Mont saint ● La Montagna Santa — la Madonna ● Monte Santo — virgen

BŘEZNICE — zámek ● Schloß ● Castle ● Le château ● La villa ● Palacio

DOBŘÍŠ — zámek ● Schloß ● Castle ● Le château ● La villa ● Palacio   43

Brdská krajina ● Landschaft mit dem Höhenzug Brdy ● The Brdy Landscape ● Paysage des Brdy ● Il paesaggio dei Monti Brdy ● Paisaje de Brdy   44

STARÝ ROŽMITÁL — kostel ● Kirche ● Church ● L'église ● La chiesa ● Iglesia

PLANÁ

SLIVICE — betlém v kostele ● Kirchenkrippe ● The "Bethlehem" with the crib in the local church ● Crèche installée dans l'église ● Il presepio nella chiesa 47
● Belén en la iglesia

HVOŽĎANY — kostel sv. Prokopa ● St. Prokopiuskirche ● St Prokop's Church ● L'église Saint-Procope ● La chiesa di San Procopio ● Iglesia de San Procopio

Sedlčansko — krajina s Vysokým Chlumcem ● Landschaft bei Sedlčany — Vysoký Chlumec ● Sedlčany environs — landscape with the Vysoký Chlumec ● Paysage de la région de Sedlčany avec le Vysoký Chlumec ● La zona di Sedlčany — il paesaggio col Vysoký Chlumec ● Región de Sedlčany — paisaje con Vysoký Chlumec

50. ŠTĚCHOVICE — přehrada ● Talsperre ● Dam Lake ● Le lac de barrage ● La diga ● Pantano

51.—52. SLAPY — přehrada ● Talsperre ● Dam Lake ● Le lac de barrage ● La diga ● Pantano

53. ORLÍK — přehrada ● Talsperre ● Dam Lake ● Le lac de barrage ● La diga ● Pantano

50

52

53

ZVÍKOV — hrad ● Burg ● Castle ● Le château fort ● Il castello ● Castillo

ZVÍKOV — hradní kaple ● Burgkapelle ● Castle Chapel ● La chapelle du château fort ● La cappella del castello ● Capilla del castillo   55

ORLÍK — zámek ● Schloß ● Castle ● Le château ● La villa ● Palacio 56

ORLÍK — přehrada ● Talsperre ● Dam Lake ● Le lac de barrage ● La diga ● Pantano 57

ORLÍK — zámek, Rytířský sál ● Schloß, Rittersaal ● Castle, the Knights' Hall ● Le château, Salle des chevaliers ● La villa, la Salla dei Cavalieri ● Palacio, Sala de los Caballeros

59

59.—61. TÁBOR — Žižkovo náměstí s radnicí a sochou Jana Žižky ●
Žižkaplatz mit dem Rathaus und dem Jan-Žižka-Denkmal ● Žižka
Square with the town hall and the statue of Jan Žižka ● La place Žižka
avec l'hôtel de ville et la statue de Jan Žižka ● La piazza Žižka col Mu-
nicipio e la statua di Jan Žižka ● Plaza de Žižka con el ayuntamiento y
la estatua de Jan Žižka

61

VLASTIBOŘ

VELKÝ TISÝ — jihočeský rybník ● Ein Teich in Südböhmen ● The South Bohemian Lake ● Etang en Bohême du Sud   63
● Stagno della Boemia Meridionale ● Estanque de Bohemia del Sur

VELKÝ TISÝ — výlov ● Abfischen des Teiches ● Fishing ● Le dépeuplement de l'étang ● La pesca ● Pesca   64

65.—67. Vodáci na řece Lužnici ● Wasserwanderer auf dem Lužnice-Fluß ● Boating on the Lužnice River ● Sportifs pratiquant le nautisme sur la rivière Lužnice **66**
● I canottieri sul fiume Lužnice ● Piragüistas en el río Lužnice

68.—71. TŘEBOŇ — městská památková rezervace — rybník Svět — Schwarzenberská hrobka ● Stadtreservat — Teich Svět — Schwarzenberger Gruft ● A city reservation — The Svět Lake — The Tomb of the Schwarzenbergs ● Le noyau classé — l'étang Svět — le caveau des Schwarzenberk ● Città riserva storica — lo stagno Svět — la tomba degli Schwarzenberk ● Patrimonio nacional urbano — Estanque Svět — Sepulcro de la familia Swarzenberk

JINDŘICHŮV HRADEC

74

PLÁSTOVICE — kovárna ● Schmiede ● The Smithy ● La forge ● La forgia ● Forja   75

ROŽMBERK — výlov rybníka ● Abfischen des Teiches ● Fishing ● Le dépeuplement de l'étang ● La pesca nello stagno ● Pesca en el estanque

ROŽMBERK — výlov rybníka ● Abfischen des Teiches ● Fishing ● Le dépeuplement de l'étang ● La pesca nello stagno ● Pesca en el estanque

78.—80. ČESKÉ BUDĚJOVICE — náměstí s radnicí, Černou věží a Samsonovou kašnou ● (Budweis) — Marktplatz mit dem Rathaus, Schwarzen Turm und Samsonbrunnen ● The square with the hall, the Black Tower and Samson's Fountain ● La place principale avec l'hôtel de ville, la Tour noire et la fontaine de Samson ● La piazza col Municipio, la Torre Nera e la fontana del Sansone ● Plaza con el ayuntamiento, la Torre Negra y la fuente de Samsón

HLUBOKÁ — zámek ● Schloß ● Castle ● Le château ● La villa ● Palacio

HLUBOKÁ — zámecká kaple ● Schloßkapelle ● Castle Chapel ● La chapelle du château ● La cappella della villa ● Capilla del palacio   82

HLUBOKÁ — zámecká knihovna ● Schloßbibliothek ● Castle Library ● La bibliothèque du château ● La biblioteca della villa ● Biblioteca del palacio   83

MUNICKÝ rybník ● Teich Munický ● The Lake Munický ● L'étang Munický ● Lo stagno Munický ● Estanque Munický   84

Adorace děcka ● Anbetung des Kindes ● The Adoration ● L'Adoration   85
de l'Enfant ● L'adorazione del Bambino ● Adoración del Niño

RUDOLFOV — madona ● Madonna ● The Madonna ● La Madone   86
● La Madonna ● Virgen

OHRADA — lovecký zámek ● Jagdschloß ● The hunting lodge ● Le pavillon de chasse ● La villa di caccia ● Palacete de caza 87

KLEŤ — vrchol ● Berggipfel ● The top ● Le sommet du mont ● La vetta ● Cima

KLEŤ — letecký pohled ● Luftaufnahme ● The bird's-eye view ● Vue aérienne du mont ● Veduta aerea ● Vista aérea

Podzim v Srní ● Herbst in Srní ● Autumn at Srní ● L'automne à Srní ● L'autunno a Srní ● Otoño en Srní

ČESKÝ KRUMLOV — zámek ● Schloß ● Castle ● Le château ● La villa ● Palacio

ČESKÝ KRUMLOV   92

ČESKÝ KRUMLOV — Maškarní sál ● Maskensaal ● The Carnival Hall ● La salle des mascarades ● La Sala delle Maschere   93
● Sala de las máscaras

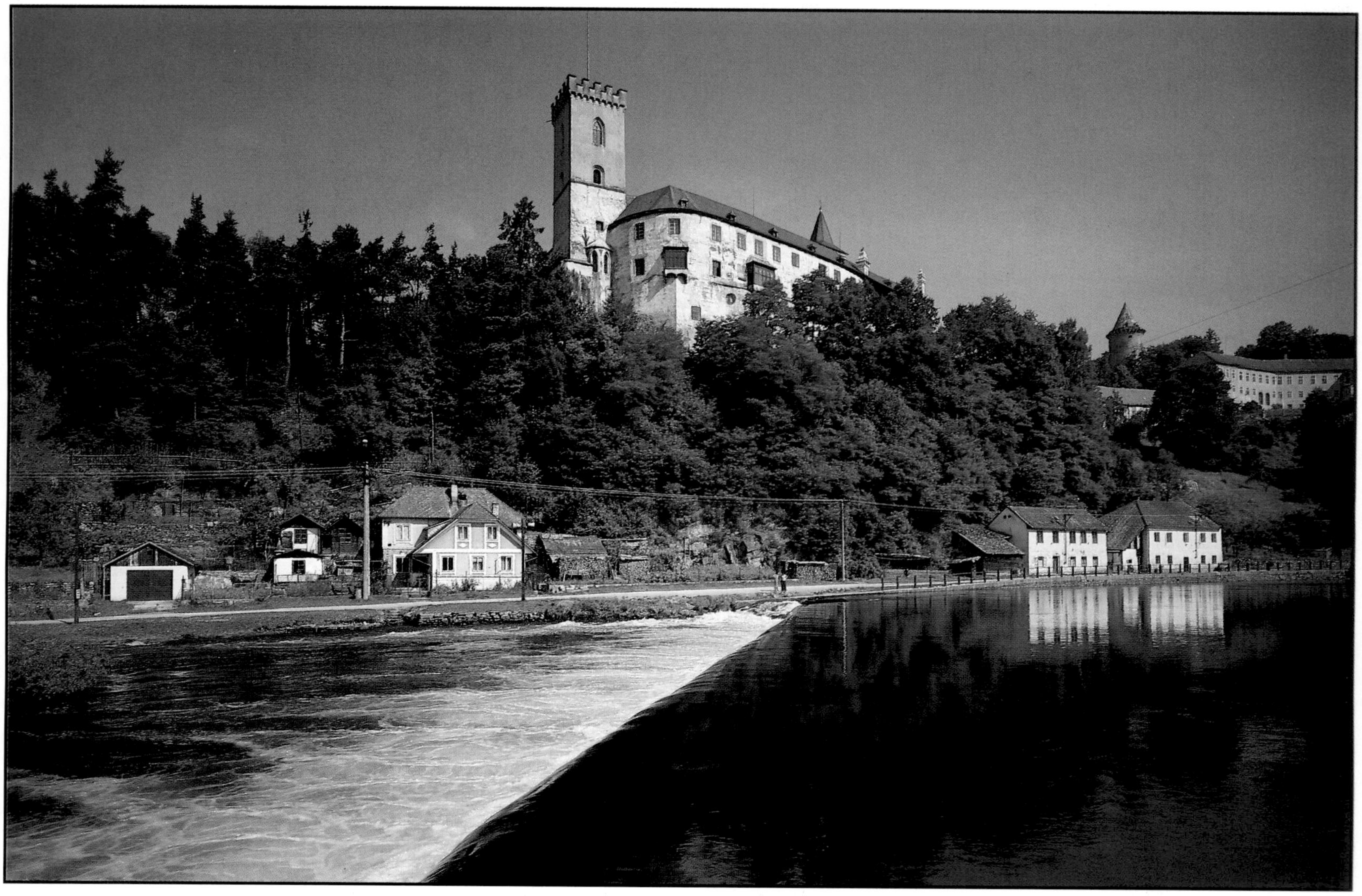

ROŽMBERK — hrad ● Burg ● Castle ● Le château fort ● Il castello ● Castillo

94

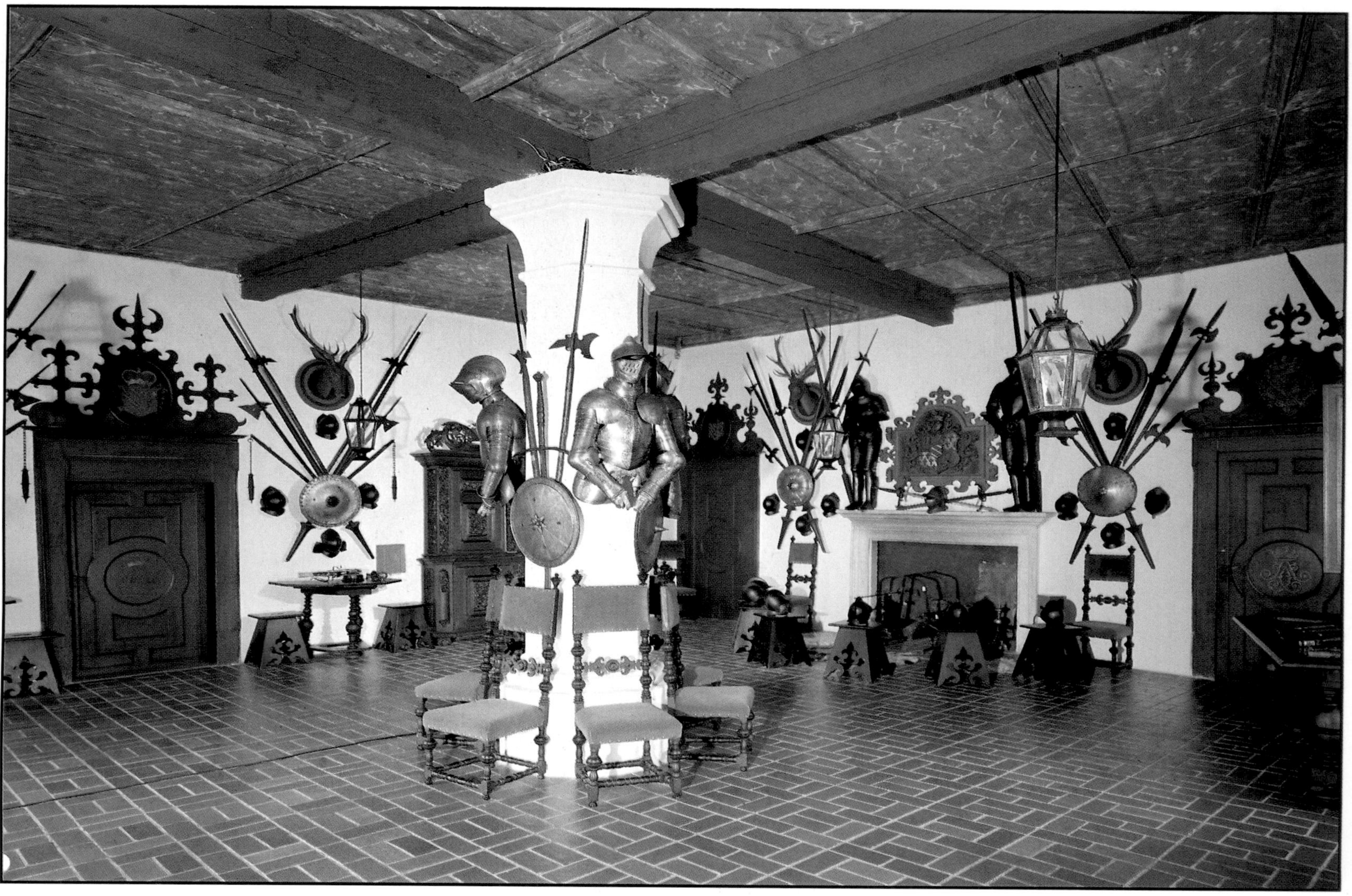

ROŽMBERK — zbrojnice ● Waffenkammer ● Armoury ● Le dépôt d'armes ● L'armeria ● Armería

95

VYŠŠÍ BROD — klášter ● Kloster ● The monastery ● Le monastère ● Il monastero ● Monasterio

VYŠŠÍ BROD — kapitulní síň ● Kapitelsaal ● The Capitular Hall ● La salle capitulaire ● La sala capitolare ● Sala capitular

VYŠŠÍ BROD — knihovna ● Bibliothek ● The Library ● La bibliothèque ● La biblioteca ● Biblioteca

LIPNO — přehrada ● Stausee ● Dam Lake ● Le lac de barrage ● La diga ● Pantano

Slalom pod Lipnem ● Wassersportler unter Lipno ● The slalom below Lipno ● Slalom nautique au-dessous du barrage Lipno ● Lo slalom sotto Lipno ● Eslalon debajo de Lipno

Podvečer na Lipně ● Vorabend auf dem Lipno-Stausee ● Early evening at Lipno ● Déclin du jour sur le lac de barrage de Lipno ● Il crepuscolo a Lipno ● Anochecer sobre Lipno

102.—104. Šumava — Tříjezerní slať — Chalupská slať — Pramen Vltavy ● Böhmerwald — Dreiseemoor — Hüttenmoor — Moldauquelle ● Šumava — The Three Lakes Moor — the Chalupská Moor — The Vltava River spring ● La Šumava — Marécage à trois lacs — Marécage Chalupská — Source de la Vltava ● La selva Boema — La torbiera dei tre laghi Tříjezerní — la torbiera Chalupská — La sorgente della Moldava ● Šumava — Turbera de los tres lagos — Turbera Chalupská — Fuente del río Moldava

105.—107. Boubínský prales — Kaplický potok — Plešné jezero ● Urwald am Boubín — Kaplicer Bach — See Plešné ● The rain forest Boubín — The Kaplice Stream — The Plešné Lake ● La forêt vierge de Boubín — Ruisseau de Kaplice — Lac Plešné ● La foresta vergine di Boubín — Il torrente di Kaplice — il lago Plešné ● Selva de Boubín — Arroyo de Kaplice — Lago Plešné

LENORA — dřevěný most přes Vltavu ● Holzbrücke über die Moldau ● Wooden bridge over the Vltava ● Pont franchissant la Vltava ● Il ponte di legno attraverso la Moldava ● Puente de madera sobre el Moldava

ČERNÉ JEZERO ● Schwarzer See ● The Black Lake ● Le Lac noir ● Il lago Nero ● Lago Negro

ČERTOVO JEZERO ● Teufelssee ● The Devil's Lake ● Le Lac du Diable ● Il lago del Diavolo ● Lago del Diablo

BÍLÁ STRŽ ● Weiße Schlucht ● The White Chasm ● Le Ravin blanc ● Il burrone bianco ● Barranco Blanco

Vydra u Antýglu ● Bergfluß Vydra bei Antýgl ● The Vydra River at Antýgl ● La rivière Vydra près d'Antýgl ● Il fiume Vydra presso Antýgl ● Río Vydra cerca de Antýgl

RÁBÍ — zřícenina hradu ● Burgruine ● The Castle Ruins ● La ruine du château fort ● I ruderi del castello ● Ruina del castillo

Údolí Otavy ● Flußtal der Otava ● The Otava Valley ● La vallée de la rivière Otava ● La valle del fiume Otava ● Valle del río Otava

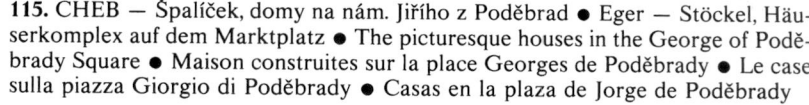

115. CHEB — Špalíček, domy na nám. Jiřího z Poděbrad ● Eger — Stöckel, Häuserkomplex auf dem Marktplatz ● The picturesque houses in the George of Poděbrady Square ● Maison construites sur la place Georges de Poděbrady ● Le case sulla piazza Giorgio di Poděbrady ● Casas en la plaza de Jorge de Poděbrady

116. KLATOVY — vitráž z farního kostela ● Pfarrkirchenfenster ● The parsonage church window ● Vitrage de l'église paroissiale ● La vetrata della chiesa parrocchiale ● Vitraje de la iglesia parroquial

117. Plzeňská madona v kostele sv. Bartoloměje ● Madonna von Pilsen aus der St. Bartholomäuskirche ● The Madonna of Pilsen in St Bartholomew's Church ● La Madone de Plzeň dans l'église Saint-Barthélemy ● La Madonna di Pilsen nella chiesa di San Bartolomeo ● Virgen de Pilsen en la iglesia de San Bartolomé

118.—119. FRANTIŠKOVY LÁZNĚ — Františkův pramen a soška Františka ● Franzensbad — Franzensquelle und Franzensstatuette ● Francis' Spa — Francis' spring and Statuette ● La Ville d'eaux — Source de François et statuette de François ● La sorgente San Francesco e la statuetta di Francesco ● Balneario — Fuente de Francisco y estatuilla de Francisco

120. SOOS — přírodní rezervace ● Naturschutzgebiet ● Natural reservation ● La réserve naturelle ● La riserva naturale ● Reserva natural

121. JESENICE — přehrada ● Talsperre ● Dam Lake ● Le lac de barrage ● La diga ● Pantano

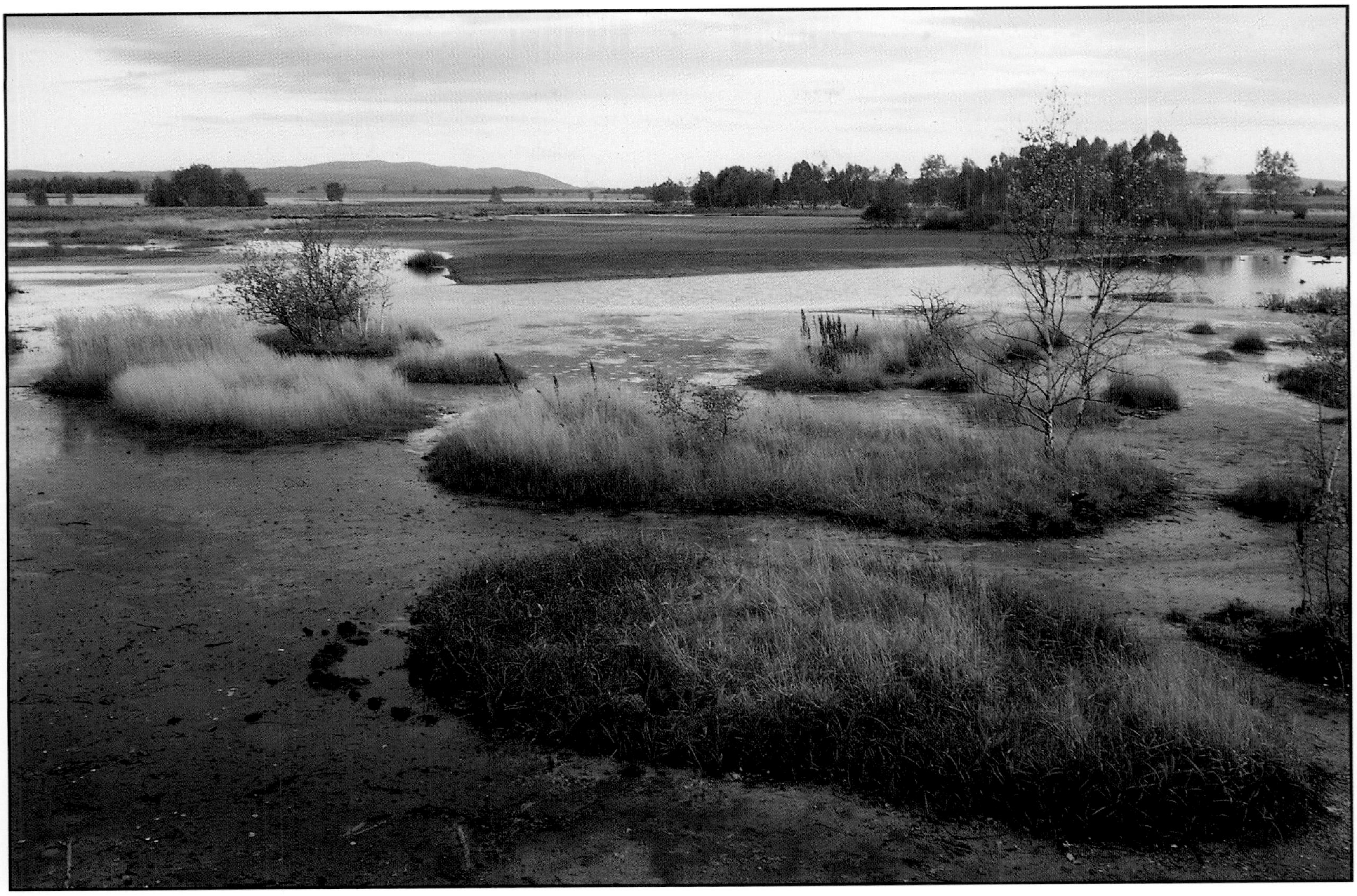

120

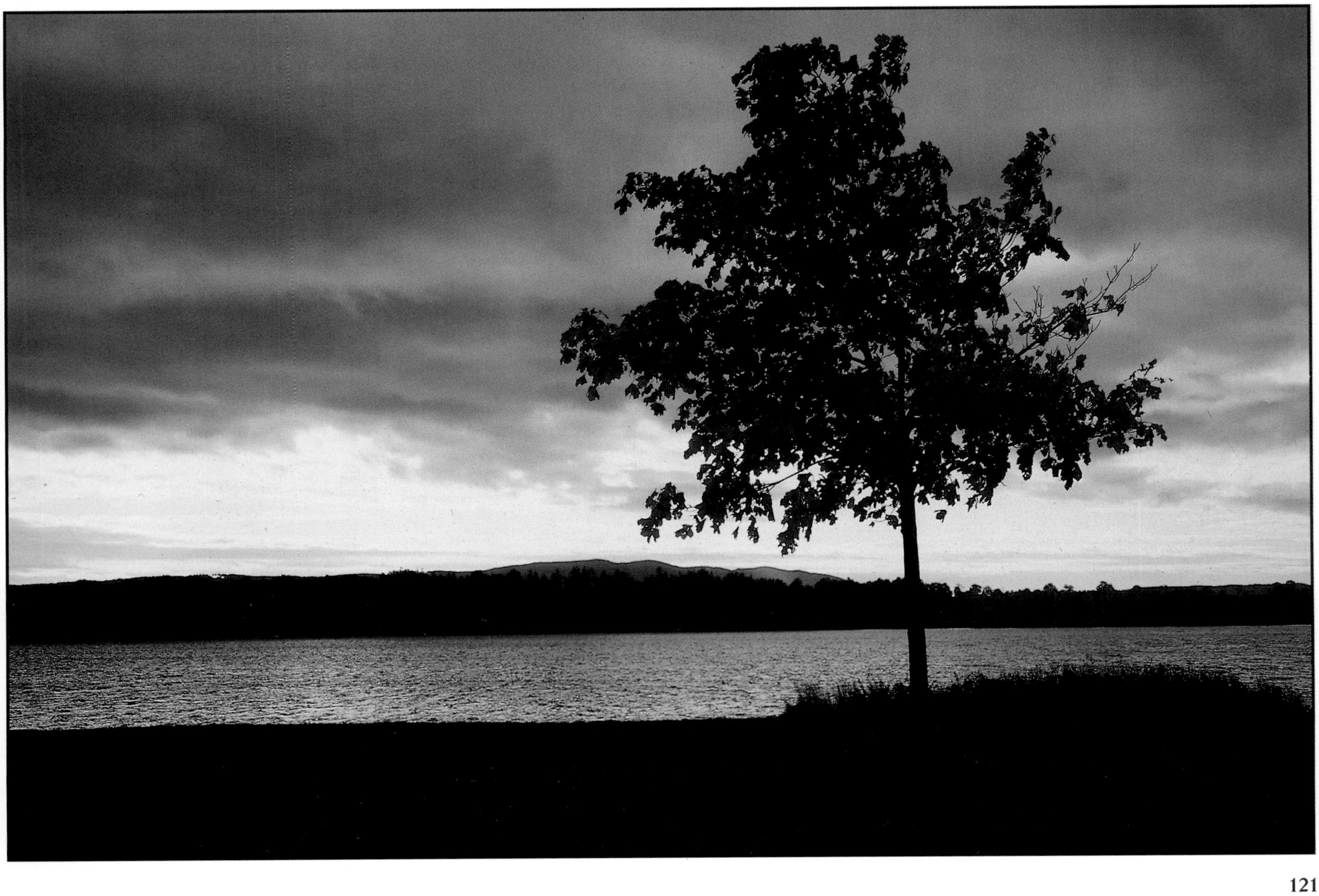

121

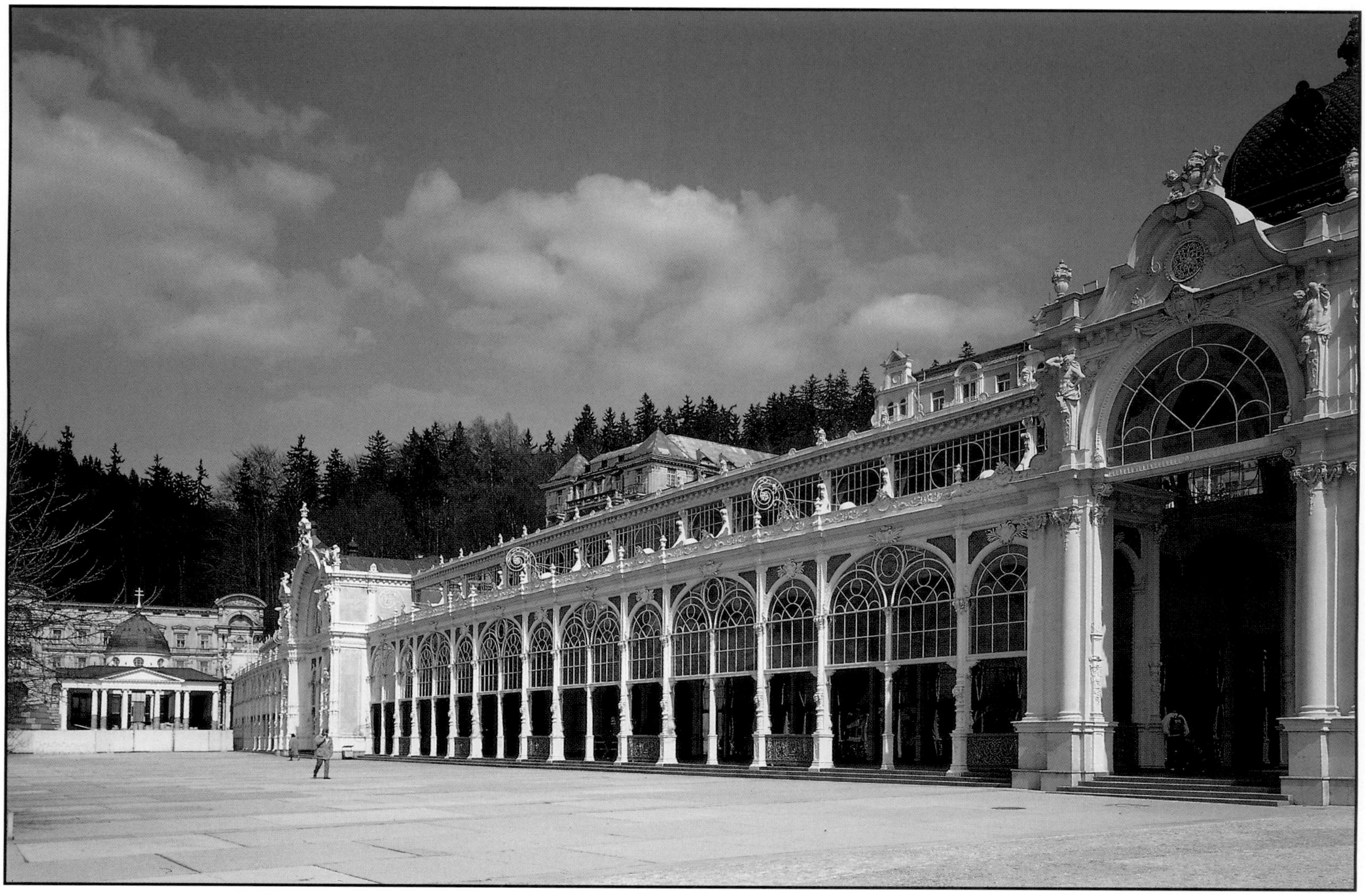

122

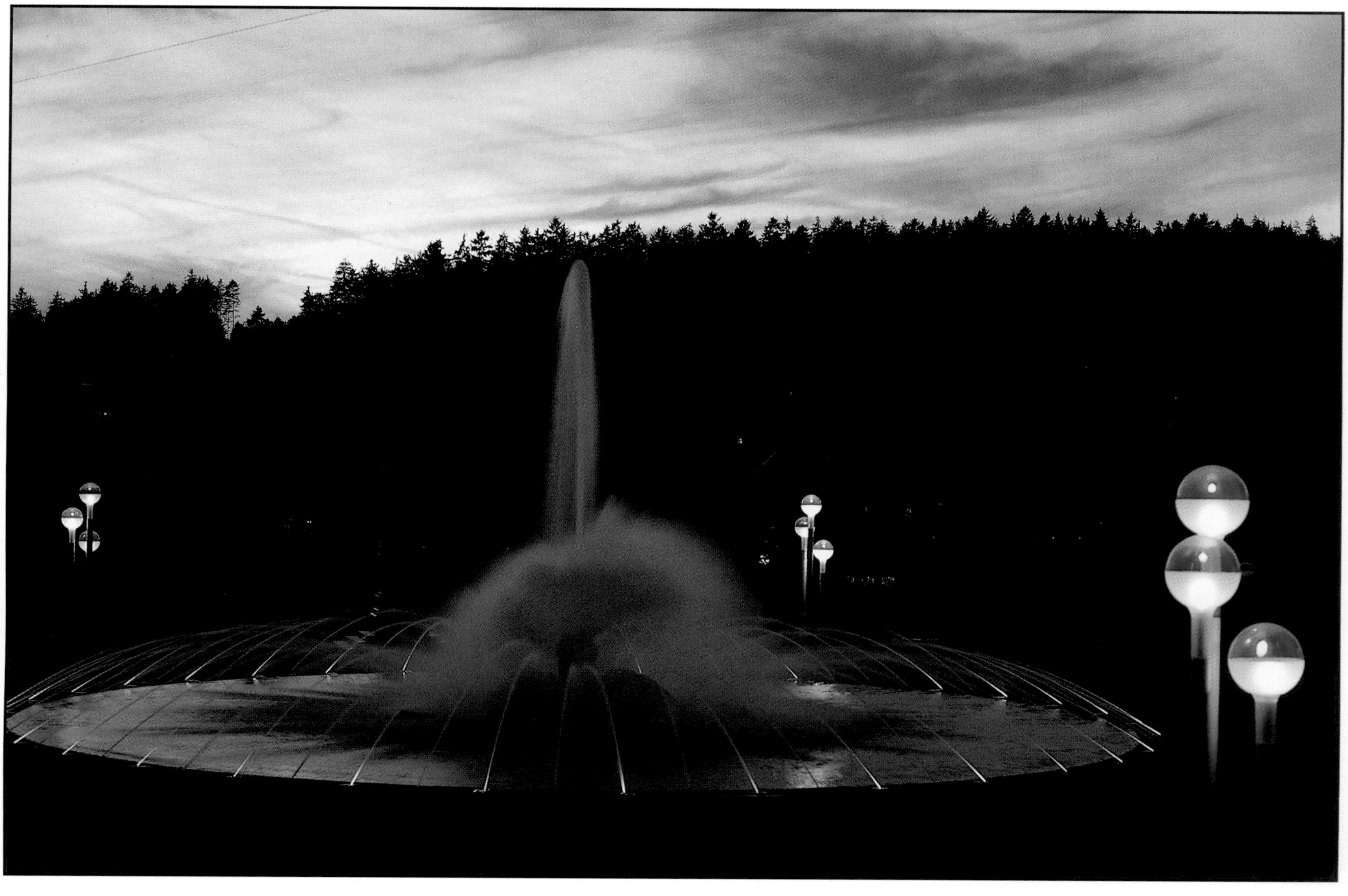

123

124

122.—125. MARIÁNSKÉ LÁZNĚ — kolonáda — Zpívající fontána — Rudolfův pramen — Kostel Nanebevzetí P. Marie ● Marienbad — Kolonnade — Singende Fontäne — Rudolphsquelle — Mariä Himmelfahrtskirche ● Marian Spa — The Colonnade — The Singing Fountain — Rudolph's spring — The Virgin Mary's Assumption Church ● La ville d'eaux — colonnade — Fontaine chantante — Source de Rudolphe — Église de l'Assomption de la Sainte vierge ● Il colonnato — La fontana cantante — La sorgente di Rodolfo — La chiesa dell'Assunzione della Vergine Maria ● Balneario — paseo de las arcadas — Fuente cantante — Fuente de Rodolfo — Iglesia de la Asunción

126.—128. KARLOVY VARY — Vřídlo (tryská do výše 10—15 m) — Celkový pohled — Lázeňské sanatorium Thermal ● Karlsbad — Sprudel (sprudelt bis 10—15 m) — Gesamtansicht — Kurhaus Thermal ● Vřídlo (a hot geyser gushing forth from a spring 10—15 m high) — A view of Karlovy Vary — The Spa Sanatorium Thermal ● La ville d'eaux — source thermale projetant L'eau jusqu'à la hauteur de 10—15 mètres — Vue générale — Sanatorium Thermal ● La sorgente termale Vřídlo (getti fino a un'altezza di 10—15 metri) — Veduta — La casa di cura termale Thermal ● Balneario — Surtidor (alcanza una altura de 10—15 m) — Vista panorámica — Sanatorio Thermal

129

130

129.—132. KARLOVY VARY — Mlýnská kolonáda — Jelení skok s Imperialem — Sadová kolonáda — Parkhotel a Grandhotel Pupp ● Karlsbad — Mühlenkolonnade — Hirschsprung mit Imperial — Gartenkolonnade — Parkhotel und Grandhotel Pupp ● The Mill Colonnade — Stag's Height with the Imperial Sanatorium — The Park Colonnade — Parkhotel and the Grandhotel Pupp ● La ville d'éaux — la colonade Mlýnská — Le saut du cerf et sanatorium Imperial — La colonnade du parc — Le Parkhotel et le grand hôtel Pupp ● Il colonnato Mlýnská — Il salto del cervo con l'albergo Imperial — Il colonnato del parco — Il Parkhotel ed il Grandhotel Pupp ● Paseo Mlýnská kolonáda — Salto del Ciervo con el hotel Imperial — Paseo del pargue — Parkhotel y Grandhotel Pupp

131

132

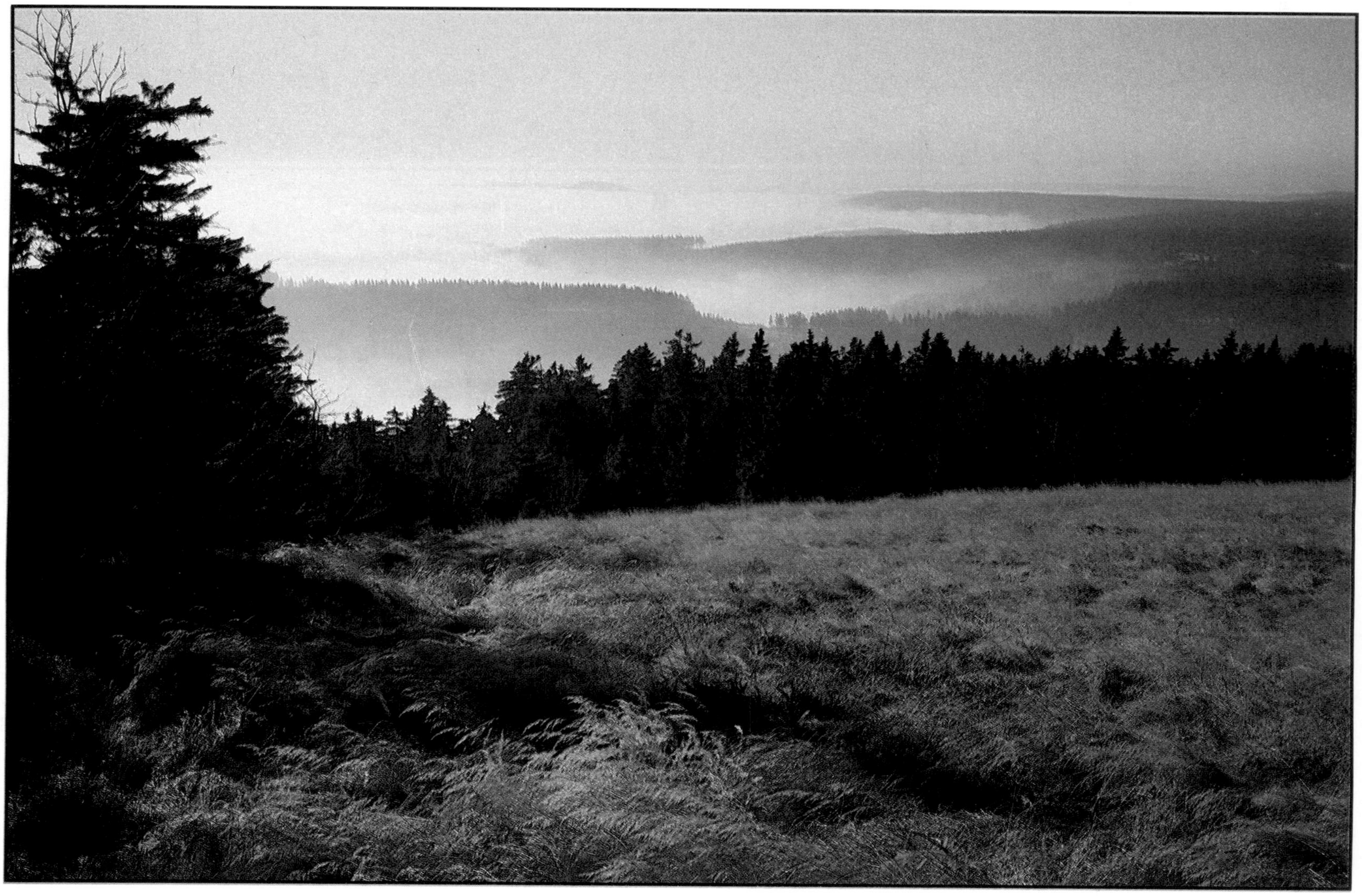

Krušné hory ● Erzgebirge ● The Ore Mountains ● Les monts Métallifères ● I Monti Metalliferi ● Montañas Metalíferas 133

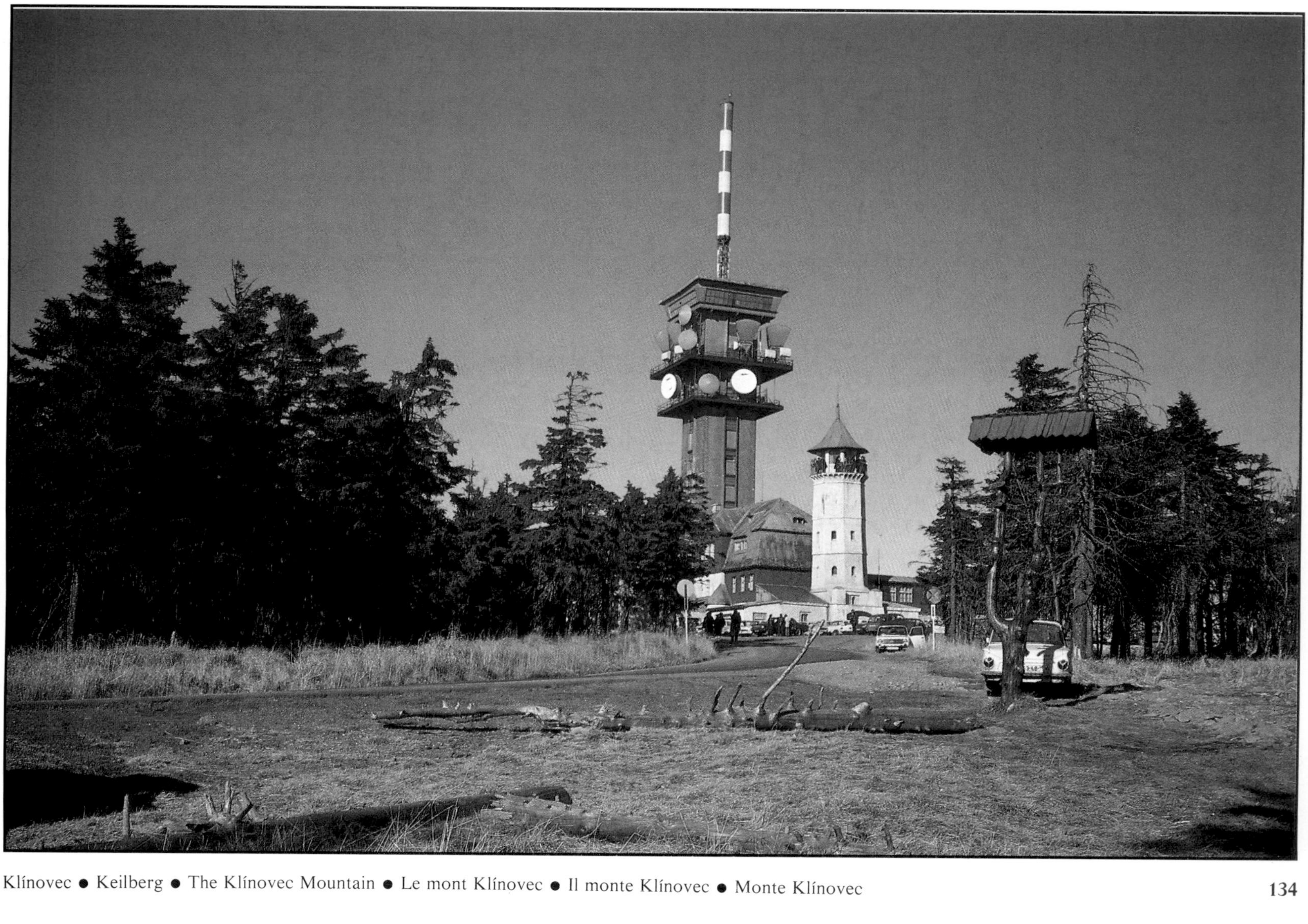

Klínovec ● Keilberg ● The Klínovec Mountain ● Le mont Klínovec ● Il monte Klínovec ● Monte Klínovec 134

Ještěd ● Jeschek ● The Ještěd Mountain ● Le mont Ještěd ● Il monte Ještěd ● Monte Ještěd

České středohoří — Porta Bohemica ● Böhmisches Mittelgebirge — Porta Bohemica ● The Central Bohemian Highlands — Porta Bohemica ● Le Plateau de la Bo-
hême centrale — Porta Bohemica ● Il Massiccio Centrale ceco — la Porta Bohemica ● Montañas de Bohemia Central — Porta Bohemica

KOKOŘÍN — hrad ● Burg ● Castle ● Le château fort ● Il castello ● Castillo　　　　　　　　**137**

Hora Říp ● Berg Říp ● The Říp Mountain ● Le mont Říp ● Il monte Říp ● Monte Říp

HEJNICE — poutní kostel ● Wallfahrtskirche ● The pilgrimage church ● Église de pélerinage ● Il santuario ● Iglesia de peregrinación

FRÝDLANT — hrad ● Burg ● Castle ● Le château fort ● La scherma storica ● Castillo 141

FRÝDLANT — historický šerm ● Historisches Fechten ● A historical fencing scene ● Escrime historique ● La scherma storica ● Esgrima histórica 142

ČESKÁ KAMENICE

SYCHROV — zámek ● Schloß ● Castle ● Le château ● La villa ● Palacio

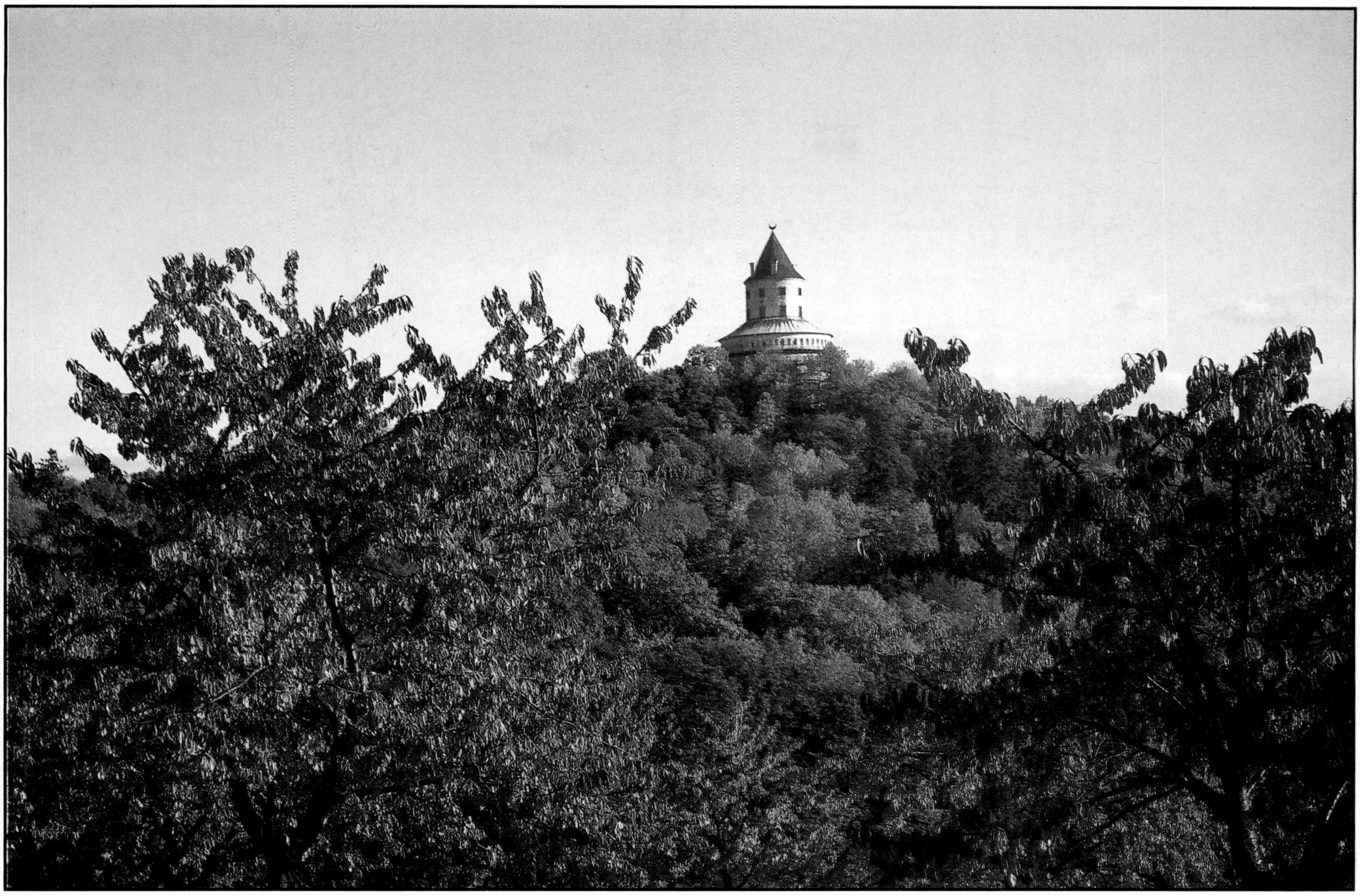

HUMPRECHT – zámeček ● Schlößchen ● Chateau ● Le petit château ● La villa ● Palacete

145

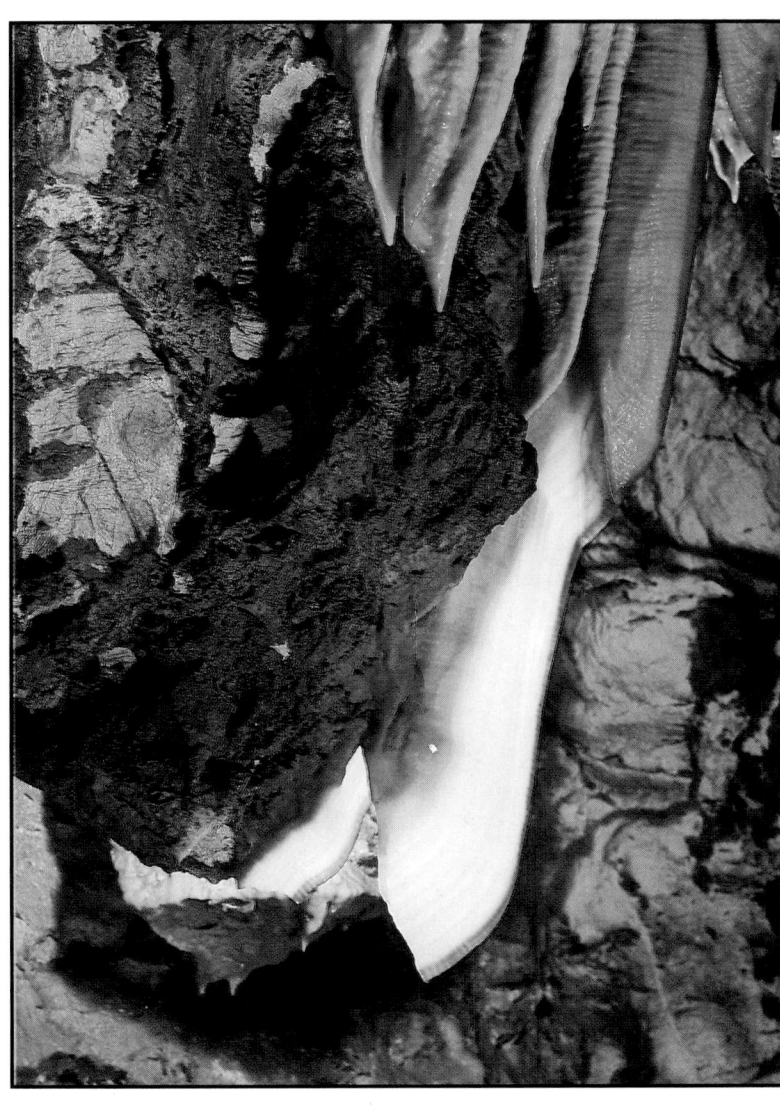

BOZKOV – dolomitové jeskyně ● Dolomitenhöhlen ● The Dolomite Caves ● Les grottes dolomitiques ● Le grotte dolomitiche ● Cuevas dolomíticas

146

HRUBOSKALSKO — pohled z Mariánské vyhlídky ● Blick von der Mariensaussichtsplatte ● A view of the landscape from the Marian observation point ● Vue depuis la Mariánská vyhlídka ● Veduta dal Belvedere Mariánská ● Vista desde el mirador Mariánská

KOST — hrad (letecký pohled) ● Burg (Luftaufnahme) ● Castle (a bird's-eye view) ● Le château fort (vue aérienne) ● Il castello (veduta aerea) ● Castillo (vista aérea)

149

HRUBÁ SKÁLA — zámek v Českém ráji ● Schloß im Böhmischen Paradies ● Castle in the Bohemian Paradise ● Château dans le Paradis de Bohême ● Villa nel Paradiso Boemo ● Palacio en el Paraíso de Bohemia

148

150

Prachovské skály ● Felsenstadt von Prachov ● Sandstone rocks ● Les rochers Prachovské ● Le rocce Prachovské ● Rocas Prachovské

Zříceniny hradu Trosky v Českém ráji ● Burgruine Trosky im Böhmischen Paradies ● Trosky Castle Ruins in the Bohemian Paradise ● Les ruines du château fort Trosky dans le Paradis de Bohême ● I ruderi del castello Trosky nel Paradiso Boemo ● Ruinas del castillo Trosky en el Paraíso de Bohemia

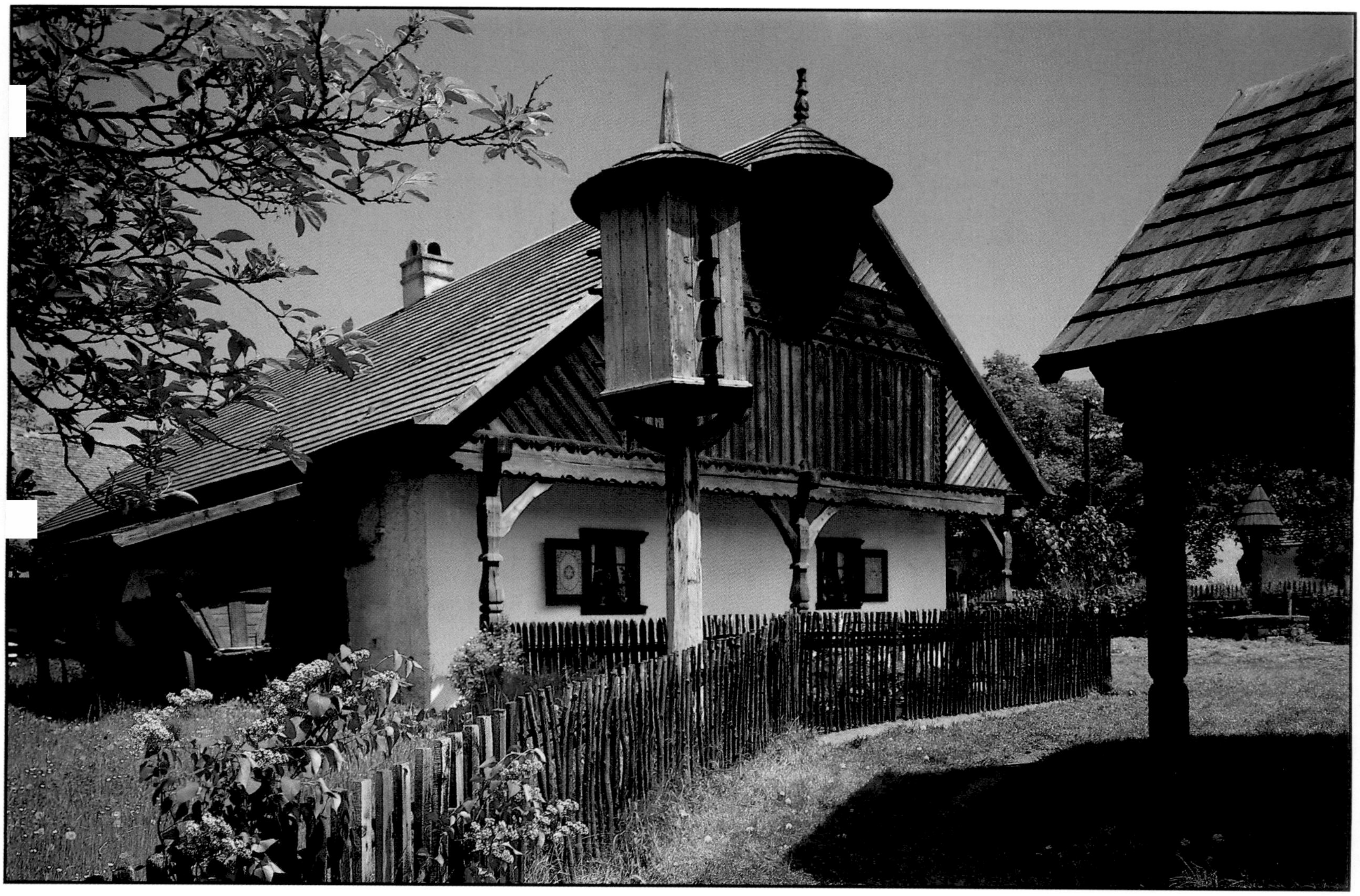

PŘEROV NAD LABEM — skansen lidové architektury ● Freilichtmuseum der Volksarchitektur ● The open-air museum of folk architecture ● Musée de l'architecture populaire ● Museo dell'architettura popolare ● Museo de la arquitectura popular

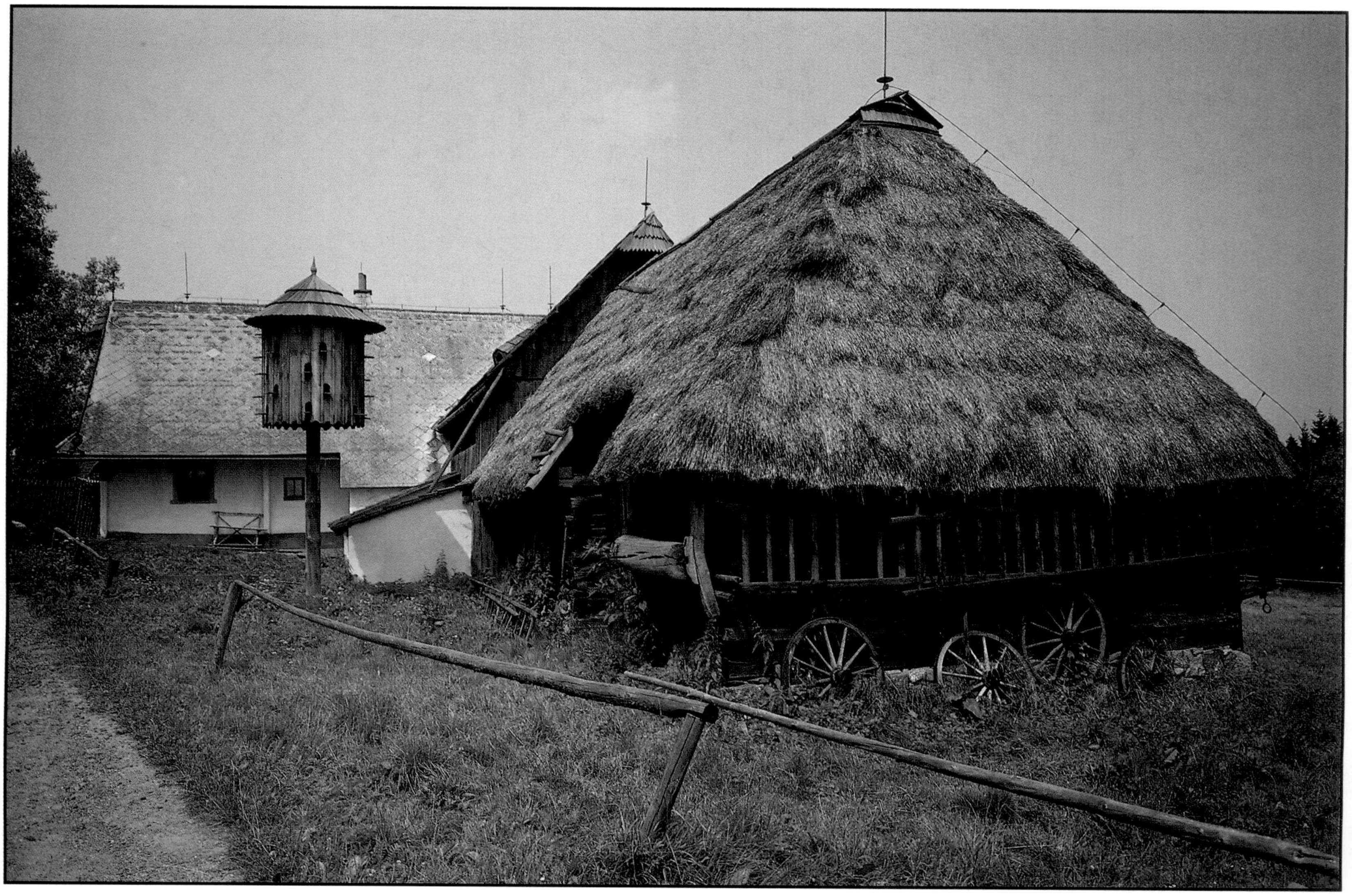

VESELÝ KOPEC

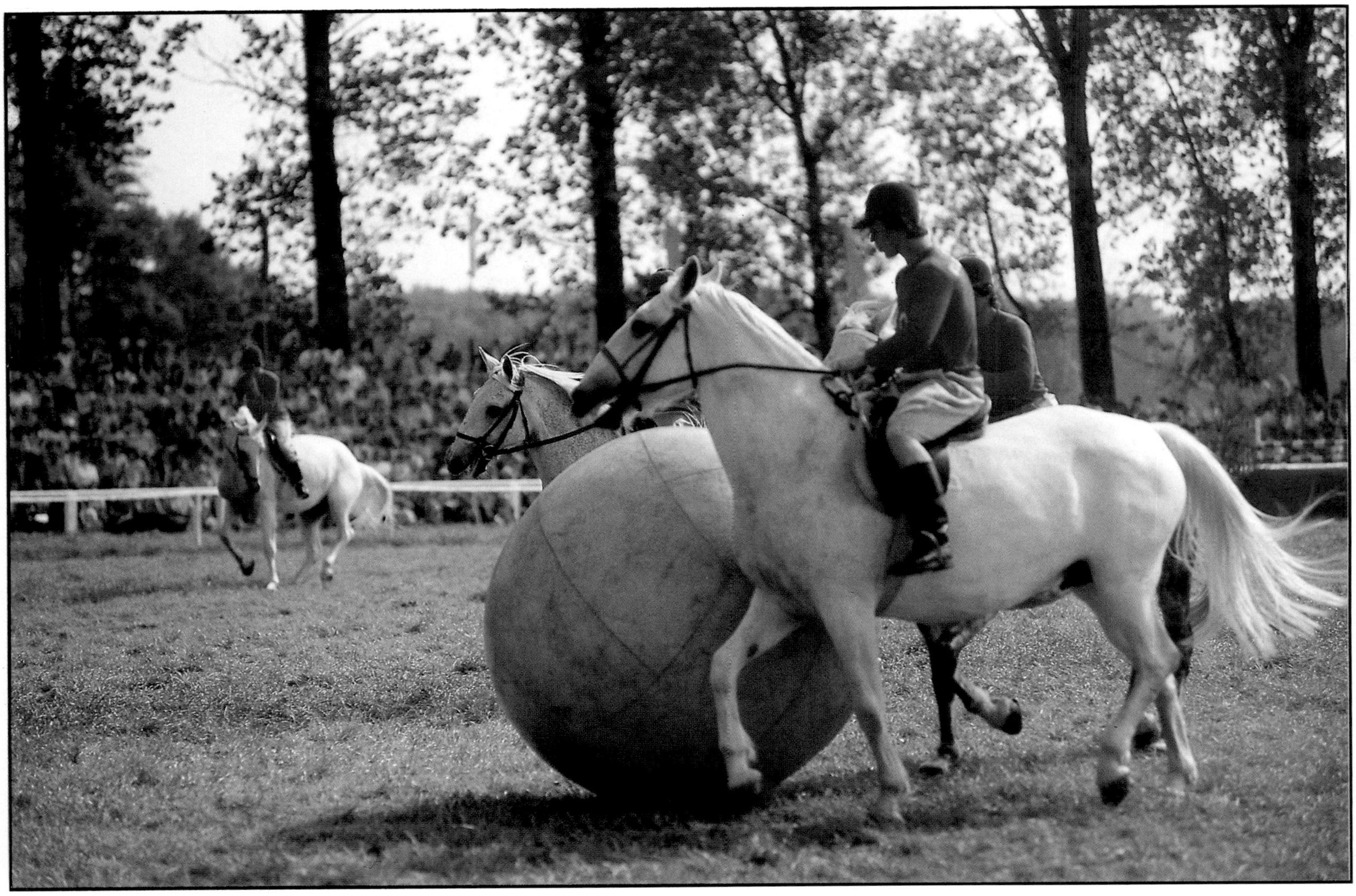

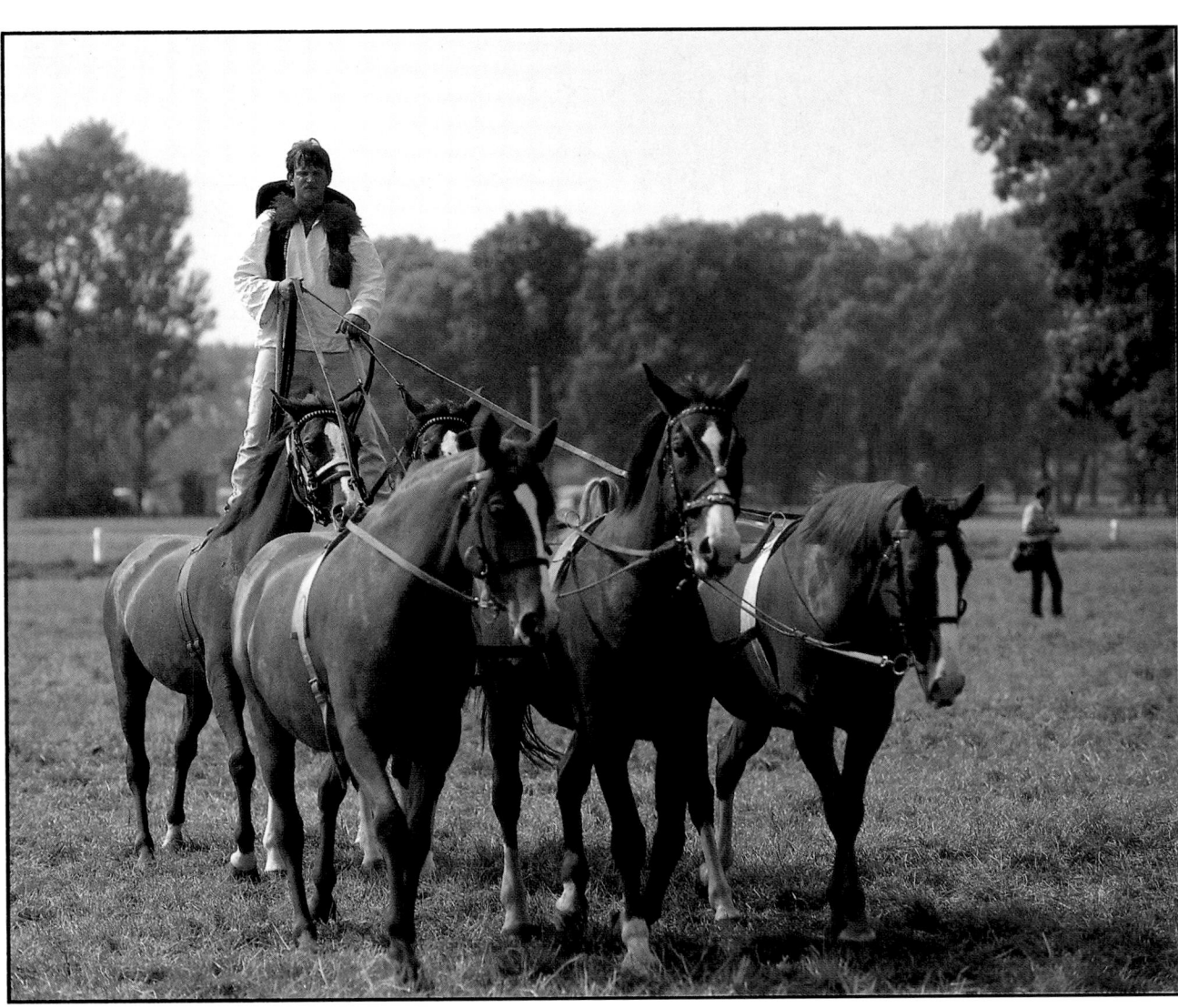

154.–155. KLADRUBY – slavnosti • Volksfest • The Festival • Les fêtes populaires • Le feste • Festivales

154

155

KUTNÁ HORA

156

LIPNICE — zřícenina hradu ● Burgruine ● Castle Ruins ● Ruines d'un château fort ● I ruderi del castello ● Ruina del castillo 157

KUTNÁ HORA — chrám sv. Barbory ● St. Barbaradom ● St Barbara's Dome ● L'église Sainte-Barbe ● La chiesa di Santa Barbara
● Catedral de Santa Bárbara

LITOMYŠL

SEČ — přehrada ● Talsperre ● Dam Lake ● Le lac de barrage ● La diga ● Pantano

LUŽE — poutní kostel ● Wallfahrtskirche ● The pilgrimage church ● Église de pélérinage ● Il santuario ● Iglesia de peregrinación

DOUDLEBY NAD ORLICÍ — zámek ● Schloß ● Castle ● Château ● La villa ● Palacio

HRADEC KRÁLOVÉ

HRÁDEK U NECHANIC — zámek ● Schloß ● Castle ● Château ● La villa ● Palacio 164

RYCHNOV NAD KNĚŽNOU — zámek ● Schloß ● Castle ● Château ● La villa ● Palacio 165

Krajina u Kuksu ● Landschaft bei Kuks ● The Kuks environs ● Paysage près de Kuks ● Il paesaggio vicino al castello di Kuks ● Paisaje cerca de Kuks

168.—169. KUKS — socha M. B. Brauna z alegorie neřestí — Socha poustevníka Garina v Novém lese ● M. B. Braun: eine der Statuen der Allegorie der Laster — Statue des Eremiten Garinus im Neuen Walde ● The statue from the Allegory of Vices by M. B. Braun — The Hermit Garin's statue in Nový les ● Statue de M. B. Braun l'allégorie faisant partie de des Vices — Statue de l'ermite Garin dans la Nouvelle forêt ● La statua di M. B. Braun dall'allegoria i vizi — La statua dell'eremita Garin nella Nuova foresta ● Escultura de M. B. Braun de la serie de alegorías de Vicios — Escultura del ermitaño Garin en el bosque Nový les

168

NOVÉ MĚSTO NAD METUJÍ

Krajina u Semil ● Landschaft bei Semily ● Landscape at Semily ● Paysage près de Semily ● Il paesaggio vicino a Semily ● Paisaje cerca de Semily

Krkonoše — pohled z Lysé hory ● Riesengebirge — Blick vom Kahlberg ● The Giant Mountains — a view of the ridges from Lysá hora ● Les monts des Géants — vue depuis la Lysá hora ● I Monti dei Giganti — veduta dal Monte Lysá ● Montañas de los Gigantes — vista desde el Monte Lysá   171

Krkonoše — u Rokytnice nad Jizerou ● Riesengebirge — bei Rokytnice nad Jizerou ● The Giant Mountains near Rokytnice upon Jizera ● Les monts des Géants — paysage près de Rokytnice nad Jizerou ● I Monti dei Giganti — presso la località Rokytnice nad Jizerou ● Montañas de los Gigantes — cerca de Rokytnice nad Jizerou   172

Labská přehrada ● Talsperre an der Elbe ● The Labe Dam Lake ● Le lac de barrage sur l'Elbe ● La diga sull'Elba ● Pantano del Elba   173

MUMLAVA — vodopád ● Wasserfall ● Waterfall ● La chute ● La cascata ● Cascada

Studniční hora a Luční bouda ● Brunnenberg und Wiesenbaude ● Studniční mountain and the Luční chalet ● Le mont Studniční **175** et le chalet Luční ● Il monte Studniční hora e il rifugio Luční bouda ● Monte Studniční y albergue Luční

Vrchol Sněžky ● Gipfel der Schneekoppe ● The Sněžka Peak ● Le sommet de la Sněžka ● La vetta del monte Sněžka **176** ● Cima del monte Sněžka

Sněžka (1603 m) ● Schneekoppe (1603 m) ● Sněžka (1603 m) ● La Sněžka (altitude 1603 mètres) ● Il monte Sněžka 1603 metri s.l.m. ● Sněžka 1603 m   **177**

Morava a Slezsko

Podobu Moravy neformovala horstva tak, aby ji výrazně ohraničila. Jen na severu země se zvedají horské hradby Jeseníků a Beskyd, na východě Bílé Karpaty a Javorníky. Na jih se Morava otevírá rovinatým Dolnomoravským úvalem do nejteplejší oblasti země, v krajinu plnou slunce, po staletí vinorodou, s dodnes živým lidovým folklórem. Zde, v jihovýchodním cípu Moravy, bývalo mocenské centrum Velké Moravy, prvního státního útvaru západních Slovanů v 9. století. Vládla tu knížata Mojmír, Rostislav, Svatopluk. Velkomoravská říše neodolala náporu útočníků z východu. Moravská centra moci se přesunula do Olomouce, Brna a do Znojma, sídel údělných knížat, když se Morava stala částí českého státu. Zachovaly se v nich pozoruhodné staleté stavební a kulturní památky. Pravým klenotem mezi moravskými městy je Telč, kterou UNESCO pojalo mezi světově chráněné městské unikáty. Nelze však opomenout ani Slavonice, Kroměříž, Jihlavu, Mikulov, Lipník nad Bečvou. Morava, hospodářsky kvetoucí země, bývala často cílem útoků cizích nájezdníků a vojsk. Chránila se pevnými pohraničními hrady, v pozdějších stoletích změněnými v pozoruhodně řešené zámky. Nejmohutnější hrad, Pernštejn, je skutečnou chloubou Moravy. Zámky rozseté po celé zemi mají podobu renesanční, barokní, také však romantickou z 19. století.

Mnohým oblastem dominují monumentální barokní poutní chrámy, umístěné renomovanými projektanty na vysokých návrších a kopcích. Panoramata moravských měst výrazně oživují sakrální stavby od románských až po nejmladší z tohoto století. Vlídná a pohledná moravská krajina se svými pahorkatinami a hornatinami, lužními lesy, rozsáhlými lesními komplexy, rovinami s úrodnými lány, lázněmi s léčivými prameny skrývá ve svém podzemí svět jedinečné krásy — krasové jeskyně s rozlehlými dómy, bizarními krápníkovými útvary, podzemními říčkami a jezírky i památkami na člověka doby pravěké.

Přitažlivost moravské země zvyšují svéráznosti některých oblastí, vedle Slovácka Haná, Valašsko a také Lašsko. A jak při něm nevzpomenout hudebního skladatele Leoše Janáčka. Ze severní Moravy přecházejí Jeseníky a Beskydy do Slezska, země otevřené k severu do Slezské nížiny. Již v pravěku se tu navazovalo spojení mezi Podunajím a Pobaltím, bývalo křižovatkou a místem střetávání etnických a kulturních proudů. V 10. století kraj při řece Opavě ovládl slovanský kmen Holasiců. Zatímco hranice moravského markrabství se v podstatě neměnily, hranice Slezska, které od poloviny 11. století bylo částí českého státu, doznaly změn celou řadu. Tu největší v 18. století, kdy převážnou část Slezska uchvátil za sedmileté války pruský král. Ostravsko, východní část slezské země, je ve značné míře poznamenáno intenzívní lidskou činností. Krajinu charakterizují doly, hutě, ocelárny a další průmyslové závody. Od jihu sem však zasahují výběžky Moravskoslezských Beskyd s dosud živou a krásnou přírodou.

Mähren und Schlesien Moravia and Silesia

Die Form und die Begrenzung Mährens wird nicht durch eindrucksvolle Berge gestaltet. Nur im Norden des Landes erheben sich die Gebirgswalle der Jeseníky und der Beskiden. Im Osten sind es die Weißen Karpaten und die Javorníky. Zum Süden hin öffnet sich das Land. Es geht in die Mährische Tiefebene über, die wärmste Gegend des Landes. Eine Gegend voller Sonne, mit traditionellem Weinbau und mit einer bis heute lebendigen Folkloretradition. Hier, im südöstlichsten Zipfel Mährens, war das Machtzentrum Großmährens. Hier existierte die erste Staatsform des Westslawen im 9. Jahrhundert. Die Fürsten Mojmír, Rostislav, Svatopluk regierten hier. Das Großmährische Reich widerstand jedoch nicht dem Druck der Angreifer aus dem Osten. Die Machtzentren Mährens verschoben sich nach Olomouc, Brno und nach Znojmo, Teilfürstentümer der Zeit, als Mähren ein Teilbereich des tschechischen Staates wurde. Jahrhunderte alte und bemerkenswerte Bau- und Kulturdenkmäler sind hier erhalten geblieben. Ein echtes Juwel unter den Städten Mährens ist Telč, eine durch die UNESCO zum Weltkulturdenkmal erklärten und damit unter Denkmalschutz stehende Stadt. Erwähnenswert auch Slavonice, Kroměříž, Jihlava, Mikulov, Lipník nad Bečvou.

Mähren, ein wirtschaftlich blühendes Land, war oft Angriffen fremder Armeen und Freibeuter ausgesetzt. Das Land schützte sich durch Grenzburgen, die sich in späteren Jahrhunderten zu bemerkenswerten Schlössern wandelten. Die mächtigste Burg, Pernštejn, ist der echte Stolz Mährens. Die Schlösser, im ganzen Land verstreut, tragen die Merkmale der Renaissance, des Barock und der Romantik des 19. Jahrhunderts.

In vielen Gegenden dominieren monumentale barocke Dome, die von renomierten Projektanten auf Anhöhen und Bergen errichtet wurden. Das Panorama der Städte Mährens wird von Sakralbauten aus der Romanik bis zur jüngeren Vergangenheit dieses Jahrhunderts geprägt. Die freundliche und sehenswerte Hügellandschaft Mährens mit ihren Auenwäldern, weiten Waldflächen, Ebenen mit fruchtbaren Gefilden, hält in ihrer Innenwelt einmalige Schönheiten verborgen — bizarre Tropfsteinhöhlen, unterirdische Flüßchen und kleine Seen sowie Erinnerungen an die Menschen der Urzeit.

Die Eigenart weiterer Landstriche Mährens erhöht noch die Anziehungskaraft dieses Landes. Neben der mährischen Slowakei sind es Haná, Valašsko und Lašsko. Und wer würde sich dabei nicht an den Komponisten Leoš Janáček erinnern? Von Nordmähren aus gehen Jeseníky und die Beskiden nach Schlesien über, einem zum Norden hin, in die Schlesische Tiefebene sich öffnenden Land. Bereits zu Urzeiten wurden hier zwischen den Donaugebieten und dem Baltikum Verbindungen geknüpft. Schlesien war gleichzeitig Kreuzung und Treffpunkt unterschiedlicher ethnischer und kultureller Strömungen. Im 10. Jahrhundert beherrschte das Gebiet entlang des Flusses Opava der slawische Stamm der Holasiten. Während die Grenzen der Markgrafschaft Mähren im Grunde unverändert blieben, haben sich die Grenzen Schlesiens, das ab der Hälfte des 11. Jahrhunderts Teil des tschechischen Staates war, mehrfach verändert. Die größte Veränderung gab es im 18. Jahrhundert. Im Verlauf des 7jährigen Krieges hatte der König von Preußen den größten Teil des Landes an sich gerissen. Das Gebiet um Ostrava, der östliche Teil Schlesiens, ist im hohen Maß durch die intensiven Eingriffe des Menschen gezeichnet. Das Landschaftsbild wird von Bergwerken, Eisenhütten, Stahlwerken und Industriebetrieben bestimmt. Vom Süden jedoch greifen die Ausläufer der Mährisch-Schlesischen Beskiden — mit ihrer bislang lebendigen und schönen Natur — in das Land ein.

Moravia is not as encircled by mountains as is the Czech Land. Only in the north are there the mountain zones of Jeseníky and Beskydy, in the east there are the White Carpathian Mountains and the Javorníky. To the south Moravia opens into a flat low—moravian vale: the warmest and sunniest part of the country where winegrowing can be traced back centuries and in the whole area folklore is still very much alive.

Here in the southeast corner of Moravia was the centre of the Great Moravian Empire, the first 9th. century West Slav state. The princes Mojmír, Rostislav and Svatopluk ruled here. The Great Moravian Empire could not withstand the onslaught of the attackers from the East. Moravian centres of power then moved in to Olomouc, Brno and Znojmo, which were the seats of apanage princes after Moravia became a part of the state. Preserved in these towns are many architectural and cultural monuments. The true gem amongst Moravian towns is Telč, which U.N.E.S.C.O. included in its list of the world's unique conservation sites. Neither is it possible to omit Slavonice, Kroměříž, Jihlava, Mikulov, Lipník nad Bečvou. Moravia, an economically thriving country was often the target of attack by foreign raiders and armies. It was protected by strong castles along the border, in later centuries usually converted into interesting chateaux. The largest castle, Pernštejn, is the real pride of Moravia. Chateaux, spread all around the country, are usually of renaissance and baroque period style, and also of the romantic style of the 19th. century.

Many areas are dominated by monumental baroque pilgrimage churches, sited on the high ground hills by their renown builders. The panorama of Moravian towns is made more picturesque by church buildings dating from the romanesque style to the most modern of this century. The gentle and pleasant Moravian countryside with its highland and hilly areas, woodlands and meadows, spreading forests, flat country with fertile fields, spa towns with mineral springs of healing properties hiding under ground a world of unique beauty: karst caves with great domes, bizarre stalagmites and stalactites, underground lakes and rivers, even traces of pre-historic man.

The Moravian country is made more attractive by the different characteristics of regions like Haná, Slovácko, Valašsko and Lašsko. And here we have to remember the composer Leoš Janáček.

Jeseníky and Beskydy mountains encroach from northern Moravia into Silesia, the land opening out into the Silesian Lowlands. Even in prehistoric times it was a crossroads between the Baltic and Donau regions: a place where cultural and ethnic styles met. In the 10th. century the region around the river Opava was taken over and governed by the Slav tribe of Holasic. Whilst the Moravian Margraviate borders remained virtually unchanged, the Silesian border underwent many changes. From the mid. 11th. century Silesia was a part of the Czech state. The greatest change came in the 18th. century when occupied Silesia came under the rule of the Prussian King during the Seven Years War. Ostrava, the eastern part of Silesia, is for the greater part industrialised: a country characterised by mines, steelworks, foundries and other industrial concerns. Just reaching here from the south, however, bringing with them their live and beautiful scenery are the Moravian-Silesian Beskydy mountain chain.

Moravie et Silésie

Morava a Slezsko

La position de la Moravie ne fut pas déterminée par des montagnes de sorte que celles-ci ne la délimitent pas nettement. Seulement au nord du pays se dressent les remparts montagneux des Jeseníky et des Beskides et à l'est s'étendent les Carpates blanches et les Javorníky. Au sud la Moravie s'ouvre par le Dolnomoravský úval la partie la plus chaude du pays, région ensoleillée où l'on récolte depuis des siècles du raisin et qui est toujours encore caractérisée par son riche folklore. C'était là, au coin sud-est de la Moravie, que se trouvait jadis le centre puissant de la Grande-Moravie, première formation étatique des Slaves occidentaux, formée au IXe siècle. Ce fut là que régnèrent successivement les princes Mojmír, Rostislav et Svatopluk. L'empire de la Grande-Moravie ne sut pas résister aux attaques des hordes venues de l'est. Les centres moraves furent transférés à Olomouc, Brno et Znojmo, résidences des princes apanagistes à l'époque où la Moravie devint partie du l'Etat tchèque. Jusqu'à nos jours s'y sont conservés des monuments historiques et des curiosités culturelles. Un vrai bijou parmi les villes moraves est Telč que l'UNESCO a rangé parmi les sites classés mondiaux uniques. La Moravie, pays à économie florissante, fut souvent attaquée par des envahisseurs et des armées ennemies. Elle se protégeait par des châteaux forts résistants construits aux frontières et transformés au cours des siècles suivants en châteaux de conception intéressante. Le château fort le plus puissant, Pernštejn, est un véritable bijou de la Moravie. Les châteaux disséminés sur tout le territoire du pays ont la forme Rennaissance ou baroque, mais aussi celle du romantisme du XIXe siècle.

Beaucoup de régions sont dominées par des églises de pèlerinage baroques monumentales installées par des auteurs de projets renommés sur des pentes abruptes ou aux sommets de collines. Les panoramas des villes moraves sont avivés expressivement par des édifices religieux depuis ceux construits en style roman jusqu'à ceux de notre siècle. La région accueillante et attrayante de la Moravie avec ses collines et ses mamelons, ses prés boisés, ses vastes forêts, ses plaines et ses champs fertiles, ses stations thermales et ses sources curatives cache dans son sous-sol un monde d'une beauté féérique — des grottes karstiques avec des dômes majestueux, des concrétions calcaires de formes bizarres, des rivières souterraines et de petits lacs ainsi que des vestiges rappelant l'homme préhistorique.

L'attrait du pays morave est encore rehaussé par le caractère pittoresque de certaines régions telles que la Slovácká Haná, la Valaquie et aussi le Lašsko.

Les chaînes montagneuses des Jeseníky et des Beskides passent de la Moravie du Nord en Silésie, région s'ouvrant au nord à la plaine silésienne. Déjà à l'ère préhistorique elle se trouvait entre le bassin du Danube et la mer Baltique et formait un carrefour important et un endroit où se rencontraient différents courants ethniques et culturels. Au Xe siècle la région traversée par la rivière Otava fut dominée par la tribu des Holasic. Tandis que les frontières du margraviat de Moravie restèrent en principe inchangées, celles de la Silésie qui devint au milieu du XIe siècle partie de l'Etat tchèque connurent de nombreux changements. Le plus important fut enregistré au XVIIIe siècle où la plus grande partie de la Silésie fut occupée pendant la guerre de Sept ans par le roi de Prusse. La région d'Ostrava, située à l'est du pays, est marquée dans une mesure importante par l'activité intense de la population. Cette région est caractérisée par ses mines, forges, aciéries et autres entreprises industrielles. Du sud y pénètrent pourtant les contreforts des Beskides moravo-silésiennes avec leur paysage toujours vivant et attrayant.

Miroslav **KROB** *& jr.*

Moravia e Slesia

Le catene di monti non hanno formato l'aspetto della Moravia in modo da delimitarla spiccatamente. Soltanto al nord del paese si innalzano i ripari montuosi degli Jeseníky e dei Beskydy, ad est i Carpazi Bianchi e gli Javorníky. A sud la Moravia si apre con una vallata pianeggiante bassa nella zona più calda del paese, in un paesaggio pieno di sole, da secoli vinifero, con un folclore popolare vivo tuttora. Qui, nella punta sudorientale della Moravia, c'era il centro del potere della Grande Moravia, la prima formazione statale degli Slavi occidentali nel IX secolo. Qui regnarono i principi Mojmír, Rostislav, Svatopluk. L'impero della Grande Moravia non resistette all'urto degli attaccanti da est. I centri del potere moravo si spostarono a Olomouc, Brno e Znojmo, le sedi dei principi ereditari, quando la Moravia diventò parte dello Stato Ceco. In esse si sono conservati ammirabili monumenti architettonici e culturali secolari. Un vero gioiello tra le città morave è Telč, che l'UNESCO ha considerato tra le riserve storiche uniche mondiali protette. Non si possono però tralasciare nemmeno Slavonice, Kroměříž, Jihlava, Mikulov, Lipník nad Bečvou. La Moravia, un paese dall'economia fiorente, fu spesso il bersaglio degli attacchi di invasori ed eserciti stranieri. Si protese con forti castelli limitrofi, trasformati nei secoli successivi in castelli dalle ammirevoli solluzioni. Quello più imponente, il castello di Pernštejn, è un autentico vanto della Moravia. I castelli, disseminati in tutto il paese, hanno aspetti rinascimentale, barocco, e pure romantico dell'Ottocento.

Molte zone sono dominate da monumentali santuari barocchi, collocati da rinomati progettisti su alti poggi e colline. I panorami delle città morave sono tipici per le costruzioni sacre dall'architettura romanica fino a quella più giovane di questo secolo. L'amabile e grazioso paesaggio moravo con le sue regioni montagnose e collinose, i boschi paludosi, le foreste, le pianure con i fertili campi, le sorgenti curative e le terme, cela nel suo sottosuolo un mondo di unica bellezza — le grotte carsiche con i loro duomi, le bizzarre formazioni di stalattiti e stalagmiti, i fiumicelli e i laghi sotterranei, e con i cimeli dell'uomo preistorico.

L'attrattiva del paese moravo è aumentata dalla peculiarità di alcune regioni, la Slovacchia morava e la Haná, la Valacchia e anche la Lacchia. Nominando quest'ultima, non possiamo non ricordare il compositore musicale Leoš Janáček.

Dalla Moravia Settentrionale gli Jeseníky e i Beskydy passano nella Slesia, paese aperto a nord verso il bassopiano slesiano. Già nel paleolitico qui avvenivano i contatti tra la zona danubiana e quella baltica: esso era l'incrocio ed il luogo di incontro delle correnti etniche e culturali. Nel X secolo la regione lungo il fiume Opava era dominata dalla stirpe slava degli Holasici. Mentre i confini del margraviato di Moravia non cambiarono in sostanza, quelli della Slesia, che dalla metà dell'XI secolo faceva parte dello Stato Ceco, subirono tutta una serie di cambiamenti. Il maggiore di essi nel XVIII secolo, quando la maggior parte della Slesia fu conquistata dal re di Prussia. La zona di Ostrava, la parte orientale del paese slesiano, è segnata in misura notevole da un'intensa attività umana. Nella regione ci sono miniere, stabilimenti metallurgici, acciaierie ed altre aziende industriali. Dal sud però qui penetrano le propaggini dei monti Beskydy moravoslesiani con una natura bella e tuttora viva.

Moravia y Silesia

No fueron las montañas las que determinaron las fronteras de Moravia. Sólo al norte del país se alzan las cadenas montañosas de Jeseníky y Beskydy, al oeste los Cárpatos Blancos y los Javorníky. Moravia se abre hacia el sur, a través del amplio valle de la Baja Moravia, la región más cálida del país, a unas tierras radiantes de sol, donde desde hace siglos se cultiva la vid y donde el folklore sigue vivo. Aquí, — en el extremo sudoriental de Moravia se hallaba en otros tiempos el poder central de los eslavos occidentales, en el siglo IX. La gobernaron entonces los príncipes Mojmír, Rostislav y Svatopluk.

El Gran Imperio Moravo no resistió el empuje de los invasores del este. Los centros de poder moravos se trasladaron a Olomouc, Brno y Znojmo, ciudades sede de los príncipes hereditarios, cuando Moravia pasó a formar parte del Estado checo. En ellas se han conservado admirables monumentos seculares, arquitectónicos y culturales. Una verdadera joya entre las ciudades moravas es Telč, incluida por la UNESCO entre los ejemplares urbanos únicos del patrimonio universal. Mas no hay que olvidar tampoco las ciudades de Slavonice, Kroměříž, Jihlava, Mikulov, Lipník nad Bečvou...

Moravia, país económicamente próspero, solía ser frecuentemente blanco de los ataques de hordas y ejércitos invasores extranjeros. Se protegía con fuertes murallas fronterizas, transformadas en siglos posteriores, en palacios señoriales de admirable diseño. El castillo más formidable, Pernštejn, es el orgullo de Moravia. Los palacios desperdigados por todo el territorio tienen un aspecto renacentista o barroco, pero también romántico del siglo XIX.

En muchas de sus comarcas dominan monumentales templos de peregrinación de estilo barroco, ubicados por renombrados maestros de obras en altas colinas o montes solitarios. Edificaciones sacras, desde las de estilo románico hasta las construidas en nuestro siglo, ennoblecen el panorama de las ciudades moravas. El dulce y bello paisaje moravo, con sus llanuras ondulantes y sus montes, sus bosquecillos rodeados de campos, sus extensas zonas forestales, sus fértiles llanuras y sus balnearios de fuentes curativas, oculta en el subsuelo un mundo de una singular belleza: las cuevas de formaciones calcáreas, estalagmitas, estalactitas y columnas, riachuelos y lagunas y documentos de la vida del hombre prehistórico.

El atractivo del país moravo lo potencian rasgos característicos singulares de algunas comarcas, la moravo-eslovaca llamada Haná, Valašsko y Lašsko, patria chica —cómo no recordarlo aquí— del compositor Leoš Janáček.

En Moravia del norte, los montes Jeseníky y los Beskydy se adentran en Silesia, formando la extensa depresión silesiana. Ya en la antigüedad era el punto de comunicación entre las regiones del Danubio y el Báltico, la encrucijada y centro de confluencia de corrientes étnicas y culturales. En el siglo X, esta región, regada por el río Opava, estaba dominada por la tribu eslava de los Holasic. La frontera del margraviato moravo no cambió en lo fundamental, mientras que la de Silesia, que desde mediados del siglo XI fue parte del Estado checo, experimentó toda una serie de cambios. El mayor, en el siglo XVIII, cuando la mayor parte de Silesia fue ocupada, durante la Guerra de los Siete Años, por el rey de Prusia. Ostrava, región oriental del país silesiano, lleva profundas huellas de una actividad humana intensiva. Esta región descuella por sus minas, altos hornos, acerías y otras empresas industriales. Del sur penetran hasta aquí las estribaciones de los Beskydy moravo-silesianos con una naturaleza aún via y hermosa.

BRNO — Zelný trh ● Brünn — Kohlmarkt ● The Cabbage Market ● Le marché aux légumes ● Il mercato dei cavoli ● Mercado de coles   **178**

Kostel sv. Michala a Špilberk ● St. Michaelkirche und Spielberg ● St Michael's Church and Špilberk Castle ● L'Église Saint-Michel et le Špilberk 179
● La chiesa di San Michele e lo Špilberg ● Iglesia de San Miguel y Špilberk

Brněnské výstaviště ● Brünn — Messegelände ● The Brno Exhibition Grounds ● Le parc des expositions de Brno ● L'area fieristica di Brno 180
● Recinto de la Feria de Brno

181.—183. BRNO — náměstí Svobody — Stopkova plzeňská pivnice — Chrám sv. Petra a Pavla ● Brünn — Platz der Freiheit — Stopkas Pilsner Bierstube — St. Peter und Paulsdom ● The Square of Liberty — Stopka's Pilsner Alehouse — St Peter and Paul's Dome ● La place de la Liberté — La brasserie de Stopka — L'église Saint-Pierre et Saint-Paul ● La piazza della Libertà — La birreria Pilsen Stopkova — La chiesa dei SS. Pietro e Paolo ● Plaza de la Libertad — Cervecería de Stopka — Catedral de San Pedro y San Pablo

Brněnská přehrada ● **Brünner Talsperre** ● The Brno Dam Lake ● Lac de barrage près de Brno ● La diga di Brno ● Pantano de Brno

VYŠKOV

Slavkovská mohyla ● Denkmal in Austerlitz ● The Memorial of Slavkov (Austerlitz) ● Le monument d'Austerlitz ● Il tumulo di Slavkov (Austerlitz) ● Túmulo de Slavkov

SLAVKOV U BRNA (AUSTERLITZ) — zámek ● Schloß ● Castle ● Le Château ● La villa ● Palacio

TUŘANY — madona ● Madonna ● The Madonna ● La Madone ● La Madonna ● Virgen   **188**

VRANOV U BRNA — poutní kostel ● Wallfahrtskirche ● The pilgrimage church ● Église de pélérinage ● Il santuario ● Iglesia de peregrinación   **189**

MACOCHA — propast ● Schlucht ● Abyss ● Le gouffre ● La gola ● Garganta   190

Punkevní jeskyně ● Punkva-Höhlen ● The Punkva Caves ● Les grottes de la Punkva ● La grotta del fiume Punkva ● Cuevas del río Punkva

193

192.—194. Moravský kras — Kateřinská jeskyně (Čarodějnice a Bambusový lesík) — Sloupsko-šošůvské jeskyně ● Mährischer Karst — Katharinen-Höhle (Hexe und Bambuswäldchen) — Höhlen von Sloup und Šošůvka ● Moravian Karst — Catherine Cave (the Witch and the Bamboo Wood) — The Caves of Sloup-Šošůvka ● Le Karst morave — la grotte Kateřinská (la Sorcière et le bois de bambous) — Les grottes de Sloup-Šošůvka ● Il Carso Moravo — la grotta Kateřinská (La strega e il boschetto di bambù) — Le grotte della zona di Sloup-Šošůvska ● Sistema de cuevas de Moravia — Cueva Kateřinská (Bruja y Bosque de bambú) — Cueva de Sloup-Šošůvka

194

195

195.—196. KŘTINY — poutní barokní kostel P. Marie ● Barocke Wallfahrtskirche der Jungfrau Maria ● The pilgrimage baroque church of the Virgin Mary ● Église de pélérinage baroque de la Vierge ● Il santuario barroco della Vergine Maria ● Iglesia barroca de peregrinación de Nuestra Señora

RÁJEC NAD SVITAVOU — zámek ● Schloß ● Castle ● Le château ● La villa ● Palacio 197

LYSICE — zámek ● Schloß ● Castle ● Le château ● La villa ● Palacio 198

Českomoravská vrchovina ● Böhmisch-mährische Höhe ● The Bohemian-Moravian Highlands ● Les hauteurs tchéco-moraves ● L'altipiano Ceco-moravo ● Meseta Checomorava

200.—201. TIŠNOV — PŘEDKLÁŠTEŘÍ — bývalý cisterciácký klášter Porta coeli ● Ehemaliges Zisterziensernonnenkloster Porta coeli ● The former Cistercian monastery Porta Coeli ● Ancien cloître des cisterciens Porta coeli ● Ex monastero cistercense Porta coeli ● Antiguo monasterio de los Cirtencienses Porta coeli

NÁMĚŠŤ NAD OSLAVOU — zámek, most přes Oslavu s galerií barokních soch ● Schloß, Brücke über den Oslava-Fluß mit barockem Statuenschmuck ● Castle, the bridge over the Oslava with the gallery of baroque statues ● Château, pont franchissant la rivière Oslava avec des statues baroques ● La villa, il ponte attraverso il fiume Oslava con le statue barocche ● Palacio, puente sobre el río Oslava y galería de esculturas barrocas

TŘEBÍČ — bazilika ● Basilika ● Basilica ● La basilique ● La basilica ● Basilica

PERNŠTEJN — hrad ● Burg ● Castle ● Le château fort ● Il castello ● Castillo   204

PERNŠTEJN — znaky na barbakanu z roku 1604 ● Wappen an der Barbakane aus dem Jahre 1604 ● The signs on the barbican from 1604 ● Les blasons   205
sur lè barbacane datant de l'année 1604 ● Gli stemmi sulla feritoia dell'anno 1604 ● Blasones en la barbacana del año 1604

Podzim na Vysočině ● Herbst auf der Böhmisch-mährischen Höhe ● Autumn in the Bohemian-Moravian Highlands ● L'automne sur le plateau
tchéco-morave ● L'autunno sull'altipiano Ceco-Moravo ● Otoño en la meseta Checomorava

206

VELKÉ DÁŘKO — Českomoravská vrchovina ● Böhmisch-mährische Höhe ● The Bohemian-Moravian Highlands ● Les hauteurs tchéco-moraves ● L'altipiano Ceco-Moravo ● Meseta Checomorava

TELČ — náměstí s mariánským sloupem ● Marktplatz mit der Mariensäule ● The square with the Marian Pillar ● La place avec une colonne mariale   **208**
● La piazza con la colonna mariana ● Plaza con columna mariana

TELČ — náměstí ● Marktplatz ● The square ● La place ● La piazza ● Plaza

TELČ — zámek ● Schloß ● Castle ● Le château ● La villa ● Palacio

ZNOJMO (Znaim)

VRANOV NAD DYJÍ — zámek ● Schloß ● Castle ● Le château ● La villa ● Palacio

Vranovská přehrada ● Talsperre Vranov ● The Vranov Dam Lake ● Le lac de barrage de Vranov ● La diga di Vranov ● Pantano de Vranov

213

DUB NAD MORAVOU

LEDNICE — zámek ● Schloß ● Castle ● Le château ● La villa ● Palacio   215

JAROMĚŘICE NAD ROKYTNOU — zámek ● Schloß ● Castle ● Le château ● La villa ● Palacio   216

VNOROVY — jižní Morava ● Südmähren ● South Moravia ● Moravie du Sud ● Moravia meridionale ● Moravia del Sur

Ratiškovický kroj (jižní Morava) ● Tracht aus Ratiškovice (Südmähren) ● The national folk costume of Ratiškovice (South Moravia) ● Un costume régional de Ratiškovice (Moravie du Sud) ● Il costume di Ratiškovice (Moravia meridionale) ● Traje popular de Ratiškovice (Moravia del Sur)

Hanácký kroj ● Tracht aus Haná ● The Haná national folk costume ● Un costume régional de la Haná ● Il costume della regione di Haná ● Traje popular de Haná

220

220.—222. VELEHRAD — poutní místo, spojován s centrem Velkomoravské říše — Kaple Cyrilka — Obraz věrozvěstů Cyrila a Metoděje. ● Wallfahrtsort, vermutliches Zentrum des Großmährischen Reiches — Kapelle Cyrilka — Bildnis der Glaubensapostel Cyril und Method ● A pilgrimage place connected with the centre of Great Moravia — The Cyrilka Chapel — The picture of St Cyril and Methodius, the Old Slavonic missionaries ● Lieu de pélérinage faisant penser à la Grande-Moravie — Chapelle Cyrilka — Tableau avec les apôtres des Slaves Cyrille et Méthode ● Luogo di pellegrinaggio, legato al centro dell'Impero della Grande Moravia — La cappella Cyrilka — Il quadro dei missionari Cirillo e Metodio ● Lugar de peregrinación, considerado centro del Imperio de Gran Moravia — Capilla Cyrilka — Cuadro de los apóstoles Cirilo y Metodo

221

223.—225. KROMĚŘÍŽ — městská památková rezervace ● Stadtreservat ● The city reservation ● Réserve urbaine classée ● Città riserva storica
● Patrimonio nacional urbano

224

225

KROMĚŘÍŽ — Květná zahrada ● Blumengarten ● The Flower Garden ● Le jardin aux fleurs ● Il giardino dei fiori ● Jardín de las flores

KROMĚŘÍŽ — Květná zahrada ● Blumengarten ● The Flower Garden ● Le jardin aux fleurs ● Il giardino dei fiori ● Jardín de las flores

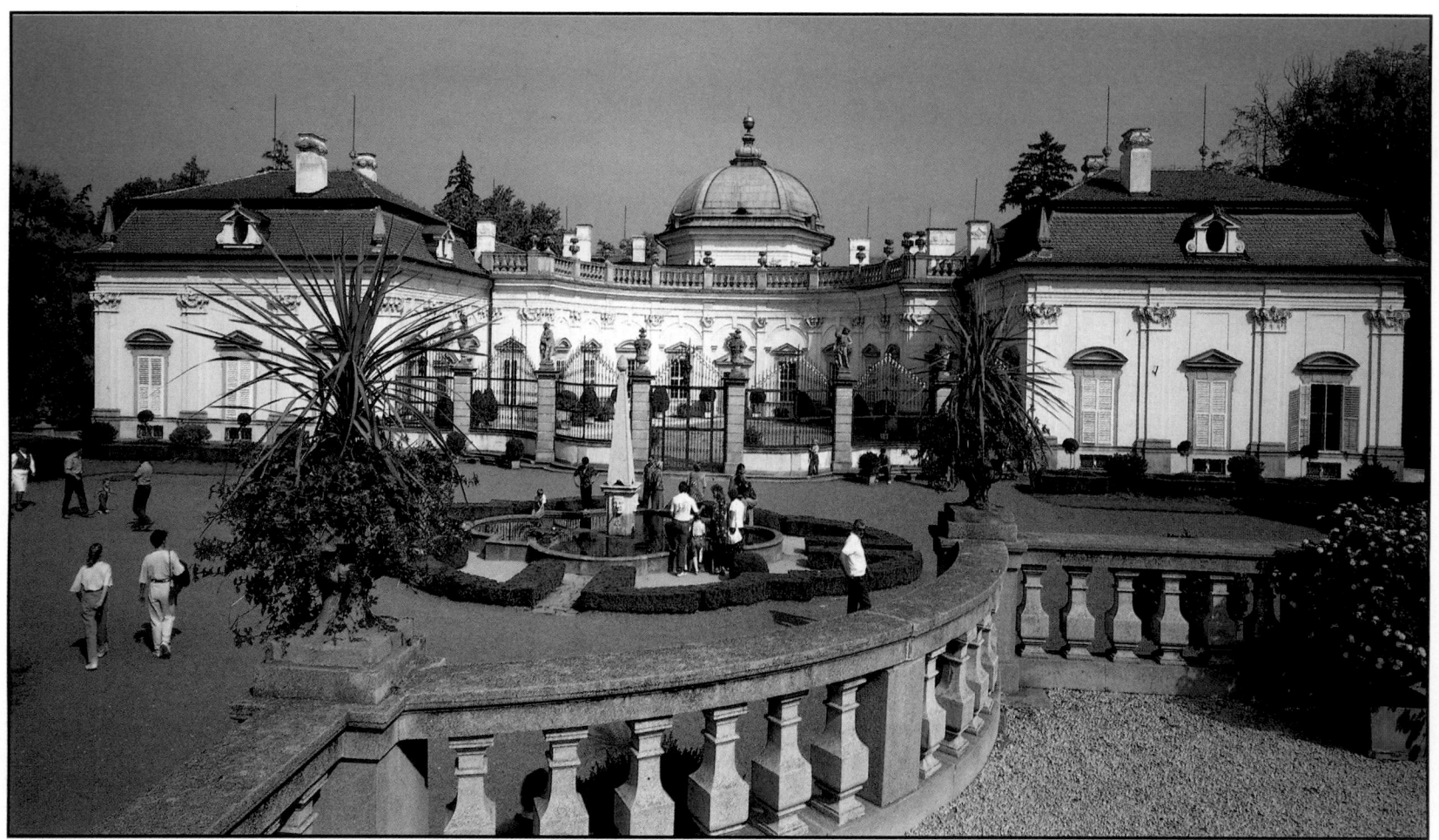

BUCHLOVICE – zámek ● Schloß ● Castle ● Le château ● La villa ● Palacio

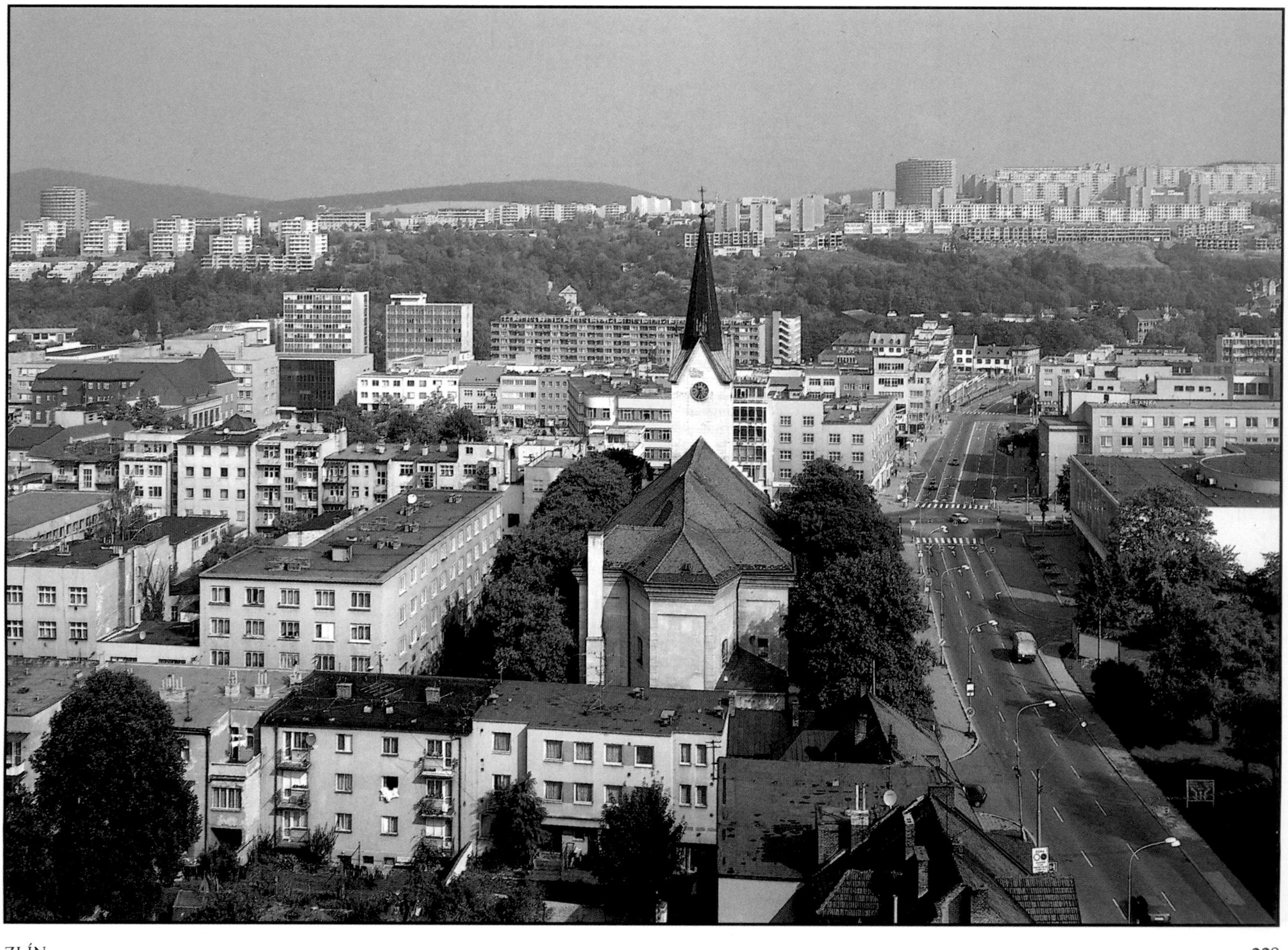

ZLÍN

HOSTÝN — poutní kostel P. Marie ● Wallfahrtskirche der Jungfrau Maria ● The pilgrimage church of St Mary ● L'église de pélérinage de la Sainte Vierge   **230**
● Il santuario della Vergine Maria ● Iglesia de peregrinación de Nuestra Señora

231.—233. OLOMOUC — městská památková rezervace — Radniční věž — Orloj — Caesarova kašna ● Olmütz — Stadtreservat — Rathausturm — Astronomische Uhr — Caesarbrunnen ● The city reservation — The Town Hall Tower — The astronomical clock — Caesar's fountain ● Réserve urbaine classée — Tour de l'hôtel de ville — Horloge astronomique — Fontaine de César ● Città riserva storica — La torre del Municipio — L'Orologio — La fontana di Cesare ● Patrimonio nacional urbano — Torre del ayuntamiento — Reloj — Fuente de Cesar

232

233

OLOMOUC — sousoší N. Trojice ● Dreifaltigkeitssäule ● The statuary of the Holy Trinity ● Groupe de sculptures représentant la sainte Trinité ● Il gruppo scultoreo della Santissima Trinità ● Grupo escultórico de la Trinidad

OLOMOUC — chrám sv. Václava ● St. Wenzelsdom ● St Wenceslas' Dome ● L'église Saint-Venceslas ● La chiesa di San Venceslao **235**
● Catedral de San Venceslao

SV. KOPEČEK — interiér poutního kostela ● Heiliger Berg — Das Kircheninnere der Wallfahrtskirche ● The Holy Mountain — The interior of pilgrimage
church ● Intérieur de l'église de pélérinage ● L'interno del santuario ● Interior de la iglesia de peregrinación

236

SV. KOPEČEK — poutní kostel ● Wallfahrtskirche ● The pilgrimage church ● L'église de pélérinage ● Il santuario ● Iglesia de peregrinación

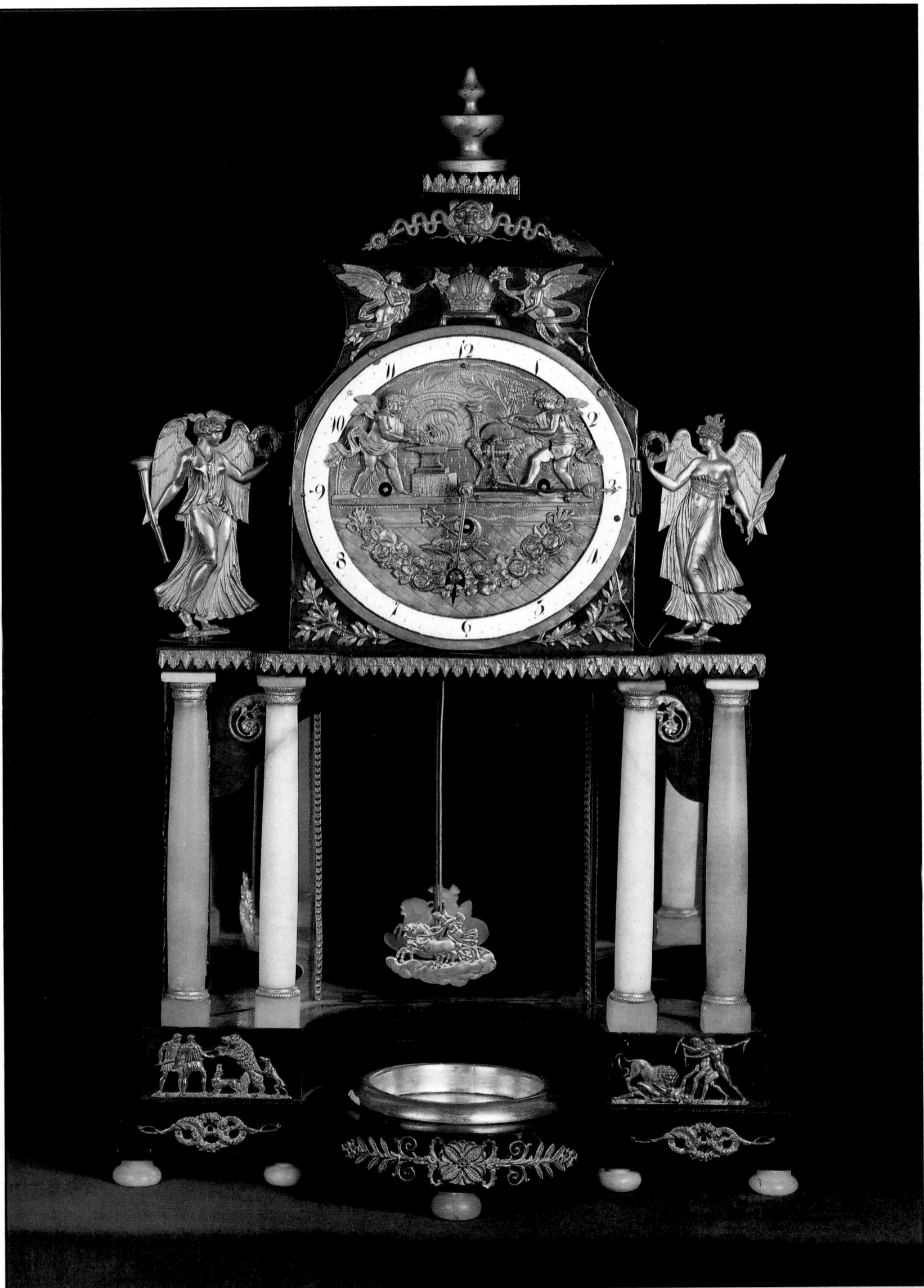

JAVOŘÍČKO — jeskyně ● Höhlen ● Caves ● Les grottes ● Le grotte ● Cuevas

JAVOŘÍČKO — jeskyně ● Höhlen ● Caves ● Les grottes ● Le grotte ● Cuevas

242.—243. BOUZOV — původně gotický hrad přestavěný řádem německých rytířů ● Ehemalige gotische Burg, umgebaut vom Deutschritterorden ● Originally a Gothic Castle rebuilt by the Order of the Teutonic Knights ● Ancien château fort gothique remanié par l'ordre des Chevaliers allemands ● Il castello originariamente gotico, ricostruito dall'Ordine dei Cavalieri Tedeschi ● Originalmente castillo gótico, reconstruido por los Caballeros de la Orden Teutónica

244.—245. MLADEČSKÉ JESKYNĚ — objevené již v roce 1826 ● Höhlen von Mladeč entdeckt bereits 1826 ● The Mladeč Caves discovered in 1826 ● Les grottes de Mladeč découvertes déjà en 1826 ● Le grotte Mladečské scoperte già nel 1826 ● Cuevas de Mladeč descubiertas en el año 1826

Jeseníky — Praděd ● Gesenke — Altvater ● The Jeseníky Mountains — Praděd ● Jeseníky — le mont Praděd ● I Monti Jeseníky — il Praděd ● Montañas **246**
Jeseníky — Praděd

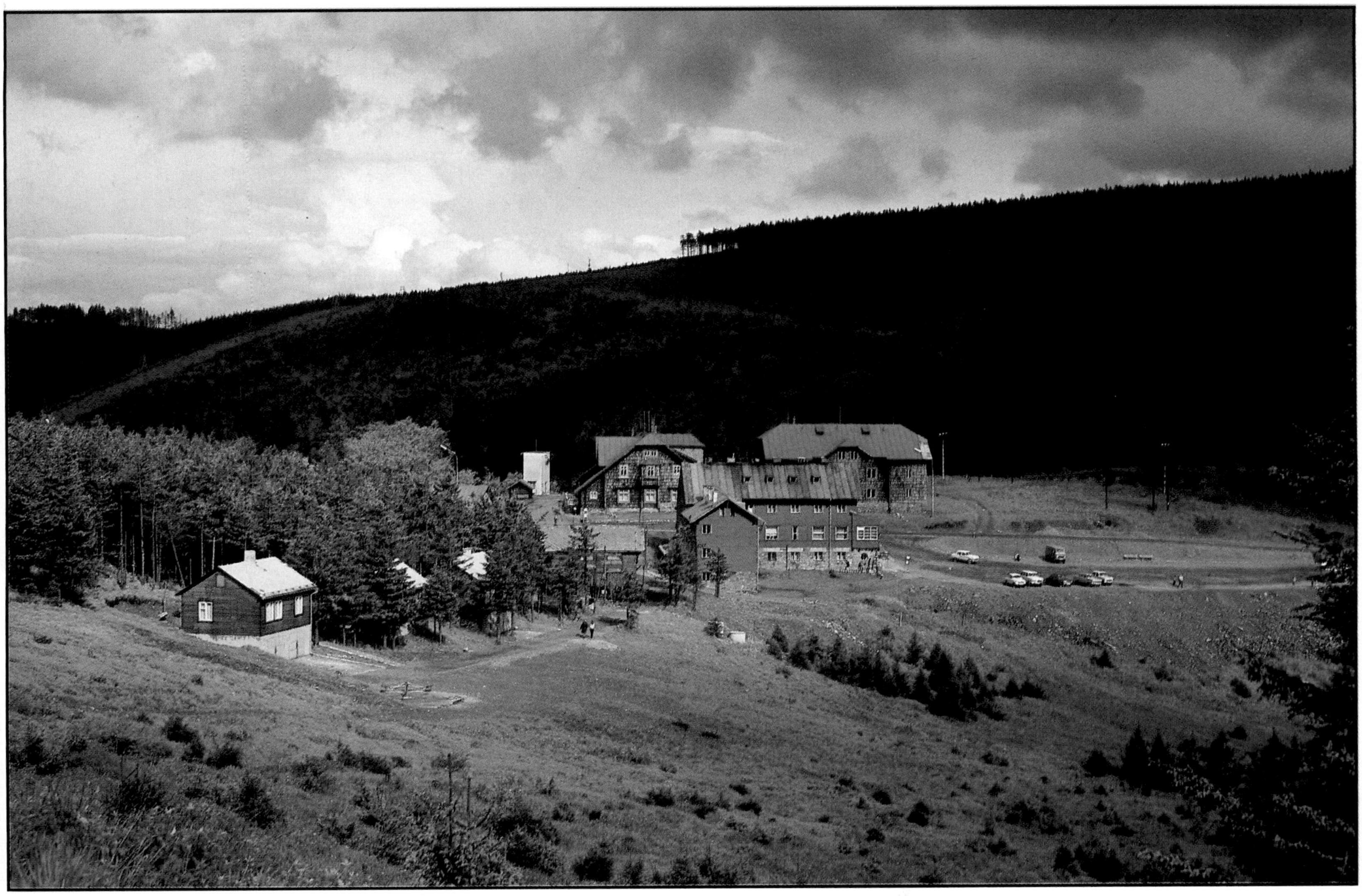

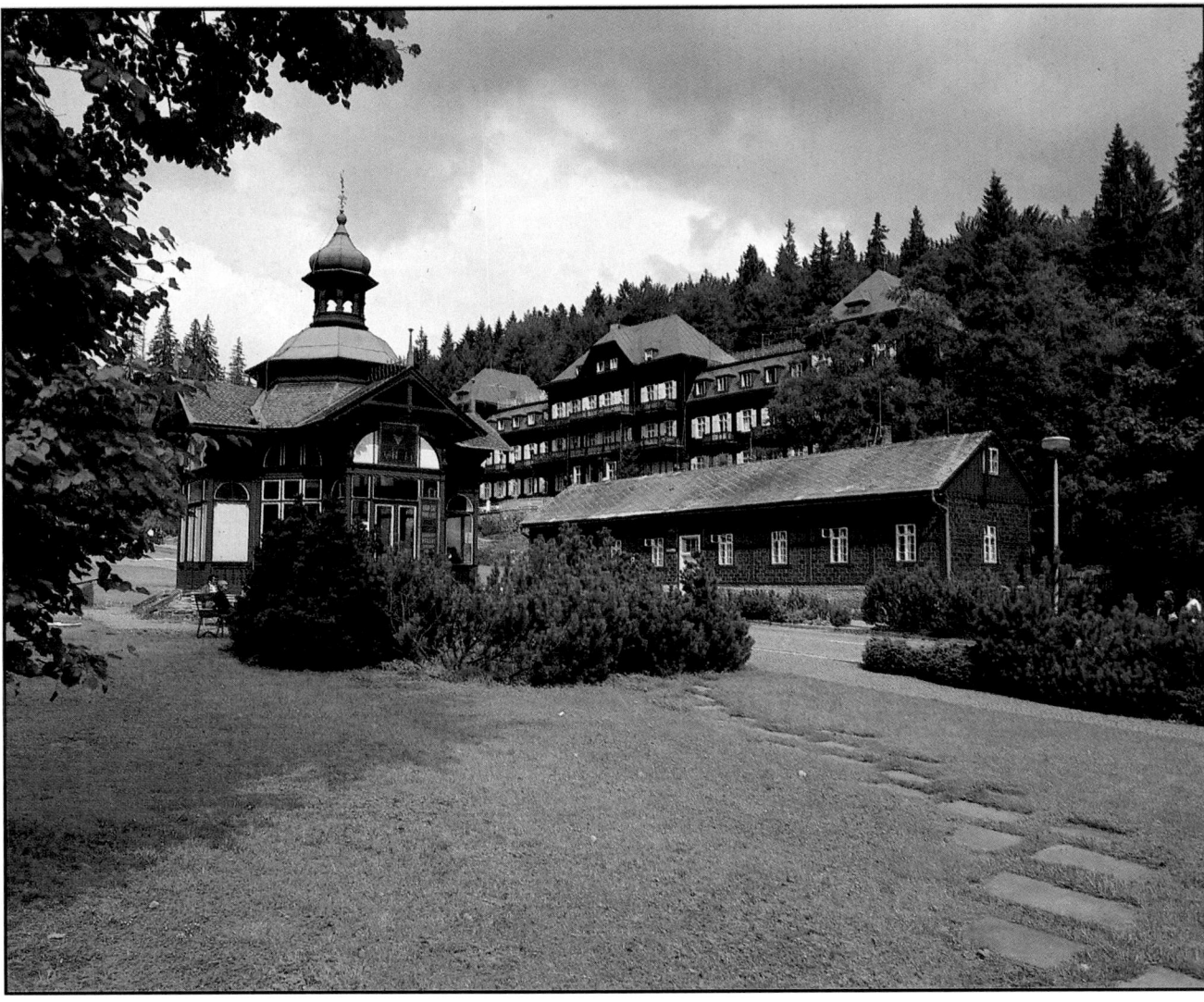

JESENÍKY — Červenohorské sedlo • Paß Červenohorské sedlo • Červenohorské sedlo (Saddle) • Le col Červenohorský • La sella Červenohorské • Puerto Červenohorské

247

KARLOVA STUDÁNKA — lázně • Kurort • Spa • Station thermale • Le terme • Balneario

248

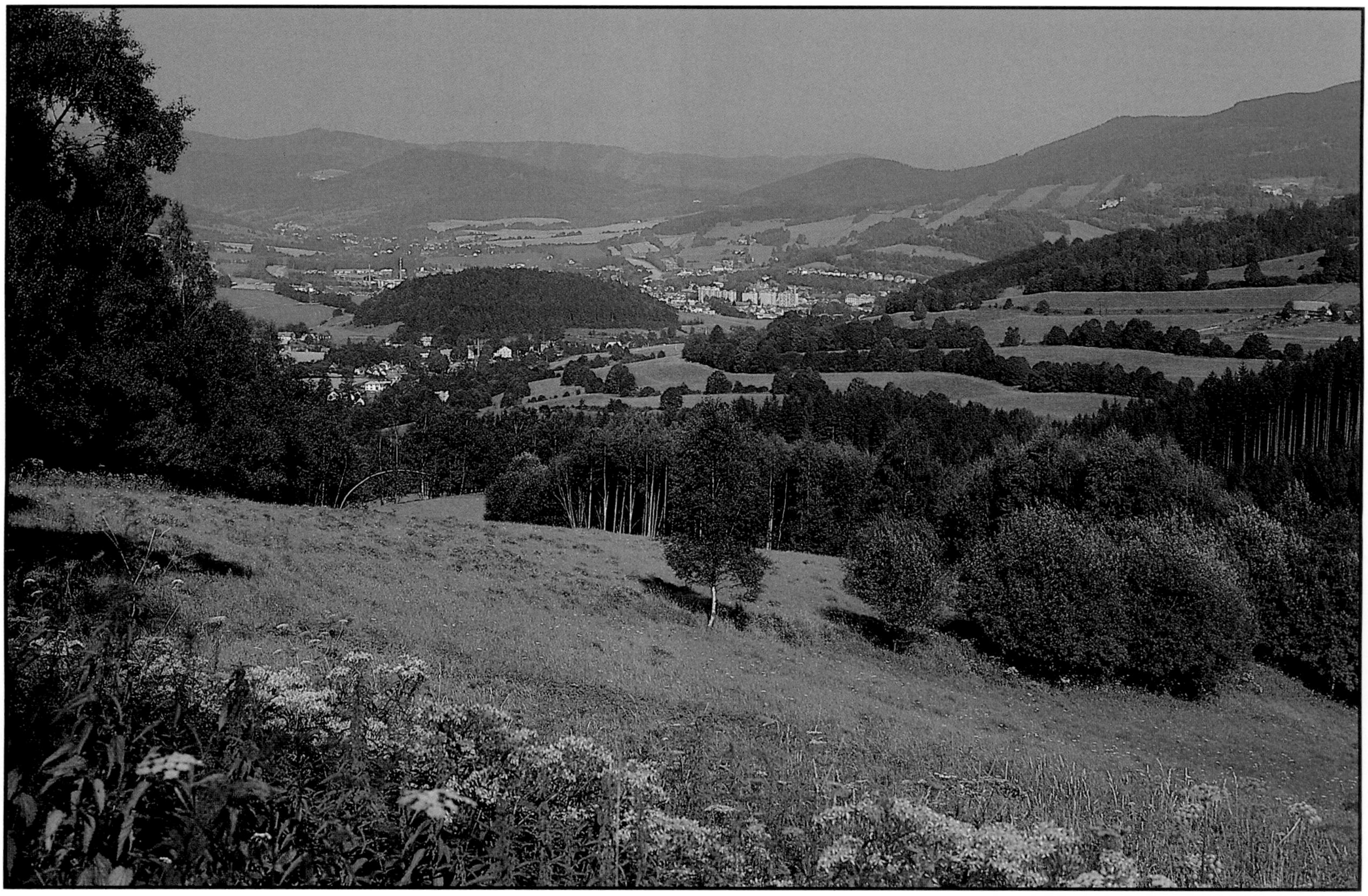

249

250

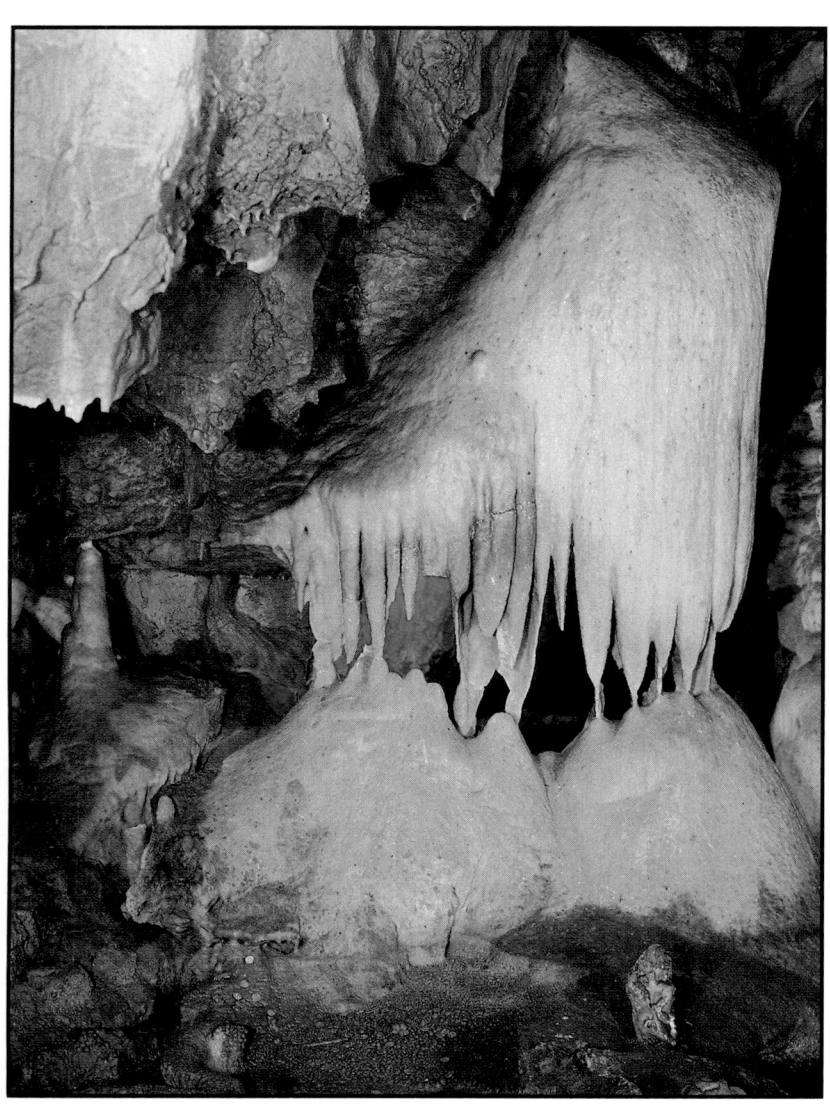

249. Pohled na Jeseník ● Blick auf Jeseník ● A view of Jeseník ● Vue sur le Jeseník ● Veduta sul Jeseník ● Vista de Jeseník

250. „NA POMEZÍ" — jeskyně ● Höhle ● Cave ● La grotte ● Le grotte ● Cueva

251. OPAVA — radnice ● Rathaus ● The town hall ● L'hôtel de ville ● Il Municipio ● Ayuntamiento

252.—254. FULNEK — Památník J. A. Komenského — Socha J. A. Komenského — Radnice s barokním sloupem ● Comeniusgedenkstätte — Comeniusdenkmal — Rathaus mit Barocksäule ● The Memorial of Comenius — The Statue of Comenius — The town hall with a baroque pillar ● Mémorial de Coménius — Statue de Coménius — Hôtel de ville avec colonne baroque ● Monumento a J. A. Komenius — Il Municipio con la colonna barocca ● Monumento a J. A. Komenský — Escultura de J. A. Komenský — Ayuntamiento y columna barroca

Vítkovické železárny ● Vítkovice — Eisenhüttenwerke ● The Vítkovice Ironworks ● Les Aciéries de Vítkovice ● Le ferriere di Vítkovice
● Fundiciones de Vítkovice

OSTRAVA — Stará radnice ● Das alte Rathaus ● The Old Town Hall ● L'hôtel de ville ● Il Vecchio Municipio ● Viejo ayuntamiento   **256**

Těrlická přehrada ● Talsperre Těrlice ● The Těrlicko Dam Lake ● Le lac de barrage de Těrlice ● La diga di Těrlice ● Pantano de Těrlice

HELFŠTÝN — zříceniny hradu ● Burgruine ● Castle Ruins ● Ruines d'un château fort ● I ruderi del castello ● Ruinas del castillo 258

Žně na Hané ● Ernte in der Haná-Ebene ● Harvest in Haná ● La moisson dans la région Haná ● La mietitura nella regione di 259
Haná ● Cosecha en Haná

BESKYDY — přehrada Šance ● Talsperre Šance ● The Šanće Dam Lake ● Le lac de barrage de Šance ● La diga Šance ● Pantano de Šance

ROŽNOV POD RADHOŠTĚM — Valašské muzeum ● Freilichtmuseum der mährischen Walachei ● The Wallachian Museum ● Musée valaque   261
● Il Museo valacco ● Museo de Valaquia

ROŽNOV POD RADHOŠTĚM — Valašské muzeum ● Freilichtmuseum der mährischen Walachei ● The Wallachian Museum ● Musée valaque   262
● Il Museo valacco ● Museo de Valaquia

BESKYDY — vrchol Radhoště ● Gipfel des Radhošť (Radegast) ● The peak of Radhošť ● Le sommet du mont Radhošť 263
● La vetta Radhošť ● Cima de Radhošť

BESKYDY — prales Mionši ● Urwald Mionši ● The Mionši rain forest ● La forêt vierge Mionši ● La foresta vergine di Mionši ● Selva de Mionši 264

BESKYDY — pohled na Radhošť z Pusteven ● Blick auf Radhošť von Pustevny ● The view of Radhošť from Pustevny ● Le sommet du mont Radhošť vu depuis les Pustevny ● Veduta sul Radhošť dal Pustevny ● Radhošť vista desde Pustevny

Česká republika

VLTAVA A PRAŽSKÝ HRAD 1 Pražský hrad, symbol tisícileté české státnosti, místo, odkud vládla přemyslovská knížata, velcí králové a císařové a ve 20. stol. prezidenti, monumentální stavební dílo mnohých významných stavebníků a známých, ale i neznámých stavitelů. Po dlouhé věky se zhlíží v třpytivé hladině Vltavy, která v pražské kotlině rozlila své vody do takové šíře, aby pojala celý obraz Hradu, ale také pražských měst na obou svých březích, kostelní věže a kupole, zelené svahy strání a kopců, zahrady, ostrovy i vysokou oblohu.

KARLŮV MOST 2, 15—16 Od dob Karla IV. spojuje v délce půl kilometru Staré Město na pravém břehu Vltavy s břehem levým, s Malou Stranou. Byl založen v r. 1357 a jeho stavba je spojena se jménem Petra Parléře. Most nahradil povodní stržený starší románský Juditin most. Hrál vždy významnou roli v dějinách Prahy, poněvadž po staletí byl mostem jediným. Jeho pozoruhodností je soubor 30 soch a sousoší převážně barokních, osazených na mostních pilířích. Na obou stranách most ústí do mosteckých bran.

VÁCLAVSKÉ NÁMĚSTÍ 3, 5 Vzniklo při založení Nového Města pražského Karlem IV. r. 1348 jako tržiště s obilninami, kde se také konaly koňské trhy. Náměstí na horním konci, kde stávala městská brána, uzavírá novorenesanční budova Národního muzea z l. 1885—1890, navržená Josefem Schulzem. Náměstí obklopují budovy bank, hotelů, obchodních domů, podnikových paláců a obytných domů. Pod muzeem stojící jezdecký pomník knížete sv. Václava se čtyřmi českými patrony zemskými vytvořil Josef Václav Myslbek v l. 1912—1924.

HOTEL EUROPA 4 Secesní asymetrická dvojí budova hotelu na Václavském náměstí je charakteristickým dílem doby svého vzniku. Zdobí ji rostlinné dekorace ve štítu i aplikace různých kovových materiálů, zlacení. Stavbu z l. 1903—1904 projektovali Bedřich Bendelmeyer a Alois Dryák.

OBECNÍ DŮM a PRAŠNÁ BRÁNA 6 Reprezentační dům hlavního města Prahy navrhli arch. Antonín Balšánek a Osvald Polívka. Nejhezčí secesní stavba města s vysoce stylovými interiéry byla postavena v l. 1906—1911. Ve středověku, za Václava IV., bývalo na tomto místě sídlo českého panovníka. Vedlejší pozdně gotickou bránu postavil po r. 1475 Matyáš Rejsek a rekonstruoval v 19. stol. Josef Mocker.

PAŘÍŽSKÁ ULICE 7 Začíná u vltavského mostu Svatopluka Čecha a ústí do Staroměstského náměstí. Vznikla teprve před necelými sto lety a vede místy, kde stávalo prastaré pražské židovské město se svými křivolakými uličkami, náměstími a zákoutími, které bylo asanováno na přelomu 19. a 20. stol. V zástavbě nově vzniklé ulice převládají vysoké domy nejrůznějšího pojetí, novogotické, historizující, secesní, s plastickou výzdobou, mozaikami, nápisy a věžemi.

STAROMĚSTSKÁ RADNICE 8 Jižní strana radnice dokonale ilustruje její postupný růst. Dům Wolflinů od Kamene — při hranolové radniční věži — položil k ní základ. K němu pak přibyly domy další, Křížův, Mikšův a dům U minuty, pokrytý renesančními sgrafity. Na býv. Křížově domě je velké renesanční okno a nápis Praga caput regni — Praha město královské.

STAROMĚSTSKÝ ORLOJ 9 Vzácné technické a umělecké dílo na jižní straně radniční věže zhotovil kolem r. 1410 hodinář Mikuláš z Kadaně za pomoci astronoma Jana Šindela, přestavbu kolem r. 1490 provedl mistr Hanuš zv. Růže. Sošky na orloji jsou barokní. Orloj má tři části — loutkohru s chodem apoštolů, sféru, tj. astronomické zařízení, a kalendárium.

STAROMĚSTSKÉ NÁMĚSTÍ 10 V zástavbě východní strany náměstí se do výšky dvou pater zvedá palác Goltz-Kinských, rokoková stavba z pol. 18. stol., vedlejší dům U kamenného zvonu je gotický, při Týnské uličce Týnskou školu zdobí renesanční benátský štít a poslední je dům U bílého jednorožce. Nad nimi se tyčí gotický chrám P. Marie před Týnem s dvěma věžemi založený r. 1365. Secesní pomník Jana Husa, dílo Ladislava Šalouna, byl odhalen v r. 1915.

STARÝ ŽIDOVSKÝ HŘBITOV 11 Prostírá se poblíž Staronové synagógy, vznikl koncem 14. stol., nejstarší zachovaný náhrobní kámen nese datum 23. 4. 1439, poslední je označen rokem 1787. Mezi tisíci náhrobků se zachovala řada tumb význačných osobností a také nejproslulejšího z nich, rabbiho Löwa Jehudy ben Becalela z r. 1609, tvůrce pověstného Golema.

STARONOVÁ SYNAGÓGA 12 Raně gotická synagóga z doby kolem r. 1280, nejstarší a nejznámější stavba pražského židovského ghetta, je i ojedinělou evropskou stavební památkou. Cihlové štíty stavby pocházejí ze 14. stol., nízký přístavek z 18. stol. byl určen ženám. Synagóga dosud slouží náboženským úkonům.

NÁRODNÍ DIVADLO 13 Reprezentační stavba v novorenesančním stylu, postavená podle projektu Josefa Zítka a Josefa Schulze v l. 1868—1883 z dobrovolných sbírek českého lidu. Na bohatém vnějším a zejména vnitřním vyzdobení divadelních prostor se podíleli přední soudobí umělci z tzv. generace Národního divadla.

VYŠEHRAD 14 Druhý pražský hrad na vysoké skále nad pravým břehem Vltavy byl založen v 2. pol. 10. stol. a jeho vznik je spojován s mytologickými počátky české historie. V 10. a 11. stol. se zde razily denáry s legendou Visegrad a Visegrad civitas. Dobou slávy a rozkvětu Vyšehradu byla vláda Vratislava II. a Karla IV. Dnes mu vévodí novogotické věže chrámu sv. Petra a Pavla a dokola ho obepínají barokní cihlové hradby.

CHRÁM SVATÉHO MIKULÁŠE 17—18 Jedinečná dominanta Malé Strany, vrcholné dílo české barokní architektury, zasazené do Malostranského náměstí. Sálový prostor chrámové lodi s bočními kaplemi, galeriemi a klenbou vybudoval Kryštof Dienzenhofer (1704—1711), kněžiště a kupoli Kilián Ignác Dienzenhofer (1737—1752) a Anselm Luragho štíhlou zvonici (1753). Mimořádně bohatě je sochami, obrazy a oltáři zařízen interiér chrámu.

VLTAVSKÉ MOSTY 19 V místech, kde Vltava vstupuje do historického jádra Prahy, se přes řeku klene několik mostů. Nejblíže pozorovateli ze svahu Letné je Mánesův most, potom proslulý gotický most Karlův ze 14. stol., výše proti proudu most Legií, Jiráskův, Palackého a pod Vyšehradem železniční most.

KATEDRÁLA SV. VÍTA 20—21 Monumentální gotický chrám na Pražském hradě, budovaný Matyášem z Arrasu a Petrem Parléřem od r. 1344 a dokončený v r. 1929 v novogotickém pojetí. Stojí na místě románské rotundy sv. Václava a baziliky knížete Spytihněva. V bohatě vyzdobeném chrámovém interiéru s četnými kaplemi se nalézá královské mauzoleum, hrobka českých králů, gotické náhrobky několika přemyslovských panovníků, stříbrný barokní náhrobek sv. Jana Nepomuckého. Nejcennější z kaplí byla zasvěcena patronu České země sv. Václavovi. V korunovační komoře jsou uloženy české korunovační klenoty, národní kulturní památka.

KRÁLOVSKÝ LETOHRÁDEK 22 Ojedinělá pražská renesanční stavba, založená králem Ferdinandem I. r. 1535 a dokončená v r. 1563. Vnitřní prostory letohrádku byly upraveny v l. 1845—1846. Na oblouku arkád jsou původní reliéfy s náměty z antické mytologie. Zpívající fontánu v královské zahradě před letohrádkem navrhl Francesco Terzio a odlil zvonař Tomáš Jaroš.

ZLATÁ ULIČKA 23 Malebná ulička Pražského hradu s renesančními a barokními domky a domečky, přistavěnými k hradební zdi od 16. do 19. stol. Bydlili v ní hradní střelci, později zlatníci a nakonec chudina. Že tu pracovali alchimisté, je tradiční legenda.

KOSTEL SV. JIŘÍ 24 Románská bazilika z 10. stol., do dnešní podoby přestavěná po požáru Pražského hradu v r. 1142. O kapli sv. Ludmily byla rozšířena ve 13. stol. Raně barokní průčelí pochází z doby kolem r. 1680, nárožní kaple sv. Jana Nepomuckého je z poč. 18. stol. Interiér kostela si uchoval románský ráz.

STRAHOVSKÁ KNIHOVNA 25 Barokní Teologický sál z l. 1671—1679 projektoval Dom. Orsi. Štuková výzdoba na klenbě rámuje fresky malíře Siarda Noseckého, člena premonstrátského řádu, pocházejí z l. 1723—1727. Názvu sálu odpovídá i uložený knižní fond.

LORETA 26 Průčelí pochází z l. 1720—1722 podle projektu Kiliána Ignáce Dienzenhofera. V hodinové věži je známá zvonkohra z r. 1694 s mariánskou písní. Sochy vytvořil J. B. Kohl, sošky putti jsou dílem O. F. Quitainera. V nádvoří stojí Svatá chýše (1626—1631) a kostel Narození Páně (1734—1735). Proslulý je loretánský poklad s unikátními exponáty.

NOČNÍ PRAHA 27 Velkolepý ohňostroj, plný barevných světel, dokáže obléknout Prahu do majestátního královského jasu, tak přiléhavého k jejímu epitetu Praha magická.

LÁNY 28 Zámek leží na okraji rozlehlé Lánské obory, části Chráněné krajinné oblasti Křivoklátsko. Je letním sídlem prezidenta České republiky. Původní lovecký zámeček z doby kolem r. 1600, upravený v 17. stol., byl přestavěn v r. 1821 a poč. 20. stol. Zámecký kostel pochází z 18. stol.

KŘIVOKLÁT 29—30 Přední z českých hradů, připomínaný r. 1109, byl postaven na ostrohu nad Rakovnickým potokem, dnes v Chráněné krajinné oblasti Křivoklátsko. Původně dřevěný lovecký hrádek českých panovníků nahradil ve 13. stol. gotický kamenný hrad, přestavěný na přelomu 15. a 16. stol. v pozdně gotickém slohu a rekonstruovaný v 19. a 20. stol. V hradní kapli je vynikající pozdně gotický oltář z konce 15. stol. od neznámého umělce.

KONĚPRUSY 31 Krápníkové jeskyně v devonských vápencích středních Čech a významná archeologická lokalita. Jeskyně tvoří největší podzemní systém v Českém krasu; byly zpřístupněny v r. 1959. Mají pozoruhodnou krápníkovou výzdobu, jsou zajímavé nálezy fosilních koster a navíc i penězokazeckou dílnou z 15. stol.

KARLŠTEJN 32—34 Nejvýznamnější z českých hradů, národní kulturní památka. Karel IV., jeho zakladatel, mu určil zcela mimořádné poslání. To ovlivnilo výstavbu hradu jako monumentální gotické pevnosti s jedinečným vnitřním vybavením. Regotizace z l. 1887—1899 vtiskla hradu dnešní vzhled. V dominantní velké věži, v kapli sv. Kříže, je umístěno 127 deskových obrazů Kristova vojska od mistra Theodorika z l. 1357—1365, zcela ojedinělý gotický soubor.

KONOPIŠTĚ 35 Gotický hrad ze 14. stol. typu francouzského kastelu se 7 věžemi, několikrát přestavovaný, byl v 18. stol. změněn na zámek. Nynější podobu mu vtiskla romantická přestavba v l. 1889—1894. Zámku vévodí mohutná válcová věž středověkého původu. Mimořádně hodnotné je vybavení interiérů a cennost některých sbírkových souborů, jako např. estenské sbírky zbraní a zbroje a loveckých trofejí.

PRŮHONICE 36 Na místě gotické tvrze postavený renesanční zámek z 16. stol. dostal v l. 1892—1898 nynější novorenesanční podobu. Kostel Narození P. Marie v předzámčí je románského původu (1187). Při zámku park o rozloze 200 ha, založený r. 1885; je jedinečný svého druhu v českých zemích.

ČESKÝ ŠTERNBERK 37—38 Hrad na příkrém ostrohu nad řekou Sázavou založený kolem r. 1240. Přestavby z přelomu 15. a 16. stol. a zejména raně barokní změny vtiskly hradu současnou podobu. Interiéry s cenným zařízením a sbírkami mají bohatou štukovou výzdobu.

PŘÍBRAM-SVATÁ HORA 39, 41 Výrazná krajinná dominanta, poutní chrám Nanebevzetí P. Marie postavený v l. 1658—1709 na kopci vysokém 586 m, byl později rozšířen o ambity s kaplemi a branami. Při kostele stojí bývalá jezuitská barokní rezidence. Vybavení vnitřních chrámových prostor je mimořádně bohaté. Gotická soška madony s dítětem se zlatými korunkami je umístěna na stříbrném oltáři ve stříbrné skříňce.

ŠEVČÍNSKÝ DŮL 40 Areál býv. šachty v Příbrami-Březových Horách je hornickým muzeem v přírodě. Expozice podávají obraz o dějinách hornictví, těžební technice, vývoji svislé důlní dopravy i životě horníků. Unikátní mineralogicko-geologické sbírky pocházejí převážně z 19. stol.

BŘEZNICE 42 Renesanční zámek s hranolovou věží, vzniklý na přelomu 16. a 17. stol., jehož jádro je však gotické. Zámecké prostory mají hodnotný dobový mobiliář, zejména cenná je zachovaná tzv. lokšanská knihovna z r. 1558. Zámecký objekt obklopuje anglický park.

DOBŘÍŠ 43 Rokokový zámek postavený podle francouzského projektu v l. 1745—1765 slouží kulturním účelům. Přiléhá k němu terasovitý francouzský park, pohledově ukončený stavbou oranžérie, za níž se prostírá park anglický. Plastická výzdoba zámku a parku je z doby po r. 1760 od Ignáce Frant. Platzera.

BRDSKÁ KRAJINA 44 Údolí u obce Hluboš v lesnatém horském pásmu Brd, s výhledem na vrch Třemošná vypínající se do výšky 778 m.

STARÝ ROŽMITÁL 45 Na kůru zbarokovaného kostela Povýšení sv. Kříže hrával na varhany hudební skladatel Jakub Jan Ryba (1765—1815), autor proslulé České mše vánoční. Starý Rožmitál je nejstarší částí města Rožmitálu pod Třemšínem.

PLANÁ 46 Obec v Březnické pahorkatině, položená při turistické cestě z Petrovic do Solenic k přehradní hrázi vodní nádrže Orlík.

SLIVICE 47 Tradiční lidový betlém českých vánočních svátků v místním kostele sv. Petra uváděném v r. 1352.

HVOŽĎANY 48 Pochází z pol. 14. stol., je jednolodní s pravoúhle zakončeným kněžištěm. Vnitřní zařízení pochází ze 17. a 18. stol.

SEDLČANSKO 49 Zvlněnou lesnatou a rybničnatou Březnickou pahorkatinu středních Čech oživuje zdálky viditelný výrazný vrch s hradem Vysokým Chlumcem na temeni. Gotický hrad, poprvé doložený r. 1382, byl zcela přestavěn v l. 1643—1654.

ŠTĚCHOVICKÁ PŘEHRADA 50 Vodní dílo na řece Vltavě, vybudované v l. 1939—1945 v romantické krajině jižně od Prahy. Hráz o výšce 25 m zadržuje 11,2 mil. m³ vody a vytváří umělé jezero o délce 9 km. Elektrárna pod hrází čerpá vodu z přehradního jezera a z výšky 160 m z nádrže na kopci Homole.

SLAPSKÁ PŘEHRADA 51—52 Další vodní dílo na Vltavě bylo postaveno v l. 1951—1954 a za hrází vysokou 65 m se vytvořilo jezero v délce 44 km s 269 mil. m³ vody. Do paty hráze přehrady byla rovněž vestavěna elektrárna. Při obou březích vodní nádrže vznikla četná rekreační střediska. Rekreaci slouží pravidelná sezónní lodní doprava.

PŘEHRADA ORLÍK 53, 57 Jihozápadně od Slapské přehrady vyrostlo v průběhu l. 1954—1962 třetí vodní dílo. Za přehradní hrází, vysokou 91 m a s elektrárnou, jsou zadržovány vody řeky Vltavy v množství 717 mil. m³. Údolní nádrž měří 68 km, vzdutí vody dosahuje ještě na Otavě 23 km a na Lužnici 7 km. Rozlehlá vodní plocha s lodní dopravou zcela změnila ráz krajiny. Vznikla tu rekreační střediska s mnoha příležitostmi k různým vodním sportům.

ZVÍKOV 54—55 Král českých hradů vyrostl v první třetině 13. stol. na ostrohu nad soutokem Vltavy a Otavy, nyní nad vodami údolní nádrže Orlík. Hrad charakterizuje vysoká válcová věž s břitem v zevním opevnění. Nejvýznamnější část hradu tvoří Královský palác s kaplí a část nejstarší — hlízová věž. Stěny hradní kaple pokrývají malby z doby po r. 1475 s náboženskou tematikou. Reliéf na hlavním oltáři vytvořil Mistr zvíkovského oplakávání z poč. 16. stol.

ORLÍK 56, 58 V minulosti se podobal orlímu hnízdu, visícímu nad hlubokým údolím Vltavy. Po vybudování údolní nádrže je ze tří čtvrtin obklopen přehradními vodami. Kdysi gotický hrad byl přestavbami změněn na zámek, jehož dnešní tvářnost pochází z l. 1849—1860. Malý rytířský sál má instalaci z doby romantické přestavby Orlíku. Přírodně krajinářský park kolem zámku vznikl po r. 1802.

TÁBOR 59—61 Město založili husité v r. 1420 na místě staršího osídlení. Historickému jádru, Žižkovu náměstí, dominuje gotická radnice, dokončená r. 1521 a později přestavovaná a regotizovaná, a chrám Proměnění Páně na hoře Tábor z doby po pol. 15. stol. Některé z domů gotického založení na náměstí mají krásné renesanční štíty, jako např. dům Ctiborův. Vojevůdcova socha je dílem Josefa Strachovského. Historické jádro Tábora se stalo městskou památkovou rezervací.

VLASTIBOŘ 62 Jihočeská ves na Soběslavských blatech se souborem lidové architektury z 2. pol. 19. stol. Selské usedlosti a špýchary mají průčelí bohatě zdobená štukovou výzdobou.

VELKÝ TISÝ 63—64 Vodní plocha rybníku má rozlohu 317 ha. V r. 1505 jej dokončil rybníkář Štěpánek Netolický a poté rozšířil Jakub Krčín z Jelčan. Spolu s Malým Tisým a dalšími okolními rybníky je přírodní rezervací. Podzimní výlov ryb bývá vždy nevšední podívanou.

VODÁCI NA LUŽNICI 65—67 Tok jihočeské Lužnice s okolní přírodou a lákavou krajinou dosud neztratil nic ze svého romantického kouzla. Lužnice stále patří k nejvyhledávanějším českým řekám.

TŘEBOŇ 68—73 Jihočeské město při řece Lužnici, v rybničnaté, kdysi močálovité krajině, s počátky historie ve 13. stol. Největší rozkvět zažilo za vlády Rožmberků a Schwarzenberků. Na středověkém půdorysu stojí gotické a renesanční domy, radnice, kostel sv. Jiljí, původně klášterní, zámek, kdysi tvrz, velká část hradeb s baštami a městskými bránami. Vznikla tu význačná umělecká díla — gotická socha madony s dítětem v době kolem r. 1400 a obrazy Mistra třeboňského před r. 1380. Třeboň je městskou památkovou rezervací a také lázněmi.

JINDŘICHŮV HRADEC 74 První místo mezi historickými památkami města zaujímá zámek na ostrohu mezi rybníkem Vajgarem a řekou Nežárkou. Vznikl jako románský hrad poč. 13. stol., z gotické zástavby pochází mohutná válcová věž a Starý palác s kaplí. Na renesanční rezidenci se změnil koncem 15. a v 16. stol. Tehdy vyrostla Nová stavení Jáchymovo a Adama II., Velké a Malé arkády, rondel. Stěny zámeckých místností pokrývají gotické a renesanční malby.

PLÁSTOVICE 75 Obec na Zbudovských blatech s nejzachovalejším souborem selských statků z pol. 19. stol. s charakteristickou štukovou výzdobou průčelí. Svéráznou účelovou stavbou je kovárna.

ROŽMBERK 76—77 Největší rybník v České republice se zátopovou plochou 489 ha. Založil jej na řece Lužnici u Třeboně v l. 1584—1589 rybníkář Jakub Krčín z Jelčan z příkazu Viléma z Rožmberka. Neobvyklá podívaná výlovu rybníka obvykle probíhá za velké účasti diváků.

ČESKÉ BUDĚJOVICE 78—80 Město založil kolem r. 1265 král Přemysl Otakar II. při soutoku Vltavy a Malše. V centru této městské památkové rezervace, na čtvercovém náměstí se Samsonovou kašnou, barokní radnicí, pozdně gotickými, renesančními a barokními domy se zvedá 72 m vysoká Černá věž z l. 1549—1578, dominanta města. Pod ní stojící katedrála sv. Mikuláše gotického založení má podobu z l. 1686—1688.

HLUBOKÁ NAD VLTAVOU 81—83 Monumentální romantický zámek na ostrohu nad řekou Vltavou, postavený v novogotickém windsorském slohu v l. 1841—1871. Ve 13. stol. tu stával gotický královský hrad, v 16. stol. renesanční a v 18. stol. barokní zámek. Vnitřní prostory jsou vybaveny s knížecí nádherou cenným nábytkem, nástěnnými koberci, obrazy, dřevořezbami, kazetovými stropy, zbraněmi.

MUNICKÝ RYBNÍK 84 Byl založen poblíž Hluboké nad Vltavou v r. 1494 a jeho hladina má plochu 118 ha. Při jižním břehu rybníka stojí barokní zámek Ohrada.

ADORACE DÍTĚTE 85 Deskový obraz Mistra třeboňského z doby kolem r. 1380 v Alšově jihočeské galerii na zámku Hluboká. Blíže neznámý umělec patří k nejvýznamnějším malířům české gotické malby 14. stol.

MADONA Z RUDOLFOVA 86 Gotická socha madony s dítětem pochází z doby po r. 1320 a je dílem neznámého mistra. Patří do sbírky jihočeské gotiky Alšovy galerie na Hluboké.

OHRADA 87 Barokní zámek z l. 1708—1718 poblíž břehu Munického rybníka. Býval výhradně zámkem loveckým. Velký sál zdobí krásná nástropní freska z r. 1715. V zámeckých prostorách jsou instalovány sbírky Zemědělského, lesnického a rybářského muzea.

KLEŤ 88—89 Nejvyšší bod (1083 m) horského pásma Blanského lesa. Na vrcholu hory stojí kamenná rozhledna z r. 1825, turistická chata, retranslační stanice a hvězdárna. Kruhový výhled zasahuje hluboko do českého vnitrozemí, na Šumavu, za dobré viditelnosti i na část Alp.

PODZIM V SRNÍ 90 Podzimní ladění lesnatých strání kolem horské rekreační obce položené ve výšce 845 m v šumavském podhůří.

ČESKÝ KRUMLOV 91—93 Jednu z nejvýznamnějších městských památkových rezervací České republiky zařadilo UNESCO mezi světové kulturní památky. Gotický hrad z 13. stol. přestavěný na zámek, jemuž dominuje mohutná válcová věž, skrývá ve svých prostorách vzácný dobový mobiliář a jedinečné nástěnné koberce. K pozoruhodným interiérům patří Maškarní sál s malbami J. Lederera z r. 1748, zámecké divadlo s původním vybavením a také mincovna. Městu s gotickými a renesančními domy, renesanční radnicí, s kláštery a kostely, zbrojnicí, Budějovickou bránou a částmi městského opevnění vévodí chrám sv. Víta, cenná stavba české gotiky.

ROŽMBERK 94—95 Nad městem při řece Vltavě zvedající se hrad byl založen před r. 1250. Z tohoto Horního hradu se zachovala jen válcová věž Jakobínka. Dolní hrad, vzniklý po r. 1330, byl přestavěn renesančně a zčásti regotizován. V hradních místnostech s kazetovými stropy a dobovým zařízením, obrazy a uměleckými předměty je také umístěna sbírka historických zbraní. Romantická Křižácká galerie s novogotickou výzdobou je vybavena fiktivními podobiznami křižáků.

VYŠŠÍ BROD 96—98 Cisterciácký klášter založený v r. 1259 tvoří komplex budov stavěných téměř do konce 14. stol. Se stavbou klášterního kostela Nanebevzetí P. Marie se započalo v r. 1281. V kapitulní síni kruhové okno pochází z 15. stol., křížová chodba je ze 14. stol., ambit, refektář a dormitář z r. 1385. Klášterní knihovna (1757) chová vzácné tisky, rukopisy a prvotisky, obrazárna výtvarná díla, zejména holandská, ze 17. a 18. stol.

LIPNO 99, 101 Přes 40 km dlouhá údolní nádrž o ploše 4 870 ha vznikla v l. 1951—1959 jako vodní dílo na horní Vltavě. V přehradní hrázi vysoké 22 m je umístěna podzemní elektrárna. Lipenská nádrž se prostírá ve výšce 720 m, její povlovně klesající břehy umožňují koupání, provozování všech druhů vodních sportů a také rybolov. Četná rekreační střediska a místa jsou v sezóně spojena pravidelnou lodní dopravou.

SLALOM POD LIPNEM 100 V prudkých peřejích se bouří a valí voda Vltavy pod Lipnem při snižování hladiny údolní nádrže. Naskýtá se tak vzácná příležitost uskutečnit vodácký sjezd a slalom na divoké vodě.

ŠUMAVA 102—104 Horské pásmo dlouhé zhruba 125 km při jihozápadních hranicích Čech s Rakouskem a SRN, převážně pokryté lesy s převládajícími smrky. Příkře spadá na jihozápadní stranu, do českého vnitrozemí přechází povlovně. Vrchem Plechým dosahuje česká Šumava své největší výšky — 1 378 m. Charakteristickým jevem Šumavy jsou rozlehlé náhorní plošiny v centrální části horstva, tzv. pláně s četnými slatěmi. Rašeliniště a jezírky bývají porostlé klečí, břízou trpasličí, zakrslými smrky. Třejezerní slať leží ve výšce 1 062 m, Chalupská 910 m. Horstvo je význačnou pramennou oblastí, pod Černou horou v Šumavských pláních pramení řeka Vltava.

BOUBÍNSKÝ PRALES 105—107 Rezervace středoevropského pralesa na jižním svahu zalesněného vrchu Boubína (1 362 m) v boubínské hornatině Šumavy. Má rozlohu 666,41 ha, byla založena v r. 1858. V rezervaci zůstalo zachováno původní proporcionální složení dřevin — buk, smrk, jedle. Pralesem protéká Kaplický potok.

LENORA 108 Šumavská obec na soutoku Teplé Vltavy a Řásnice, známá sklářskou výrobou. Zastřešený dřevěný most přes řeku je z 19. stol. a je chráněn jako technická památka.

ČERNÉ JEZERO 109 Největší šumavské přírodní jezero je glaciálního původu; leží mezi lesy na svahu Jezerní hory v nadmořské výšce 1 008 m. Má rozlohu 18,47 ha, hloubku 39,8 m a je přírodní rezervací.

ČERTOVO JEZERO 110 Vodní hladina se prostírá ve výšce 1 030 m na jižním svahu Jezerní hory, je glaciálního původu s rozlohou 10,3 ha a hloubkou 36,5 m a je rovněž přírodní rezervací.

BÍLÁ STRŽ 111 V romantickém kaňonovitém údolí poblíž Černého jezera vytváří Bílý potok četné peřeje, vodopády a tuto strž. V rozloze 79 ha je přírodní rezervací k uchování jedinečné krajinné scenérie.

VYDRA U ANTÝGLU 112 Divoká šumavská říčka Vydra vzniká soutokem Modravského a Roklanského potoka. Na svém toku tvoří četné peřeje, působením vodních vírů vznikají v jejím balvanitém řečišti tzv. obří hrnce. Protéká Antýglem s autokempem a po soutoku s Křemelnou u Čeňkovy pily se mění na Otavu.

RÁBÍ 113 Trosky rozlehlého hradu z 1. pol. 14. stol. Dvakrát byl obléhán a dobyt husity, při druhém obléhání v r. 1421 byl vojevůdce Jan Žižka těžce zraněn do zdravého oka. Koncem 15. stol. došlo k rozšíření a novému opevnění hradu. Podle příkazu panovníka Ferdinanda II. nesměl být hrad opravován a v 18. stol. zpustl. Městečko pod hradem vzniklo v r. 1499.

ÚDOLÍ OTAVY 114 Jihočeská řeka Otava o délce toku 113 km vzniká na Šumavě soutokem Vydry a Křemelné. Protéká hlubokými zalesněnými údolími Svatoborské vrchoviny šumavského podhůří, městy Strakonicemi a Pískem a pod hradem Zvíkovem ústí do Vltavy, nyní údolní nádrže Orlík.

CHEB 115 Město se staletou minulostí uchovává ve svém historickém jádru, které je památkovou rezervací, řadu architektonických vzácností. Na náměstí krále Jiřího stojí domy několika stavebních slohů s komplexem tzv. Špalíčku, barokní radnicí, Pachelblovým domem, v němž byl v r. 1634 zavražděn Albrecht z Valdštejna. Kromě gotického chrámu sv. Mikuláše a Alžběty s románskými věžemi se ve městě zachovalo několik dalších významných sakrálních staveb. Na hradě románského založení, přestavěného pozdně goticky a posléze na barokní pevnost, je nejcennější stavbou Černá věž s dvoupodlažní kaplí.

KLATOVY 116 Kdysi královské město, založené po pol. 13. stol. Přemyslem Otakarem II. V jeho historickém centru se zvedá chrám P. Marie z doby kolem r. 1410 s lodí sklenutou asi l. 1550—1560; byl regotizován na přelomu 19. a 20. stol. Z té doby pocházejí okenní vitráže se sv. Ludmilou, sv. Aloisem a sv. Jiřím. Bílá věž při kostele, původně renesanční zvonice, byla barokně přestavěna v 18. stol.

PLZEŇSKÁ MADONA 117 Polychromovaná socha gotické madony s dítětem z chrámu sv. Bartoloměje vznikla v době kolem r. 1395. Kamenná plastika z vápence, vysoká 125 cm, je dílem krásného slohu v Čechách.

FRANTIŠKOVY LÁZNĚ 118—119 Západočeské lázně poblíž města Chebu, významné léčením nemocí ženských, chorob oběhového ústrojí a výměny látkové. Léčebnými prostředky jsou hlavně minerální prameny, zejména Glauberovy, a slatina. Lázně byly založeny v r. 1793. Pavilon nad Františkovým pramenem a soška chlapečka Františka symbolizují lázně. Lázeňské město má pravidelný půdorys s převážně klasicistní zástavbou a rozlehlé parky.

PŘÍRODNÍ REZERVACE SOOS 120 Severovýchodně od Františkových Lázní se rozkládá velké rašeliniště a minerální slaniště o ploše 221 ha s mofetami a nepravými bahenními sopkami s klokotající vodou a bahnem a teplými prameny. Jde o projevy dozňívající postvulkaniční činnosti v této části Čech. V rašeliništi se vyskytují slanomilné rostliny a rašeliništní květena.

JESENICKÁ PŘEHRADA 121 Údolní nádrž Jesenice o délce 11 km na řece Odravě nedaleko Chebu byla dokončena v r. 1960. Reguluje průtok řeky Ohře elektrárně v Tisové. Na přehradním jezeře je sezónní vyhlídkový lodní provoz, snadný přístup k vodě umožňuje rekreační pobyty, koupání i rybaření.

MARIÁNSKÉ LÁZNĚ 122—125 Proslulé západočeské lázně jsou položené na okraji Chráněné krajinné oblasti Slavkovský les ve výšce 567—779 m. Zdejšími chladnými alkalicko-salinickými prameny, slatinnými zábaly a přírodním plynem kysličníkem uhličitým se léčí nemoci ledvin, žlázové výměny, nemoci kožní, kloubové, dýchacích cest. K založení lázní došlo v r. 1805, léčivá moc pramenů však byla známá již v 16. stol. Výstavba kolonád, lázeňských domů a léčebných ústavů proběhla převážně v 19. stol. Před hlavní kolonádou budí trvalou pozornost Zpívající a světelná fontána.

KARLOVY VARY 126—132 Největší a nejvýznamnější české lázně světového významu leží pod Krušnými horami a Slavkovským lesem, na soutoku říčky Teplé s řekou Ohře, ve výšce 376 m. Symbolem lázní se stalo Vřídlo s léčivou vodou 72 °C horkou, tryskající do výšky až 15 m z hloubky 3 000 m, a soška kamzíka na skále pod Jelením skokem. Prameny léčivých vod slouží k pitné kúře při léčení chorob zažívacího ústrojí, nemocí z poruch výměny látkové, dny, obezity aj. Lázně jsou stěsnány v úzkém údolí Teplé, v zástavbě vyniká barokní zámeček, Mlýnská kolonáda, kostel sv. Maří Magdalény, sanatorium Thermal, Imperial, Grandhotel Pupp, rozhledna Diana na Výšině přátelství.

KRUŠNÉ HORY 133 Zdvihají se jako mohutná horská hradba na severozápadě Čech, na hranicích se SRN, postupují od sedla u Plesné (598 m) až k sedlu u Tisé (571 m). Prudce spadají do podkrušnohorského zlomu, jímž protékají řeky Ohře a Bílina, na saskou stranu mají mírný sklon. V minulosti měly velký význam jako naleziště různých barevných kovů a stříbra. Byly osídleny až na hřeben. Na temeni horstva jsou četná rašeliniště s porosty borovice blatky, břízy zakrslé, bahenní kleče. V zimě jsou Krušné hory vyhledávány pro pěkné lyžařské terény.

KLÍNOVEC 134 Nejvyšší bod Krušných hor (1 244 m), spojený s městem Jáchymovem sedačkovou lanovkou. Na temeni vrchu kromě rozhledny stojí horský hotel a retranslační stanice. Zájemci o zimní sporty tu naleznou několik lyžařských sjezdovek s vleky, běžkařům se nabízí trasa po hřebenu horstva.

JEŠTĚD 135 Zvedá se do výšky 1 012 m z Ještědského hřebenu nad městem Libercem, s nímž je spojen kabinkovou lanovkou a silnicí. Vrchol hory ukončuje originálně řešená televizní věž s hotelem a restaurací. Z vrcholových míst se otvírá široký kruhový výhled na všechny světové strany. Středisko Pláně pod Ještědem nabízí lyžařské terény, vleky, skokanské můstky, v létě pěší trasy do horského okolí.

ČESKÉ STŘEDOHOŘÍ 136 Kaňonovité údolí řeky Labe v Českém středohoří, zvané Česká brána (Porta bohemica), je dlouhé 4 km a sevřené vrchy Dobrým (311 m) a Strážištěm (362 m) severozápadně od Velkých Žernosek. České středohoří, horstvo sopečného původu, charakterizuje velké množství tvarů a kup tvořených vulkanickými horninami — čedičem, znělcem, trachytem.

KOKOŘÍN 137 Gotický hrad z 1. pol. 14. stol. byl postaven na pískovcovém ostrohu nad údolím s potokem Pšovkou v lesnaté krajině. Od 17. stol. opuštěný, byl romanticky restaurován v l. 1911—1918. Dominuje mu vysoká válcová věž s kuželovitou helmou a hradní palác, při obnově zvýšený o patro. Okolní kraj s pískovcovými útvary bizarních tvarů, tzv. pokličkami, a většími lesy je částí Chráněné krajinné oblasti Kokořínsko.

MĚLNÍK 138 Město na soutoku Vltavy s Labem s tisíciletou minulostí. Název Mělník se objevuje již na mincích z 10. stol. Starou tradici v něm mělo vinařství, o jehož zvelebení se zasloužil ve 14. stol. Karel IV. Gotický hrad, později zámek několikrát upravovaný se zvedá na návrší nad řekou. Při něm stojící gotický kostel sv. Petra a Pavla je románského původu. Panorámatu města dominuje jeho vysoká věž.

HORA ŘÍP 139 Čedičová kupa zvonovitého tvaru (456 m), zvedající se z ploché bezlesé krajiny poblíž Labe u města Roudnice. Na jejím temeni stojí románská rotunda sv. Jiří z 1. pol. 11. stol. v podobě po obnově v r. 1126. Na horu Říp přivedl podle české mytologie praotec Čech svůj kmen. V r. 1962 byla hora s rotundou prohlášena za národní kulturní památku.

HEJNICE 140 Kupole poutního chrámu Navštívení P. Marie, postaveného v l. 1722—1725 jako jednolodní s příčnou lodí a dvouvěžovým průčelím konvex-konkávně prohnutým. V kupoli freska od Ondřeje Grolla z r. 1906.

FRÝDLANT 141—142 Severočeský hrad raně gotického založení, zvedající se vysoko nad městem středověkého původu. Hradu dominuje mohutná válcová věž zvaná Indica. V 16. stol. byl hrad rozšířen o renesanční zámek, později o renovované kastelánské křídlo. V interiérech je cenný dobový mobiliář. Hrad obklopuje mohutné opevnění. V letních měsících probíhají na nádvoří vystoupení krojovaných šermířských skupin.

ČESKÁ KAMENICE 143 Město na řece Kamenici při hranici Chráněné krajinné oblasti Labské pískovce vzniklo v pol. 13. stol. pod hradem Kamenicí, jehož zbytky se zachovaly na Zámeckém vrchu. Zámek, zčásti renesanční a zčásti barokní, je využit účelově. Gotický kostel sv. Jakuba ze 14. stol., barokní kaple Narození P. Marie (1736—1739) a radnice renesančního původu představují významné stavební památky města.

SYCHROV 144 Zámek vznikl v l. 1847—1862 přestavbou staršího objektu ze 17. stol. v romantické gotice. Dominují mu věže Rohanská a Bretonská. Rohanové, stavebníci, naplnili jeho interiéry hodnotným zařízením, nejcennější přínos je ve sbírce francouzských portrétů. Zámecký park s domácími i cizokrajnými dřevinami má rozlohu 26 ha.

HUMPRECHT 145 Ze zalesněného čedičového vrchu nad městem Sobotkou v Českém ráji shlíží do kraje zámeček, postavený v l. 1666—1668 na oválném půdorysu. Po požáru v r. 1678 byla stavba zvýšena na dnešní výšku. Pojmenování má po svém stavebníkovi Humprechtu Černínovi z Chudenic.

BOZKOVSKÁ DOLOMITOVÁ JESKYNĚ 146 Východočeská krápníková jeskyně, objevená již v r. 1847 při lámání vápence, byla zpřístupněna r. 1969. Jeskynní prostory s pestrou krápníkovou výzdobou mají v jednom z jeskynních dómů jezírko s plochou 30×12 m. Jeskyně vznikly v odolném vápenitém dolomitu.

HRUBOSKALSKO 147 Panoramatický pohled na rozsáhlé skalní město s vysokými formami pískovcových skalních věží, jehel, stěn a útvarů bizarních podob. Tvoří přírodní rezervaci mezi Hrubou Skálou a Sedmihorkami v Chráněné krajinné oblasti Český ráj. Skalní město se člení do čtyř oblastí s pojmenováním Dračí skály, Kapelník, Maják a Údolíčko; má ideální horolezecké terény.

KOST 148 Mohutná gotická pevnost na okraji Českého ráje založená po r. 1371. Hradu vévodí hranolová lichoběžníková Bílá věž vysoká 5 pater. Koncem 15. stol. byla Kost rozšířena o Šelmberský palác, kolem r. 1545 o renesanční palác Bibrštejnský. V interiérech tohoto z nejzachovalejších českých hradů jsou instalována malířská a plastická díla pozdně gotického umění.

HRUBÁ SKÁLA 149 Asi od pol. 14. stol. stával uprostřed lesů mezi pískovcovými skalními útvary Českého ráje gotický hrad, přestavbami změněný na renesanční, později barokní a posléze novobarokní zámek s vysokou věží, v poslední době upravený a určený k rekreaci členů odborových organizací.

PRACHOVSKÉ SKÁLY 150 Pískovcové skalní město v Českém ráji poblíž města Jičína o rozloze 187 ha. Leží uprostřed jehličnatých a smíšených lesů a nabízí řadu lákavých vyhlídek na skalní útvary. Návštěvnost romantických míst s různými tvary pískovcových skal, stěn, bloků, věží, jehel a jeskyní umožňuje snadná přístupnost skalního města a také značení prohlídkových okruhů.

ZŘÍCENINY HRADU TROSKY 151 Do velké dálky ovládají dvě vyvřeliny s troskami hradních staveb na temeni krajinu Českého ráje, jejímž jsou symbolem. Věžové budovy na Babě a Panně, postavené ve 14. stol., představují na svou dobu pozoruhodné technické dílo. Hrad zpustl v 17. stol., jeho zříceniny jsou konzervovány.

PŘEROV NAD LABEM 152 Do muzea lidových staveb v přírodě z oblasti Polabí ve středních Čechách byla přenesena selská obytná stavení, stodoly, špýchary, sušárny, holubníky, zemědělské nářadí. Mimoto vybavení domácností nábytkem a věci denní potřeby, oděvy, obrázky na skle. Na zahrádkách jsou vysazeny stromy, keře, květiny a zelenina, které vesnické domácnosti pěstovaly.

VESELÝ KOPEC 153 Skansen s přenesenými objekty lidové architektury a technickými památkami, které doplňují objekty zachované ze 17. a 18. stol., v horské obci Vysočina. Leží ve výšce 590 m v okrese Chrudim na Českomoravské vrchovině. Rezervace je doplňována dalšími vhodnými objekty.

KLADRUBSKÉ SLAVNOSTI 154—155 V Kladrubech nad Labem se založení hřebčína klade do r. 1579; obnovený chov koní trvá nepřetržitě od r. 1770 dodnes. V obci bývají pravidelně pořádány sportovní slavnosti a jezdecké dny za velké účasti veřejnosti.

KUTNÁ HORA 156—158 Ve středověku bohaté královské horní město, dnes hospodářsky významné centrum a městská památková rezervace. Vzniklo při nalezišti stříbra v 13. stol., bývala v něm mincovna i občasné sídlo českého panovníka. Vlašský dvůr, kde se razily proslulé pražské groše, gotický kostel sv. Jakuba, chrám sv. Barbory, Hrádek, kostel P. Marie na Náměti, pozdně gotická kamenná kašna, sedlecký gotický kostel P. Marie a další sakrální stavby, větší počet městských domů od gotiky po 19. stol. tvoří jedinečné památkové bohatství tohoto urbanistického celku.

LIPNICE 157 Mohutný gotický hrad je poprvé uváděn v r. 1316. Přes pozdější přestavby v 16. a 17. stol. si uchoval charakteristické rysy hradní architektury z poč. 14. stol. Gotický starý palác i nový palác z 16. stol. byly zbarokovány v r. 1683. Věž Samson byla postavena r. 1537. V hradní kapli se zachovaly nástěnné malby z pol. 14. stol. Hrad v r. 1869 vyhořel a začal propadat zkáze. Některé jeho části byly restaurovány.

LITOMYŠL 159 Monumentální renesanční zámek, stavěný od r. 1568 Pernštejny, se zvedá nad městem, které je památkovou rezervací. V zámku se zachovalo klasicistní divadlo z l. 1796—1797 s původními dekoracemi. Zámecké interiéry slouží expozicím Muzea české hudby. V budově zámeckého pivovaru se narodil r. 1824 Bedřich Smetana.

SEČSKÁ PŘEHRADA 160 Údolní nádrž na řece Chrudimce byla vybudována v l. 1925—1935 a určena k regulaci toku a vodárenským účelům. Plocha zadržovaných vod měří 192 ha a patří k největším v kraji. Prostírá se v lesnaté oblasti a je vyhledávaným rekreačním střediskem Železných hor.

LUŽE 161 Monumentální barokní poutní kostel P. Marie v dominantní poloze na čedičovém návrší Chlumku, postavený mezi l. 1690—1695. Interiér chrámu má velmi cenné zařízení. Raně barokní jezuitská rezidence v sousedství pochází z l. 1678—1682.

DOUDLEBY 162 Renesanční zámek v obci, položené na soutoku Divoké Orlice se Zdobnicí ve východních Čechách. Zámecký objekt s bohatou sgrafitovou výzdobou fasády pochází z konce 16. stol. a zčásti byl upraven barokně. Zámecké místnosti mají malířskou a štukovou výzdobu, dobové zařízení, obrazy, expozici české a světové krajky. Kolem zámku je přírodní park.

HRADEC KRÁLOVÉ 163 Stotisícové východočeské město a památková rezervace ležící na soutoku Labe a Orlice. V jeho historickém jádru na Žižkově náměstí se zvedá cihlová gotická katedrála sv. Ducha, založená v r. 1303, renesanční hranolová Bílá věž zbudovaná v l. 1574—1589, raně barokní kostel Nanebevzetí P. Marie (1654—1666) s jezuitskou kolejí, barokní biskupská rezidence (1709—1716), renesanční radnice v podobě z l. 1850—1851 a mariánské sousoší z l. 1714—1716.

HRÁDEK U NECHANIC 164 Zámecký objekt z l. 1839—1854 na Lubenském vrchu, postavený ve slohu anglické tudorovské gotiky. Střed zámku je zvýrazněn hranolovou věží s cimbuřím a střeleckými věžičkami. Nábytek, portrétní obrazy, keramika, porcelán, hodiny a zbraně v interiérech zámku pocházejí téměř z celé střední Evropy. Kolem zámku je přírodní park o rozloze necelých 30 ha.

RYCHNOV NAD KNĚŽNOU 165 Barokní zámek s rozlehlým průčelím z l. 1676—1690, rozšířený kolem r. 1720 snad za účasti Jana Santiniho. Za zámkem kostel N. Trojice z doby kolem r. 1600 se Santiniho průčelím. V reprezentačních sálech zámku je umístěna kolovratská rodová sbírka obrazů s díly od 15. do 19. stol., tapiserie, sochy, starý nábytek, fajáns, cín, porcelán.

KRAJINA U KUKSU 166 Ráz Bělohradské pahorkatiny, charakteristický pro místa poznamenaná stavební činností osvícence Františka Antonína Šporka na přelomu 17. a 18. stol.

NOVÉ MĚSTO NAD METUJÍ 167 Založeno v r. 1501 na vysokém ostrohu nad řekou současně s tvrzí jako jedno z pozdních měst v Čechách. Obdélné náměstí v centru města obklopují renesanční domy, zčásti s barokními fasádami, pozdně gotický kostel N. Trojice z l. 1513—1523 a zámek, přestavěný raně barokně a v l. 1909—1911 novodobě. Vybavení zámeckých prostor je dílem českých umělců. Nové Město bylo prohlášeno městskou památkovou rezervací.

KUKS 168—169 Při místních minerálních pramenech založil v l. 1695—1724 Frant. Ant. Špork lázně, divadlo, závodiště a zámek. Zachoval se jen barokní špitál a kostel N. Trojice a při něm na terasách galerie soch ctností a nectností, vytvořených sochařem Matyášem B. Braunem. V blízkém Novém lese u Žirče, tzv. Betlémě, sochaři Braunovy dílny vytesali ze skal umělecky pozoruhodné barokní plastiky a reliéfy.

KRAJINA U SEMIL 170 Prostírá se na rozhraní krkonošského podhůří a kozákovského hřbetu ve východních Čechách, střídají se v ní lesy, louky a pole.

KRKONOŠE 171—172 Typická zimní podoba nejvyšších českých hor s vysokou sněhovou pokrývkou a hlubokým tichem kolem. Fotografům nabízí množství náladových záběrů z nejkrásnějších míst horstva, milovníkům bílého sportu ideální terény k lyžování, sjezdům i túrám na běžkách.

LABSKÁ PŘEHRADA 173 Retenční vodní nádrž na Labi ve vzdálenosti 2 km jihozápadně od Špindlerova Mlýna. Peřeje pod přehradou bývají při vypouštění vody dějištěm závodů ve slalomu a sjezdů na divoké vodě.

MUMLAVSKÝ VODOPÁD 174 Má výšku asi 10 m a zabírá celé řečiště Mumlavy v Mumlavském dole Krkonošského národního parku, poblíž horského střediska Harrachova.

STUDNIČNÍ HORA A LUČNÍ BOUDA 175 Druhá nejvyšší hora Krkonoš s plochým temenem dosahuje výšky 1 554 m. K severu přechází travnatými svahy v Bílou louku a Úpskou rašelinu, k jihu a východu strmými skalnatými srázy klesá do Obřího a Modrého dolu. Luční bouda na prostorné Luční louce je největší horskou ubytovnou v České republice.

SNĚŽKA 176—177 Je nejvyšším bodem (1 602 m) v 30 km dlouhém hřebenu Krkonoš, postupujícím od západu k východu na hranicích České republiky s Polskem. Státní hranice dělí temeno Sněžky, na němž kromě polských staveb je česká turistická chata a vrcholová stanice sedačkové lanovky z Pece pod Sněžkou. Jižní strana Sněžky strmými srázy spadá do Obřího dolu, obrovského karu vyhloubeného čtvrtohorním ledovcem. Krkonoše jsou národním parkem.

BRNO 178—183 Druhé největší město České republiky s 350 tisíci obyvateli, historické hlavní město Moravy proslulé svým průmyslovým potenciálem, obchodním a kulturním významem. Dominuje mu vysoko položený Špilberk, původně gotický hrad změněný na barokní pevnost, a nižší Petrov se štíhlými věžemi chrámu sv. Petra a Pavla barokního založení. Z obchodního střediska v podhradí se Brno ve 13. stol. konstituovalo jako město, které získalo významné postavení politické a hospodářské. Uchovalo si množství vzácných stavebních a kulturních památek. Patří k nim stará radnice s charakteristickou věží, býv. zemský dům, dnes Nová radnice, Ditrichštejnský palác a několik paláců dalších, chrám sv. Tomáše, sv. Jakuba, sv. Michala, klášterní kostel na starém Brně a mnoho dalších. Nechybějí ani stavby moderní jako vila Tugendhat, budovy a pavilóny brněnského výstaviště, divadlo Leoše Janáčka. Historické jádro Brna je městskou památkovou rezervací.

BRNĚNSKÁ PŘEHRADA 184 Vodní dílo na řece Svratce vybudované v l. 1935—1939 u brněnského předměstí Bystrce. Za 34 m vysokou přehradní hrází 21 mil. m³ zadržovaných vod tvoří jezero dlouhé 9 km a široké až 800 m. Vodní nádrž se stala hlavní rekreační oblastí Brna, v letní sezóně s lodní dopravou.

VYŠKOV 185 Již v r. 1131 se uvádí jako zeměpanská osada, ve 13. stol. povýšená na město, které po staletí náleželo olomouckému biskupství. Na náměstí v centru města upoutá stavba renesanční radnice upravená kolem r. 1730 s vysokou hranolovou věží, nahoře s ochozem, a barokní morový sloup (1719). Barokní zámek, pův. gotický hrad, a pozdně gotický kostel Nanebevzetí P. Marie přestavěný barokně jsou dalšími stavebními památkami města.

SLAVKOV U BRNA 186—187 Kamenná slavkovská mohyla byla postavena na Prackém kopci (325 m) v l. 1909—1912 jako památník krvavé bitvy tří císařů 2. prosince 1805 u Slavkova, ukončené vítězstvím armády Napoleona I. Mohylu projektoval arch. Josef Fanta. Slavkovský zámek byl postaven v barokním slohu kolem r. 1700 a rozšířen v pol. 18. stol. Má hodnotné vybavení interiérů. Zámek obklopuje rekonstruovaný barokní park.

MADONA Z TUŘAN 188 Dřevěná socha madony s dítětem s korunkami z 80. let 13. stol., umístěná na oltáři poutního kostela Zvěstování P. Marie přestavěného barokně v 18. stol. Tuřany jsou částí Brna.

VRANOV U BRNA 189 Jednolodní barokní poutní kostel Narození P. Marie se čtyřbokými věžemi, vybudovaný v l. 1622—1624, byl přestavěn v 2. pol. 17. stol. Rozměrnou nástropní fresku v kostele vytvořil Jan J. Etgens r. 1738.

PROPAST MACOCHA 190 Má hloubku 138,5 m a je nejhlubší propastí v České republice. Vznikla propadnutím stropu rozlehlé jeskyně v Moravském krasu. Z výšky lze do propasti nahlédnout z Horního můstku u turistické chaty a z Dolního můstku, umístěného ve skalní stěně, 90 m nad dnem propasti. Dno Macochy je přístupné z Punkevních jeskyní. Na dně jsou dvě jezírka — Horní a Dolní, kterým protéká říčka Punkva.

PUNKEVNÍ JESKYNĚ 191 Tvoří rozsáhlý jeskynní komplex v severní části Moravského krasu, chráněné krajinné oblasti, a je přístupný z krasového kaňonu Pustý žleb, komunikačně spojeného s blízkým městem Blanskem. Byly zpřístupněny v r. 1914. Jsou proslulé mohutnými prostorami s rozmanitou krápníkovou výzdobou. Ze dna Macochy jsou jen po vodě přístupné proslulé Macošské vodní dómy.

MORAVSKÝ KRAS 192—194 Území devonských vápenců o rozloze 100 km², délce 25 km a šířce 2—5 km severovýchodně od Brna, chráněná krajinná oblast. V bohatě zalesněném území se objevuje množství typických krasových jevů — škrapy, kaňony, slepá údolí, jeskyně, ponorné říčky, z nichž nejznámější je Punkva. Severněji, v dolní části Suchého žlebu, je přístupná Kateřinská jeskyně, u Ostrova u Macochy jeskyně Balcarka a v severní části Moravského krasu se nalézá rozsáhlý komplex Sloupsko-šošůvských jeskyň.

KŘTINY 195—196 Velkolepý barokní poutní chrám s mohutnou kupolí a čtyřbokou věží v průčelí byl vybudován podle projektu Jana Santiniho v l. 1728—1750. Nástropní malba je dílem Jana J. Etgense. Plastika madony s dítětem na hlavním oltáři pochází z 15. stol.

RÁJEC NAD SVITAVOU 197 Mansardová barokní stavba ve slohu Ludvíka XV. na půdorysu písmene U vznikla v l. 1762—1769 na svahu nad obcí Rájec-Jestřebí. V interiéru se nalézají honosné dobové sály, knihovna, zámecká obrazárna, místnosti vybavené hodnotným inventářem, převážně barokním. Zámek obklopuje park.

LYSICE 198 Vodní tvrz z konce 15. stol., mnohokrát upravovaná a měněná, nabyla podoby dnešního zámku za vrcholně barokní přestavby v l. 1705—1738. Nenápadnou siluetu zámeckého objektu zvýrazňuje sloupová kolonáda z r. 1833 s krytým dřevěným ochozem. Podstatné úpravy v empírovém slohu prováděli Dubští z Třebomyslic. Z dobového mobiliáře vyniká knihovna významné rakouské spisovatelky Marie Ebner von Eschenbach, rozené Dubské z Třebomyslic (1830—1916), která zde prožila své mládí.

ČESKOMORAVSKÁ VRCHOVINA 199, 206—207 Rozsáhlá horská oblast rozkládající se na území jižních a východních Čech, jihozápadní a jihovýchodní Moravy, od Hornosázavské až po Jevišovickou pahorkatinu. Žďárské vrchy, část Vrchoviny, tvoří chráněnou krajinnou oblast pokrytou převážně smrkovými lesy, horskými loukami, rašeliništi a četnými rybníky. Rybník Velké Dářko o ploše 206 ha je rekreačním místem. Kopcovitá krajina Vrchoviny přitahuje na jaře a v létě svou přírodou, v zimě lyžařskými terény.

TIŠNOV-PŘEDKLÁŠTEŘÍ 200—201 Porta coeli — Bránu nebes, ženský cisterciácký klášter, založila po r. 1230 česká královna Konstancie a je v něm také pochována. Gotický klášterní kostel, pocházející z l. 1240—1260, je trojlodní bazilika. Pozoruhodný portál v západním průčelí navazuje na příklady francouzské gotiky s bohatou rostlinnou a figurální výzdobou.

NÁMĚŠŤ NAD OSLAVOU 202 Městu vévodící zámek měl předchůdce v gotickém hradu z 2. pol. 13. stol. Po renesanční a barokní přestavbě a úpravách dostal v 18. stol. dnešní podobu. V dobových interiérech je umístěna vývojová řada tapiserií od 16. do 19. stol. Most přes Oslavu pod zámkem zdobí 20 barokních soch světců z l. 1730—1740.

TŘEBÍČ 203 Bazilika sv. Prokopa (původně Nanebevzetí P. Marie) při klášteře benediktinů vznikla v l. 1240—1260. Do pozdně románské dispozice stavby již pronikaly prvky gotického stylu. Pozoruhodné jsou žebrové osmidílné klenby a nástropní malby v sakristii z 2. pol. 13. stol. Po dřívějších devastacích byl chrám obnoven v r. 1725 podle projektu Frant. Max. Kaňky ve stylu barokní gotiky (z té doby je i zasvěcení sv. Prokopu).

PERNŠTEJN 204—205 Monumentální moravský hrad, budovaný od 2. pol. 13. stol. na táhlém hřbetu nad soutokem Nedvědičky se Svratkou. V průběhu věků byl přestavován, měněn, mnohde obohacován, zejména pozdně goticky, renesančně i barokně, zesilováno jeho opevnění, takže odolal i švédskému obležení. Interiéry upravované v 18. a 19. stol. jsou vybaveny ukázkami zařízení a nábytku z období pozdní gotiky a renesance.

TELČ 208—210 Jedna z nejkrásnějších městských památkových rezervací se zámkem v České republice leží na jihozápadě Moravy. Obec se poprvé připomíná r. 1207. Protáhlé náměstí v jejím středu obklopují gotické, renesanční a barokní domy s podloubími a mnoha pěknými štíty, nad domovní zástavbu vystupují věže kostelů a stavby zámku, původně gotického hradu. V zámeckých sálech se zachovaly nádherné renesanční stropy, dobové zařízení, obrazy a zbraně. Město bylo rozhodnutím UNESCO zařazeno mezi památky světového kulturního dědictví.

ZNOJMO 211 Významná městská památková rezervace položená nad řekou Dyjí v jihovýchodní části Moravy. Bývalo zde sídlo přemyslovských údělných knížat a k té době se váže proslulý cyklus nástěnných maleb z r. 1134 v rotundě sv. Kateřiny, stojící na předhradí znojemského hradu, změněného na zámek. V panorámatu města, založeného v r. 1226, se uplatňuje několik staveb a věží církevní architektury — chrám sv. Mikuláše, kaple sv. Václava, kostely sv. Michala, Nalezení sv. Kříže, sv. Jana Křtitele, sv. Alžběty a věž městské radnice. Zachovaly se velké části městského hrazení.

VRANOV NAD DYJÍ 212 Vysoko nad údolím řeky, na skalnatém ostrohu, se na místě gotického hradu z 13. stol. zvedá zámek, postavený v l. 1687—1695 podle návrhu J. B. Fischera z Erlachu. Nad samotný sráz projektant umístil sál předků oválného půdorysu, bohatě vyzdobený malířsky a sochařsky. Zámecké interiéry byly vybaveny v duchu klasicismu.

VRANOVSKÁ PŘEHRADA 213 Vodní dílo na řece Dyji vybudované v l. 1930—1933 k regulaci a zachycení záplavových vod, s elektrárnou pod přehradní zdí. Ta je 55 m vysoká a zadržuje vody Dyje do dálky zhruba 30 km. Podél téměř celého umělého jezera jsou četná rekreační střediska.

DUB NAD MORAVOU 214 Barokní poutní kostel Očišťování P. Marie z l. 1734—1756 je výraznou dominantní stavbou celé Hané. Průčelní věže jsou spojeny galerií s 28 sochami, kolem celého chrámu obíhá balustráda se sochami a kamennými vázami. Věže byly obnoveny po požáru (1782), klenby po zřícení (1854).

LEDNICE 215 Novogotický zámek z l. 1846—1856 v parkově upravené krajině, jíž protéká řeka Dyje a pokrývají četné rybníky. Zámecký objekt měl své předchůdce — gotickou tvrz, potom renesanční a koncem 17. stol. barokní zámek. Ve vnitřním vybavení jsou cenné uměleckořemeslné práce a hodnotný mobiliář. Kolem zámeckého objektu se prostírá přírodní anglický park.

JAROMĚŘICE NAD ROKYTNOU 216 Vrcholně barokní zámek postavený podle projektu Jakuba Prandtauera v l. 1700—1737 na břehu Rokytné patří k nejmohutnějším zámeckým architekturám v českých zemích v 1. pol. 18. stol. Dominantu areálu tvoří zámecký kostel sv. Markéty z l. 1715—1732 s mohutnou kupolí. V 18. stol. Jaroměřice se staly významným střediskem divadelní a hudební kultury. Park doplňují barokní plastiky s výjevy z antické mytologie.

VNOROVY 217 Malebná obec na moravském Slovácku s tradicemi lidové výroby malovaných kraslic a figurek z kukuřičného šustí.

RATIŠKOVICKÝ KROJ 218 V obci Ratiškovice, ležící mezi Kyjovem a Hodonínem, nosí dosud ženy a muži při slavnostních příležitostech barevný kroj zvaný kyjovský.

HANÁCKÝ KROJ 219 Pochází z okolí Náměště na Hané. Sváteční ženský lidový kroj je ponejvíce v bílých barvách, charakteristické jsou bohatě nabírané rukávce a sukně do poloviny lýtek.

VELEHRAD 220—222 Původní románská bazilika Nanebevzetí P. Marie při cisterciáckém klášteře založeném r. 1205 byla po požáru radikálně přestavěna barokně v l. 1686—1735. Nástropní a nástěnné malby jsou dílem Jana J. Etgense. Gotická kaple Cyrilka z pol. 13. stol. dostala barokní podobu. Votivní obraz sv. Cyrila a Metoděje vytvořil polský malíř Jan Matejka (1838—1893) v r. 1885.

KROMĚŘÍŽ 223—227 Město vzniklo pod hradem olomouckých biskupů ve 13. stol. Hrad, přestavěný v 17. stol. na zámek, byl uvnitř bohatě vyzdoben předními soudobými umělci. Mimořádně cenná jsou umělecká díla v zámecké obrazárně. Centrem Podzámecké zahrady je Pompejánská kolonáda, Květná zahrada je řešena ve francouzském stylu. V jádru města nápadnou stavbou je gotický chrám sv. Mořice, jsou zde i další sakrální stavby, domy, zbytky hradeb, Mlýnská brána (1585), radnice renesančního původu. Kroměříž je městskou památkovou rezervací.

BUCHLOVICE 228 Mají podobu italské vily a tvoří ji dvě půlkruhové samostatné budovy, dvorními průčelími obrácené proti sobě. Dolní budova je vlastní zámek s reprezentačními místnostmi a bytovým zařízením. Horní budova byla vyhrazena služebnictvu a zčásti konírnám. Barokní komplex byl postaven kolem r. 1700. Zámecký park obohacují barokní sochařská díla.

ZLÍN 229 Moderní okresní město s rozsáhlou průmyslovou a bytovou výstavbou. Začátky obce sahají do 14. stol., v jeho historické části se zachoval barokně přestavěný zámek, pozdně gotický kostel v podobě z r. 1845 a radnice (1586). Novodobá konstruktivistická výstavba Baťových závodů, administrativních, společenských a obchodních budov a škol probíhala za účasti mnoha předních domácích architektů.

HOSTÝN 230 Barokní poutní chrám, postavený na vysokém vrchu v l. 1721—1748, byl po požáru (1769) obnoven a zčásti přitom změněno ukončení věží. V 19. stol. přistavěna ke klášteru kaple bl. Jana Sankandera. Mozaika s P. Marií Svatohostýnskou v průčelí kostela je složena z 250 tisíců kamínků.

OLOMOUC 231—235 Stotisícové město a významná městská památková rezervace představuje kulturní, vědecké a hospodářské centrum zemědělské oblasti Hané. Historické jádro města ovládá gotická radnice s vysokou věží a orlojem, velkolepé barokní sousoší N. Trojice, gotický kostel sv. Mořice. Ve městě jsou další sakrální objekty, řada paláců, domy gotické, renesanční a barokní, kašny. Na bývalém hradě se tyčí tři věže gotické katedrály sv. Václava, regotizované v 19. stol. Přemyslovský palác je národní kulturní památkou.

SVATÝ KOPEČEK 236—237 Chrám Navštívení P. Marie při premonstrátském klášteře je raně barokní stavba z l. 1669—1679 navržená G. P. Tencallou. Interiér poutního chrámu má hodnotné zařízení. Po r. 1700 byla přistavěna budova rezidence. Svatý Kopeček má dominantní polohu nad krajinou Hané.

ŠTERNBERK 238—239 Muzeum hodin v zámku je zaměřeno na historii hodinářství od minulosti až po současnost. V jeho sbírkách se nalézají pozoruhodné technické a umělecké exponáty. Gotický hrad Šternberk, v 16. stol. přestavěný na renesanční zámek, prošel v r. 1886 novogotickou přestavbou.

JAVOŘÍČSKÉ JESKYNĚ 240—241 Rozsáhlé krasové jeskyně v devonských vápencích ve vrchu Špráňku, vyhloubené vodami podzemního potoka Špráňku. Byly objeveny r. 1938 a zpřístupněny r. 1952; znal je již pravěký člověk. Jeskyně vynikají obrovskými prostorami a nádhernou krápníkovou výzdobou. Nejpůsobivější je Dóm gigantů 50 m dlouhý, 14 m široký a 18 m vysoký se stalaktity, stalagmity a stalagnáty mamutích rozměrů.

BOUZOV 242—243 Gotický hrad, poprvé zmiňovaný r. 1317 a rozšířený v 17. stol., se r. 1699 stal majetkem řádu německých rytířů. Ti chátrající Bouzov dali v l. 1896—1901 obnovit a přestavět v romantické gotice na řádový hrad. Romanticky byly upraveny a vybaveny také interiéry hodnotným zařízením a sbírkami.

MLADEČSKÉ JESKYNĚ 244—245 Nalézají se poblíž moravského města Litovle v Mladečském krasu v devonských vápencích a vznikly výmolnou činností vod potoka ve vrchu Třesíně. Znal je pravěký člověk, který v těchto končinách žil koncem starší doby kamenné. Nalezly se jeho kosti, ohniště a kamenné nástroje a také pozůstatky vyhynulé zvířeny. Nejzajímavější prostorou je Panenská jeskyně s bohatou krápníkovou výzdobou, Jezerní jeskyně s dvěma jezírky a Dóm mrtvých.

JESENÍKY 246—247 Rozsáhlé horstvo, pokrývající severní část Moravy a část Slezska. Je rozčleněno do několika horských skupin, z nichž nejvyhledávanější je Hrubý Jeseník s nejvyšším vrcholem horstva Pradědem (1 492 m). Rekreačním a turistickým Červenohorským sedlem Hrubého Jeseníku prochází horská silnice ze Šumperku do Domašova a města Jeseníku. Po hřebenu horstva vede turistická a lyžařská trasa.

KARLOVA STUDÁNKA 248 Lázně v Hrubém Jeseníku položené v hlubokém údolí Bílé Opavy na úpatí Pradědu, dokola obklopené hlubokými lesy. Byly založeny po r. 1780, většina lázeňských budov byla postavena jednotně a stylově. Léčí se v nich nemoci cest dýchacích.

POHLED NA JESENÍK 249 Připomíná se v r. 1267, jeho zajímavostí je vodní hrad přestavěný na renesanční zámek, dnes s muzeálními expozicemi. Jeseník-lázně byly založeny před r. 1830 sedlákem Vincencem Priessnitzem. K léčbě se používají přírodní prameny a klimatické podmínky, léčí se nemoci nervové, duševní, výměny látkové, cest dýchacích, arterioskleróza aj.

JESKYNĚ NA POMEZÍ 250 Jeskyně v Rychlebských horách položené ve výšce 576 m poblíž lázní Dolní Lipová; vznikly ve velmi čistém krystalickém vápenci. Nejstarší jejich známá jeskyně byla objevena v r. 1936. Jeskyně se vyznačují pěknou krápníkovou výzdobou v Ledovém dómě, Královském dómě, Klenotnici a dalších prostorách. Jsou tu zajímavé tvary krápníků, záclon, sintrových útvarů.

OPAVA 251 Kulturní a hospodářské centrum Slezska s první zmínkou v r. 1195; bývalo hlavním městem opavského knížectví a posléze českého Slezska. Významnou památkou je cihelný chrám Nanebevzetí P. Marie připomínaný r. 1204, minoritský kostel sv. Ducha, dominikánský sv. Václava, sv. Jana Křtitele, jezuitský sv. Jiří, budova zemské vlády, radnice s věží Hláskou z r. 1618, paláce Blücherův a Sobkův, v Kateřinkách kaple sv. Kříže zv. Švédská. Opavu těžce postihly boje v r. 1945, centrum města bylo proto přestavěno.

FULNEK 252—254 Připomíná se k r. 1293 jako hrazené město pod hradem upraveným na barokní zámek; Dolní zámek je renesanční stavba. V l. 1618—1621 na zdejší škole českých bratří působil Jan Ámos Komenský. Bývalý bratrský sbor, upravený na Komenského památník, je národní kulturní památkou. Radnice s věží z r. 1610 byla obnovena po r. 1945, barokní sloup pochází z 1. pol. 18. stol. V závěru 2. světové války bylo město těžce poškozeno.

VÍTKOVICKÉ ŽELEZÁRNY 255 Založil je v r. 1828 olomoucký arcibiskup arcivévoda Rudolf Jan. Vznik, bouřlivý rozvoj železáren, široký výrobní program kombinátu spolu s řadou technologických modelů a výrobků je zachycen v historické muzejní expozici Vítkovických železáren.

OSTRAVA 256 Třetí největší město České republiky s 340 tisíci obyvateli, položené v Ostravsko-karvinské kamenouhelné pánvi, je jedním z hospodářsky nejvýznamnějších center země s uhelným, hutním, ocelářským, strojírenským a chemickým průmyslem. Vzniklo sloučením původně 33 samostatných moravských a slezských obcí. Rozsáhlá těžba uhlí, výstavba železáren a železniční spojení vytvořily podmínky pro vznik ostravského těžkého průmyslu. Jednou z památkových staveb města je stará radnice z r. 1556, r. 1859 zvýšená; dnes slouží muzeu.

TĚRLICKÁ PŘEHRADA 257 Údolní nádrž na řece Stonávce u obce Horní Těrlicko poblíž Českého Těšína. Za sypanou zemní hrází se rozlévají zadržované vody o ploše 4 km². Užitkovou vodou jsou zásobovány ostravské průmyslové závody. Při umělém jezeře vznikla rekreační oblast s možností koupání a vodních sportů.

HELFŠTÝN 258 Zříceniny nejrozsáhlejšího moravského hradu na zalesněném vrchu nad řekou Bečvou v Moravské bráně. Byl založen po r. 1278, rozšiřován ve 14. stol., v dalších obdobích zesilováno jeho opevnění, hlavně pozdně gotické, na místě vnitřního hradu postaven pozdně renesanční palác s kaplí. Areál obklopují hradby s válcovými a hranolovými věžemi, brány a příkopy. V r. 1656 byl Helfštýn pobořen, aby nesloužil nepříteli, od 18. stol. propadal zkáze. Probíhají na něm stálé rekonstrukce.

ŽNĚ NA HANÉ 259 Velká zemědělská oblast na střední Moravě proslulá vysokými výnosy zemědělských plodin.

BESKYDY-PŘEHRADA ŠANCE 260 Údolní nádrž na řece Ostravici v Moravskoslezských Beskydech je zdrojem pitné vody pro Ostravsko. Platí zde zákaz koupání a rekreace, ochranné pásmo se vztahuje na okolí všech přítoků. Ostravice bývala v minulosti hranicí mezi Moravou a Slezskem.

ROŽNOV POD RADHOŠTĚM 261—262 Přitažlivostí města rozloženého pod hlavním hřebenem Moravskoslezských Beskyd je skansen lidové kultury — Valašské muzeum v přírodě otevřené v r. 1925. Původní část, Dřevěné městečko, bylo rozšířeno o část na Stráni — Valašskou dědinu, další částí se stala Mlýnská dolina. Ve skansenu je soustředěno několik desítek objektů z Valašska, Lašska, Těšínska, z Kopanic.

BESKYDY 263—265 Rozsáhlá horská oblast pojatá do Chráněné krajinné oblasti Beskydy o rozloze 1 160 km². Ostře vystupující hory zpestřují horské louky, selské usedlosti a rázovité valašské dřevěné chalupy, hluboká údolí, četné vodní toky. Horstvo se člení do tří odlišných horských skupin — hornatiny Radhošťské, Lysohorské a Klokočovské. Radhošť (1 129 m), i když není nejvyšší, patří k nejznámějším vrcholům, Pustevny (1 018 m) k nejvyhledávanějším místům.

Tschechische Republik

MOLDAU UND PRAGER BURG 1 Die Prager Burg ist Symbol von Tausend Jahren tschechischer Staatlichkeit. Von dieser Burg aus regierten Fürsten aus dem sagenumwobenen Geschlecht der Přemysliden, große Könige und Kaiser, um im 20. Jh. von Präsidenten abgelöst zu werden. Sie ist ein monumentales Bauwerk vieler bedeutender Bauherren und bekannter aber auch unbekannter Baumeister und Erbauer. Seit langen Zeiten spiegelt sich die Prager Burg in Moldaus glitzernden Gewässern wider, deren Flußbett im Prager Kessel so breit geworden zu sein scheint einfach nur, um das ganze Abbild der Burg, aber auch jenes der Prager Städte an beiden Ufern, die Kirchentürme und Kuppeln, die grünen Hänge und Hügel, Gärten, Inseln und den hohen Himmel in sich einzufangen.

KARLSBRÜCKE 2, 15, 16 Seit der Regierungszeit des Karl IV. verbindet sie, ein halbes Kilometer lang, die Altstadt am rechten Moldauufer mit der Kleinseite auf der gegenüberliegenden Seite. Sie wurde 1357 erbaut und ihr Bau ist mit dem berühmten Namen von Peter Parler verbunden. Die Karlsbrücke wurde als Ersatz für die ältere 1342 beim Hochwasser eingestürzte romanische Judithbrücke errichtet. Sie spielte immer eine bedeutsame Rolle in der Geschichte Prags, denn jahrhundertelang war sie die einzige Brücke der Stadt. Die Brücke, an beiden Seiten mit Brückentoren abgeschlossen, wird von 30 Statuen und -gruppen überwiegend aus der Barockzeit stammend, geschmückt.

WENZELSPLATZ 3, 5 Der Wenzelsplatz entstand bei der Gründung der Prager Neustadt durch Karl IV. 1348 als Getreide- und Pferdemarkt. Am oberen Ende, wo einst das Stadtor stand, wird der Platz vom Neurenaissancegebäude des Nationalmuseums (Josef Schulz, 1885—1890) abgeschlossen. Den Platz umsäumen Bauten, Hotels, Kaufhäuser, Unternehmenspaläste und Wohnhäuser. Unter dem Museum bewundern die zahlreichen Touristen das Reiterstandbild des heiligen Wenzel, des böhmischen Fürsten, mit vier Landesschützen Böhmens, ein Werk Josef Myslbeks aus den Jahren 1912—1924.

HOTEL EUROPA 4 Das asymetrische Jugendstildoppelgebäude auf dem Wenzelsplatz ist charakteristisches Bauwerk seiner Zeit. Es ist mit Pflanzendekor an der Giebel und mit verschiedenen Metallverzierungen, zum Teil vergoldeten, geschmückt. Das Bauwerk von 1903—1904 entwarfen Bedřich Bendelmeyer und Alois Dryák.

GEMEINDEHAUS UND PULVERTURM 6 Das Repräsentationshaus der Hauptstadt Prag wurde von Antonín Balšánek und Osvald Polívka entworfen. Dieses schönste Jugendstilbauwerk in der ganzen Stadt mit stilreinen Innenräumen wurde von 1906—1911 erbaut. Im 14. und 15. Jahrhundert befand sich an dieser Stelle der Königshof, der Sitz des Herrschers von Böhmen. Den spätgotischen Turm nebenan erbaute nach 1471 Matyáš Rejsek. Im 19. Jh. wurde der Pulverturm von Josef Mocker umfangreich rekonstruiert.

PARISER STRASSE 7 Sie beginnt an der Svatopluk-Čech-Brücke über die Moldau und mündet auf den Altstädter Ring. Sie entstand vor nicht ganz hundert Jahren und führt durch Orte, wo einst die uralte Prager jüdische Stadt mit ihren winkeligen Gassen, geheimnisvollen Märkten und romantischen Ecken stand, die um die Jahrhundertswende wom 19. zum 20. Jh. bei einer Sanierung größtenteils zerstört wurde. In der neuen Bebauung dominieren große Zinshäuser unterschiedlichster Natur: neugotisch, historisierend, Jugendstilhäuser, Häuser mit Plastikenschmuck, mit Mosaiken, Aufschriften und Türmen.

ALTSTÄDTER RATHAUS 8 Die Südseite des Rathauses illustriert vollkommen seine Entstehungsgeschichte. Den Grund dazu legte das Haus Wolflins zum Stein, das sich direkt am Rathausturm befindet. Dazu kamen dann mit der Zeit weitere Häuser, das von Kříž, das von Mikeš und das (ins Auge stechende) Haus Zur Minute, das mit Renaissancesgrafittos geschmückt ist. Am ehemaligen Kříž-Haus fallen das große Renaissancefenster und die Aufschrift „Praga caput regni" — Prag die Hauptstadt des Königreiches — auf.

ALTSTÄDTER ASTRONOMISCHE UHR 9 Das technisch und künstlerische wertvolle Kunstwerk an der Südseite des Rathausturmes fertigte um 1410 der Uhrmacher Mikuláš von Kadaň unter der Beratung des Astronomen Jan Šindel. Der Umbau von etwa 1490 erfolgte durch den Meister Ignaz, genannt Rose. Die kleinen Statuen stammen aus der Barockzeit. Die ganze astronomische Uhr besteht aus drei Teilen — dem Puppenspiel mit dem Rundgang der Apostel, der Sphäre und dem Kalendarium.

ALTSTÄDTER RING 10 In der Bebauung der Ostseite des Rings fesseln vor allem das Palais Golz-Kinský, ein Rokokobauwerk aus der Mitte des 18. Jh. und das gotische Haus Zur steinernen Glocke die Aufmerksamkeit der Spaziergänger. Die Teynschule in der Mitte prahlt mit venezianischem Renaissancegiebel; abgeschlossen ist die Häuserfront mit dem Haus Zum weissen Einhorn. Darüber ragt die gotische Kirche der Jungfrau Maria vor dem Theyn mit zwei Türmen hoch, eine Gründung aus dem Jahre 1365. Das Jan-Hus-Denkmal, ein Werk des führenden Vertreters des tschechischen Jugendstils Ladislav Šaloun, wurde 1915 enthüllt.

ALTER JÜDISCHER FRIEDHOF 11 Der alte jüdische Friedhof in Prag befindet sich in der Nähe der Altneuen Synagoge, er entstand im ausgehenden 14. Jh. Der älteste erhalten gebliebene Grabstein trägt das Datum 23. 4. 1439, der letzte stammt aus dem Jahre 1787. Unter den Tausenden von Grabmonumenten und -steinen sind einige Tumben bedeutender jüdischer Persönlichkeiten erhalten geblieben, darunter auch die von Rabbi Löw Jehuda ben Becalela aus dem Jahre 1609, dem Schöpfer des sagenumwobenen Golems.

ALTNEUE SYNAGOGE 12 Frühgotische Synagoge aus der Zeit um 1280, das älteste und bekannteste Bauwerk des Prager jüdischen Ghettos, ist ein einmaliges europäisches Baudenkmal. Die Kirchengiebel aus Ziegelwerk stammen aus dem 14. Jh., der niedrige Anbau aus dem 18. Jh. wurde für jüdische Frauen bestimmt. Die Synagoge dient heutzutage immer noch ihren religiösen Zwecken.

NATIONALTHEATER 13 Repräsentativer Neurenaissancebau, erbaut nach dem Entwurf von Josef Zítek und Josef Schulz in den Jahren 1868—1883 aus freiwilligen Spenden des tschechischen Volkes. An der künstlerisch formenreichen äußeren und insbesondere inneren Ausschmükkung der Theaterräumlichkeiten beteiligten sich namhafte zeitgenössische Künstler der sog. Generation des Nationaltheaters.

VYŠEHRAD (WISCHEHRAD) 14 Sie ist die zweite Prager Burg auf dem hohen Felsensprung über dem rechten Moldauufer. Sie wurde gegründet in der 2. Hälfte des 10. Jh. und ihre Entstehung wird mit den mythologischen Anfängen der tschechischen Staatlichkeit verknüpft. Im 10. und 11. Jh. wurden hier Denare mit der Inschrift Visegrad und Visegrad civitas geprägt. Zur vollen Blüte gelangte Vyšehrad in der Regierunszeit des Vratislav II und Karl IV. Das Wahrzeichen des Vyšehrad von heute sind die neugotischen Türme der Peter und Paulskirche und die barocken Befestigungsmauern aus Ziegelwerk.

ST. VEITSDOM 20—21 Monumentaler gotischer Dom auf der Prager Burg, dessen Bau von Mathias von Arras und Peter Parler im Jahre 1344 begonnen und 1929 im neugotischen Stil beendet wurde, steht an Stelle der romanischen Rotunda des hl. Wenzel und der Basilika des Fürsten Spytihněv. Im prachtvollen Kircheninneren mit zahlreichen Kapellen befindet sich das königliche Mausoleum, die Grabstätte der böhmischen Könige, gotische Grabmonumente einiger Herscher aus dem Geschlecht der Přemysliden, und das silberne Barockgrabmal von Johann von Nepomuk. Die wertvollste unter den Kapellen ist dem Schutzherren von Böhmen, dem hl. Wenzel, eingeweiht. In der Schatzkammer werden unter sieben Schlössern böhmische Krönunskleinodien aufbewahrt.

KÖNIGLICHES LUSTSCHLOSS (BELVEDERE) 22 Das Lustschloß der Königin Anna ist ein einmaliges Renaissancebauwerk Prags, gegründet wurde es von König Ferdinand I. im Jahre 1535, beendet wurde der Bau im Jahre 1563. Die Innenräume des Lustschlosses wurden 1845—46 umgebaut. Die Reliefs mit Motiven aus der antiken Mythologie an den Arkaden sind Originale aus dem 16. Jh. Die Singende Fontäne im königlichen Garten vor dem Belvedere entwarf Francesco Terzio, gegossen wurde sie vom Glockengiesser Tomáš Jaroš.

GOLDENES GÄSSCHEN 23 Malerisches Gäßchen der Prager Burg mit Renaissance- und Barockhäusern und -häuschen, die an der Burgmauer vom 16. bis 19. Jh. angebaut wurden. Bewohnt wurden sie von Burgschützen, Goldschmieden und zuletzt vom armen Burgvolk. Daß hier Alchymisten gearbeitet haben sollten, ist eine zählebige Legende.

ST. GEORGSKIRCHE 24 Romanische Basilika aus dem 10. Jh., bekam ihr heutiges Aussehen nach dem Umbau, der dem Brand der Prager Burg von 1142 folgte. Im 13. Jh. wurde sie um die Kapelle der hl. Ludmila erweitert. Die frühbarocke Stirnwand stammt aus der Zeit um 1680, die Eckkapelle des hl. Johann von Nepomuk ist aus dem beginnenden 18. Jh. Das Kircheninnere bewahrte sich seinen romanischen Charakter.

BIBLIOTHEK IM KLOSTER STRAHOV 25 Den barocken Theologiesaal aus den Jahren 1671—1679 entwarf Dom. Orsi. Die Stukkaturen am Gewölbe bilden den Rahmen für Freskomalereien des Prämonstratenserordensbruders und Maler S. Nosecký, aus den Jahren 1723—1727. Die Bücher bestände im Saal behandeln theologische und religiöse Thematik.

LORETO 26 Die kunstvolle Fassade aus den Jahren 1720—1722 entwarfen der aus Bayern stammende Christian Dienzenhofer und sein Sohn Kilian Ignaz. Im Kirchenturm befindet sich das berühmte Glockenspiel aus dem Jahre 1693 mit einem marianischen Lied. Die Statuen schuf J. B. Kohl, die Putti sind ein Werk von O. F. Quittainer. Im Kirchhof steht die Santa Casa, die Heilige Hütte (1626—1631) und die Christgeburtskirche (1734—1735). Berühmt ist der Loretoschatz mit seinen Unikaten.

DAS NÄCHTLICHE PRAG 27 Das majestätische Feuerwerk, voller Farben und Lichter, vermag es, Prag in das königliche Lichtergewand zu kleiden, das so sehr dieser magischen und Magie vollen Stadt steht.

LÁNY 28 Das Schloß liegt am Rande des ausgedehnten Lányer Wildgeheges, einem Teil des Landschaftsschutzgebietes Křivoklater Land. Es ist der Sommersitz des Präsidenten der Tschechischen Republik. Das ursprüngliche Jagdschlößchen aus der Zeit um 1600 wurde nach Bauveränderungen im 17. Jh. nochmals 1821 und am Anfang des 20. Jh. umgebaut. Die Schloßkirche stammt aus dem 18. Jh.

KŘIVOKLÁT 29—30 Eine der bedeutenden böhmischen Burgen, urkundlich erwähnt bereits 1109. Sie wurde auf einem Felsensprung über dem Bach Rakovnický, heute im Landschaftsschutzgebiet Křivokláter Land, erbaut. Das ursprüngliche hölzerne Jagdschlößchen der böhmischen Herrscher wurde im 13. Jh. durch steinerne gotische Burg abgelöst, die um die Jahrhundertwende vom 15. zum, 16. Jh. im spätgotischen Stil umgebaut und im 19. und 20. Jh. rekonstruiert wurde. In der Burgkapelle befindet sich ein spätgotischer Altar aus dem ausgehenden 15. Jh., ein herausragendes Kunstwerk eines unbekannten Meisters.

KONĚPRUSY 31 Karsthöhlen in Devonkalksteinen Mittelböhmens und wichtige archäologische Fundstelle. Die Höhlen bilden das größte unterirdische System des Böhmischen Karstes und wurden 1959 der Öffentlichkeit zugänglich gemacht. Ihr Tropfsteinschmuck ist bemerkenswert genauso wie die archäologischen Funde von fossilen Skeletten. Im 15. Jh. fand hier eine Münzfälscherwerkstatt ihre Zuflucht.

KARLŠTEJN 32—34 Die bedeutendste unter den böhmischen Burgen. Karl IV., der Stifter der Burg, bestimmte ihr eine ganz besondere Mission. Dies beeinflußte den Bau der Burg als monumentale gotische Festung mit einmaliger Innenausstattung. Die Regotisierung von 1887—1899 bestimmte ihre endgültige Gestalt. In der Kapelle des hl. Kreuzes in dem dominanten Burgturm befinden sich 127 Tafelgemälde des Heeres Christi vom Meister Theodoricus aus den Jahren 1357—1365, ein absolut einmaliges gotisches Kunstwerk.

KONOPIŠTĚ 35 Gotische Burg aus dem 14. Jh. vom Typ des französischen castell mit 7 Türmen, einige Male baulich verändert und schließlich im 18. Jh. zum Schloß umgebaut. Das Antlitz von heute bekam es im Zuge des großen romantischen Umbaus in den Jahren 1889—1894. Das Schloß wird von einem gewaltigen runden Turm aus dem Mittelalter dominiert. Besonders wertvoll ist die Ausstattung der Innenräume, insbesondere einige Sammlungen, zum Beispiel die Waffen- und Jagdtrophäensammlung des österreichischen Thronfolgers Ferdinand d'Este.

PRŮHONICE 36 Das an Stelle der gotischen Festung erbaute Renaissanceschloß aus dem 16. Jh. bekam von 1892—1898 seine heutige Neurenaissancegestalt. Die Mariägeburtskirche im Schloßvorfeld ist romanischer Herkunft (1187). Der im Jahre 1885 um das Schloß herum angelegte Park ist 200 ha groß und ist der einzige seiner Art in den böhmischen Kronländern.

ČESKÝ ŠTERNBERK 37—38 Burg auf einem Felsensprung über dem Fluß Sázava, gegründet um 1240. Das gegenwärtige Antlitz der Burg wurde durch Umbauten aus dem 15. zum 16. Jh. und insbesondere durch frühbarocken Bauveränderungen geprägt. Die Innenräume mit kostbarer Ausstattung und wertvollen Sammlungen prahlen mit reicher Stuckverzierung.

PŘÍBRAM — HEILIGER BERG 39, 41 Eine deutliche Landschaftsdominante, die Wallfahrtskirche der Mariä Himmelfahrt, erbaut von 1658—1709 auf dem 586 m hohen Heiligen Berg, wurde später um Kreuzgänge mit Kapellen und Toren erweitert. Neben der Kirche befindet sich ehemalige barokke Jesuitenresidenz. Die Ausstattung der Kircheninnenräumen ist außerordentlich reichhaltig und wertvoll. Gotische Statue der Madonna mit dem Kind mit kleinen goldenen Kronen befindet sich auf silbernem Altar in silbernem Schränkchen.

GRUBE IN ŠEVČÍN 40 Das Gelände des ehemaligen Schachts in Příbram-Březové Hory ist Freilichtmuseum des Bergbaus. Die Ausstellung vermittelt Einsicht in die Geschichte des Bergbaus, in die Techniken des Abbaus, in die Entwicklung des Bergbautransportwesens und gibt Auskunft über das Arbeitsleben der Bergleute. Die einmaligen mineralogisch-geologischen Sammlungen stammen überwiegend aus dem 19. Jh.

BŘEZNICE 42 Das Renaissanceschloß mit prismatischem Turm entstand um die Wende des 16. zum 17. Jh., sein Baukern ist jedoch gotisch. In den Schloßräumen befindet sich wertvolles zeitgenössisches Mobiliar, besonders kostbar ist die sog. Bibliothek aus Lokšany aus dem Jahre 1558. Das Schloß ist vom englischen Park umgeben.

DOBŘÍŠ 43 Das Rokokoschloß, erbaut von 1745—1765 nach französischen Vorbildern, dient kulturellen Zwecken. Unmittelbar an das Schloßgebäude schließt der terassenartige französische Park an, an dessen Ende sich die Orangerie befindet. Der Statuenschmuck im Schloß und im Park von Ignaz F. Platzer stammt aus der Zeit nach 1760.

LANDSCHAFT MIT DEM HÖHENZUG BRDY 44 Das Tal unweit der Gemeinde Hluboš im bewaldeten Höhenzug Brdy mit Blick auf den Berg Třemošná (778 m).

STARÝ ROŽMITÁL 45 Auf dem Chor der barokisierten Kirche der Erhebung des hl. Kreuzes spielte der Komponist Jakub Jan Ryba (1765—1815) auf der Orgel, der die berühmte Böhmische Weihnachtsmesse komponierte. Starý Rožmitál ist der älteste Stadtteil von Rožmitál pod Třemšínem.

PLANÁ 46 Gemeinde im Březnicer Hügelland, gelegen am Wanderweg von Petrovice nach Solenice zum Talsperrendamm der Talsperre Orlík.

SLIVICE 47 Alte böhmische Weihnachtskrippe in der hiesigen Peterskirche aus dem Jahre 1352.

HVOŽĎANY 48 St. Prokopiuskirche stammt aus der Mitte des 14. Jh., sie ist einschiffig und hat rechteckiges Presbyterium. Die Inneneinrichtung stammt aus dem 17. und 18. Jh.

LANDSCHAFT BEI SEDLČANY 49 Wellige bewaldete und teichreiche Landschaft des Březnicer Hügellandes in Mittelböhmen belebt von weitem sichtbare Hügel mit der Burg Vysoký Chlumec. Die gotische Burg, urkundlich erstmals 1382 erwähnt, wurde in den Jahren 1643—1654 vollständig umgebaut.

TALSPERRE ŠTĚCHOVICE 50 Erbaut 1939—1945 an der Moldau in der romantischen Landschaft südlich von Prag. Der 25 m hohe Damm staut 11,2 Mio m³ Wasser und bildet einen 9 km langen künstlichen See. Das Kraftwerk unter dem Damm schöpft Wasser aus dem Stausee und aus dem Wasserbehälter auf dem Hügel Homole aus der Höhe von 160 m.

TALSPERRE SLAPY 51—52 Erbaut 1951—1954 an der Moldau. Der 65 m hohe Damm bildete einen 44 km langen Stausee mit 269 Mio m³ Wasser. Im Fuße des Staudamms wurde ein Kraftwerk errichtet. Entlang der beiden Ufer entstanden zahlreiche Erholungsheime. Der Erholung dient in der Saison auch regelmäßiger Schiffsverkehr.

TALSPERRE ORLÍK, 53, 57 Erbaut 1954—1962 südwestlich von der Talsperre Slapy als dritter Staudamm an der Moldau. Der 91 m hohe Staudamm, in dessen Innerem sich ein modernes Wasserkraftwerk befindet, hält 717 Mio m³ Moldauwasser zurück. Der Stausee ist 68 km lang und erhöht den Wasserspiegel auch der beiden wichtigen Nebenflüße Moldaus: Otava (23 km) und Lužnice (7 km). Die ausgedehnte Wasserfläche mit Schiffsverkehr veränderte vollständig den Charakter der Landschaft. Es entstanden hier zahlreiche Erholungsheime und ein Paradies für Wassersportler.

ZVÍKOV 54—55 Eine der berühmtesten böhmischen Königsburgen wurde auf einem schroffen Felsvorsprung unmittelbar über dem Zusammenfluß von Otava und Moldau errichtet. Die erste urkundliche Erwähnung der Burg stammt bereits aus dem Jahre 1234. Die Burg wird von einem hohen zylindrischen Eckturm dominiert. Architektonisch am bedeutsamsten sind der königliche Palas mit der Kapelle und der älteste Teil der Burg — der Knollenturm. Die Wände der Burgkapelle sind mit Wandgemälden aus der Zeit nach 1475 bedeckt, die religiöse Thematik verarbeiten. Das Relief am Hauptaltar ist ein Werk des Meisters der Zvíkover Beweinung Christi aus dem beginnenden 16. Jh.

ORLÍK 56, 58 In der Vergangenheit ähnelte es einem hoch über dem tiefen Tal der Moldau hängenden Adlernest. Nach der Fertigstellung der Talsperre ist es nun von drei Seiten vom Wasser umgeben. Die einst gotische Burg wurde infolge von Bauveränderungen in ein Schloß verwandelt, dessen heutiges Aussehen aus den Jahren 1849—1860 stammt. Der kleine Rittersaal wurde in der Zeit des romantischen Umbaus des Schlosses eingerichtet. Naturlandschaftlicher Park um das Schloß herum entstand nach 1802.

TÁBOR 59—61 Die Stadt wurde im Jahre 1420 von den Hussiten gegründet und nach dem biblischen Berg Tábor benannt. Den historischen Kern, den Žižkaplatz, dominieren das gotische Rathaus, erbaut 1521 und später umgebaut und regotisiert, und die Hauptkirche der Verwandlung Christi auf dem Berg Tábor aus der 2. Hälfte des 15. Jh. Einige ursprünglich gotische Häuser haben am Markt haben wunderschöne Renaissancegiebel, beispielsweise das Ctibor-Haus. Das Denkmal des Hussitenheeresführers ist ein Werk von Josef Strachovský. Der historische Kern von Tábor steht unter Denkmalschutz.

VLASTIBOŘ 62 Südböhmisches Dorf im Moor bei Soběslav mit wertvoller Volksarchitektur aus der 2. Hälfte des 19. Jh. Die Bauernhöfe und Speicher haben Stirnwände mit reicher Stuckverzierung.

VELKÝ TISÝ 63—64 Die Wasserfläche des Teiches beträgt 317 ha. Er wurde 1505 vom Teicherbauer Štěpánek Netolický fertiggestellt und später von Jakub Krčín von Jelčany erweitert. Zusammen mit Malý Tisý und anderen Teichen in der Umgebung bildet er ein Naturschutzgebiet. Das Abfischen im Herbst bietet immer wieder eine besondere Schau an.

WASSERWANDERER AUF DEM LUŽNICE-FLUß 65—67 Der südböhmische Fluß Lužnice, seine Umgebung und Landschaft voller Anziehungskraft haben bis heute nichts von ihrem romantischen Zauber verloren. Lužnice gehört stets zu den beliebtesten und begehrtesten böhmischen Flüßen.

TŘEBOŇ 68—73 Südböhmische Stadt am Fluß Lužnice inmitten eines Systems künstlich angelegter Fischteiche, in einer Landschaft gelegen, die einst Moorlandschaft war. Die Stadtgeschichte reicht bis ins 13. Jh. zurück, zur vollen Blüte gelangte Třeboň während der Regierungszeit derer von Rožmberk und Schwarzenberg. Auf dem mittelalterlichen Grundriß stehen gotische und Renaissancehäuser, Rathaus, St. Ägidiuskirche mit ehemaligem Kloster, Schloß, das an Stelle einer gotischen Burg entstand, sowie ein großer Teil der Befestigungsmauern mit Basteien und Stadttoren. In Třeboň entstanden Kunstwerke von besonderer Bedeutung — die gotische Statue der Madonna mit dem Kinde (um 1400) und die Gemälde des Meister von Třeboň (vor 1380). Die Stadt, die auch Heilbad ist, steht unter Denkmalschutz.

JINDŘICHŮV HRADEC 74 Den ersten Platz unter den historischen Sehenswürdigkeiten der Stadt nimmt das auf einem Felsvorsprung zwischen dem Teich Vajgar und dem Fluß Nežárka erbaute Schloß ein. Es entstand als romanische Burg am Anfang des 13. Jh., gotisch ist der gewaltige zylindrische Turm und der Alte Palas mit der Kapelle. Im ausgehenden 15. und im 16. Jh. wurde es von italienischen Baumeistern mit weiteren Renaissancebauten versehen. Damals entstanden Neue Gehöfte von Joachim und Adam II., Große und Kleine Arkaden, das Rondell. Die Wände der Schloßräume sind mit gotischen und Renaissancemalereien bedeckt.

PLÁSTOVICE 75 Gemeinde im Zbudover Moor mit dem in Böhmen am besten erhaltenen Ensemble von Bauernhöfen aus der Mitte des 19. Jh. mit charakteristischer Stuckverzierung der Fassaden. Als eigenartiger Bau wird die Dorfschmiede eingeschätzt.

ROŽMBERK 76—77 Der größte Teich in der Tschechischen Republik mit beachtlichem Ausmaß der Wasserfläche (489 ha). Er wurde am Fluß Lužnice bei Třeboň vom berühmten Teicherbauer Jakub Krčín von Jelčany auf Befehl von Vilém von Rožmberk in der Zeit von 1584—1589 angelegt. Das Abfischen des Teiches, das stets eine große Schau darstellt, erfolgt üblicherweise unter großer Beteiligung von Schaulustigen.

ČESKÉ BUDĚJOVICE (BUDWEIS) 78—80 Die Stadt wurde um 1265 vom König Přemysl Otakar II. am Zusammenfluß der Moldau und Malše gegründet. Im Zentrum dieser unter Denkmalschutz stehenden Stadt erhebt sich auf dem großen quadratischen, nach dem Stadtgründer benannten Platz mit dem Samsonbrunnen, Barockrathaus und zahlreichen gotischen Renaissance- und Barockhäusern der 72 m hohe Schwarze Turm (1549—1578), das Wahrzeichen der Stadt. Die St. Nikolauskirche unter dem Turm wurde bereits im 13. Jh. gegründet, ihr heutiges Aussehen erhielt sie in den Jahren 1686—1688.

HLUBOKÁ NAD VLTAVOU 81—83 Monumentales romantisches Schloß auf einem Felsvorsprung über der Moldau, das von 1841—1871 im neugotischen Windsorstil erbaut wurde. Im 13. Jh. stand hier eine gotische Königsburg, im 16. Jh. ein Renaissance- und im 18. Jh. ein Barockschloß. Die Innenräume sind mit fürstlichem Prunk mit kostbarem Mobiliar, Wandteppichen, Gemälden, Holzschnitten, Kassettendecken und Waffen eingerichtet.

TEICH MUNICKÝ 84 Er wurde 1494 unweit von Hluboká nad Vltavou angelegt und seine Wasserfläche beträgt 118 ha. An der südlichen Uferseite befindet sich das Barockschloß Ohrada.

ANBETUNG DES KINDES 85 Tafelgemälde des Meister von Třeboň aus der Zeit um 1380, das sich in der Südböhmischen Bildergalerie Mikoláš Aleš im Schloß Hluboká befindet. Dieser unbekannte Maler zählt zu den bedeutendsten Meistern der böhmischen gotischen Malerei des 14. Jh.

MADONNA AUS RUDOLFOV 86 Die gotische Statue der Madonna mit dem Kinde stammt aus der Zeit nach 1320 und ist ein Werk eines unbekannten Meisters. Sie gehört zu der Sammlung der südböhmischen gotischen Kunst in den Beständen der Mikoláš-Aleš-Galerie im Schloß Hluboká.

OHRADA 87 Barockschloß aus den Jahren 1708—1718 am Ufer des Teiches Munický. Es pflegte ausschließlich ein Jagdschloß zu sein. Den großen Saal schmückt ein wunderschönes Deckenfresko aus dem Jahre 1715. In den Schloßräumlichkeiten sind die Sammlungen des Museums für Land-, Forstwirtschaft und Fischzucht untergebracht.

KLEŤ 88—89 Der höchste Gipfel (1083 m) des Bergzuges Blanský les. Auf dem Berggipfel befindet sich ein steinerner Aussichtsturm aus dem Jahre 1825, eine Berghütte, eine Einrichtung des Fernmeldewesens und eine Sternwarte. Die Rundaussicht reicht tief ins Innere von Böhmen, in den Böhmerwald und bei guter Sicht bis zu den Alpen.

HERBST IN SRNÍ 90 Herbststimmung in den Waldhängen rund um das Bergerholungszentrum Srní (845 m) im Vorland des Böhmerwaldes.

ČESKÝ KRUMLOV 91—93 Diese Stadt, eine der bedeutendsten unter den unter Denkmalschutz stehenden Städten der Tschechischen Republik, wurde von der UNESCO unter die Weltkulturdenkmäler aufgenommen. Die gotische Burg aus dem 13. Jh., die später im Renaissancestil ungebaut wurde und dessen Silhouette vom gewaltigen zylindrischen Turm beherrscht wird, birgt in ihrem Inneren kostbares zeitgenössisches Mobiliar und einmalige Wandteppiche. Zu den bemerkenswerten Innenräumen gehören der Maskensaal mit Malereien von J. Lederer aus dem Jahre 1748, das Schloßtheater mit ursprünglicher Ausstattung und das Münzhaus. Die andere Dominante der Stadt mit ihren gotischen und Renaissancehäusern, dem Renaissancerathaus, mit Klöstern und Kirchen, dem Zeughaus, dem Budweiser Tor und Teilen der Stadtbefestigung ist die St. Veitskirche, ein wertvolles Bauwerk der böhmischen gotischen Baukunst.

ROŽMBERK 94—95 Die über der Stadt an der Moldau sich erhebende Burg wurde vor 1250 gegründet. Von dieser Oberen Burg blieb lediglich der zylindrische Turm Jakobínka erhalten. Etwa um 1330 entstand eine zweite Burg, die sog. Untere Burg, die später im Renaissancestil umgebaut und teilweise regotisiert wurde. In den Burgräumen mit Kassettendecken, holzverkleideten Wänden, zeitgenössischer Einrichtung und Kunstgegenständen befindet sich auch eine Sammlung von historischen Waffen. Die romantische Kreuzrittergalerie mit neugotischer Ausschmückung ist mit fiktiven Bildnissen der Kreuzritter versehen.

VYŠŠÍ BROD 96—98 Das 1259 gegründete Zisterzienserkloster wird von einem Gebäudekomplex gebildet, die bis zum Ende des 14. Jh. gebaut wurden. Der Bau der Klosterkirche der Mariä Himmelfahrt wurde 1281 begonnen. Das runde Fenster im Kapitelsaal stammt aus dem 15. Jh., der Kreuzgang aus dem 14. Jh., das Refektorium und Dormitorium sind aus dem Jahre 1385. Die Klosterbibliothek (1757) enthält kostbare Drucke, Handschriften und Inkunabeln, die Galerie wiederum Gemälde vorwiegend niederländischer Herkunft aus dem 17. und 18. Jh.

LIPNO 99, 101 Der über 40 km lange Stausee und mit 4870 ha die größte Wasserfläche der Tschechischen Republik entstand von 1951—1959 als riesiges Wasserreservoir am oberen Fluß der Moldau. In dem 22 m hohen Staudamm befindet sich ein unterirdisches Kraftwerk. Der Stausee Lipno ist 726 m ü. d. M. angelegt worden, seine sanft absinkenden Ufer machen aus ihm ein Badeparadies. Der Stausee dient ebenso als ein ideales Erholungsgebiet für Fraunde des Wassersports und für Angler. Zahlreiche Erholungsheime sind in der Saison bei regelmäßigem Schiffsverkehr gut erreichbar.

WASSERSLALOM UNTERHALB VON LIPNO 100 In wilden Strömen stürzt und wallt das Moldauwasser unterhalb von Lipno, wenn oben der Wasserspiegel herabgesenkt wird. Es bietet sich eine einmalige Chance zur Abfahrt und zum Slalom im wildem Wasser an.

BÖHMERWALD 102—104 Der etwa 125 km lange Gebirgszug an der südwestlichen Grenze Böhmens an Österreich und die Bundesrepublik Deutschland ist überwiegend bewaldet, dabei herrscht in den Waldbeständen die Fichte vor. Während der Böhmerwald nach dem Südwesten schroff herabfällt, ist das Gefälle in das böhmische Landesinnere sanft. Die höchste Erhebung des Böhmerwaldes auf tschechischem Gebiet ist der 1378 hohe Berg Plechý. Ein charakteristischer Zug des Böhmerwaldes sind ausgedehnte Hochplateaus im zentralen Teil des Gebirgsmassivs, die sog. Hochebenen mit zahlreichen Salzmooren. Torfmoore mit kleinen Seen sind oft mit Knieholz, Zwergbirken und verkümmerten Fichten bewachsen. Das Dreiseemoor befindet sich 1062 m, das Hüttenmoor 910 m hoch. Das Gebirge ist ein wichtiges Quellengebiet, unter dem Schwarzen Berg im Hochplateau des Böhmerwaldes entspringt die Moldau.

URWALD BOUBÍN 105—107 Naturschutzgebiet des mitteleuropäischen Urwalds am Südhang des bewaldeten Berges Boubín (1362 m) im Boubíner Bergland des Böhmerwaldes. Es hat ein Ausmaß von 666,41 ha und es wurde 1858 gegründet. Im Naturschutzgebiet blieb die ursprüngliche proportionelle Zusammensetzung des Baumbestandes — Buche, Fichte, Tanne — erhalten. Durch den Urwald fließt der Kaplicer Bach.

LENORA 108 Dorf im Böhmerwald, am Zusammenfluß der Warmen Moldau und Řásnice gelegen, bekannt durch Glasherstellung. Die überdachte Holzbrücke stammt aus dem 19. Jh. und ist geschützt als technisches Denkmal.

ČERNÉ JEZERO (SCHWARZER SEE) 109 Der größte Natursee im Böhmerwald ist eiszeitlicher Herkunft. Er liegt in den Wäldern am Hange des Jezerní hora 1008 m. ü. d. M. Seine Fläche beträgt 18,47 ha, die größte Tiefe 39,2 m und er wurde zum Naturschutzgebiet erklärt.

ČERTOVO JEZERO (TEUFELSSEE) 110 Der Wasserspiegel befindet sich in der Höhe von 1030 m ü. d. M. am südlichen Hang des Jezerní hora. Der Teufelssee stammt aus der Eiszeit, seine Fläche beträgt 10,3 ha, die größte Tiefe 36,5 m. Er wurde ebenso zum Naturschutzgebiet erklärt.

BÍLÁ STRŽ (WEISSE SCHLUCHT) 111 Im romantischen cañonartigen Tal unweit vom Schwarzen See bildet der Weiße Bach zahlreiche Stromschnellen, Wasserfälle und diese Schlucht. Das ganze Gebiet von 79 ha Ausmaß wurde zum Naturschutzgebiet erklärt, um das einmalige Landschaftbild zu erhalten.

VYDRA BEI ANTÝGL 112 Der wilde Bergfluß Vydra entsteht durch den Zusammenfluß der Bäche Modravský und Roklanský. Er bildet zahlreiche Stromschnellen; durch das Einwirken von Wasserstrudeln entstehen in seinem Flußbett, voller riesigen Steine, die sog. Riesentöpfe. Er fließt durch Antýgl an einem Campingplatz vorbei und verwandelt sich nach dem Zusammenfluß mit Křemelná am Čeneks Sägewerk in den Fluß Otava.

RÁBÍ 113 Ausgedehnte Burgruine aus der 1. Hälfte des 14. Jh. Zweimal wurde Rábí belagert und von Hussiten eingenommen, während der zweiten Belagerung im Jahre 1421 wurde hier der Hussitenheerführer Jan Žižka an seinem gesunden Auge schwer verwundet. Am Ende des 15. Jh. wurde die Burg noch einmal ausgebaut und neu befestigt. Nach einer Anordnung des Königs Ferdinand II. durfte die Burg jedoch nicht indstandgehalten werden und im 18. Jh. verwilderte sie. Das Städtchen unterhalb der Burg entstand im Jahre 1499.

OTAVATAL 114 Der südböhmische Fluß Otava mit einer Gesamtlänge von 113 km entsteht im Böhmerwald durch den Zusammenfluß von Vydra und Křemelná. Er fließt durch tiefe bewaldete Täler des Böhmerwälder Vorlandes, durch Strakonice und Písek und mündet unterhalb der Königsburg Zvíkov in die Moldau, heutzutage in den Stausee Orlík.

CHEB (EGER) 115 Die Stand mit jahrhundertelanger Geschichte bewahrt in ihrem historischen Stadtkern, der unter Denkmalschutz steht, eine ganze Reihe von architektonischen Kostbarkeiten. Auf dem Platz des Königs Georg stehen Häuser mehrerer Baustile: der berühmte und malerische Häuserkomplex Špalíček—Stöckel, das Barockrathaus und das Pachelbl-Haus, in dem 1634 Albrecht von Waldstein (Wallenstein) ermordet wurde. Neben der gotischen St. Nikolaus und St. Elisabethkirche mit romanischen Türmen blieben in der Stadt noch einige weitere sakrale Bauwerke von Bedeutung erhalten. Auf der Burg, ursprünglich als romantische Pfalz angelegt und spätgotisch umgebaut, ist der Schwarze Turm mit zweistöckiger Kapelle das wertvollste Bauwerk.

KLATOVY 116 Einst königliche Stadt, gegründet nach der Mitte des 13. Jh. von Přemysl Otakar II. In ihrem historischen Zentrum erhebt sich die Kirche der Jungfrau Maria aus der Zeit um 1410, das Schiffsgewölbe entstand von 1550—1560. An der Wende des 19. zum 20. Jh. ist sie im neugotischen

Stil umgebaut worden. Aus dieser Zeit stammen ebenso die Fensterverglasungen mit der hl. Ludmila, dem hl. Aloysius und Georg. Der Weiße Turm an der Kirche, ursprünglich ein Renaissanceglockenturm, wurde im 18. Jh. im Barockstil umgebaut.

MADONNA VON PILSEN 117 Polychromierte Statue der gotischen Madonna mit dem Kind aus der St. Bartholomäuskirche, sie entstand um 1395. Diese steinerne Plastik aus Kalkstein, 125 cm groß, ist ein Werk des schönen Stils in Böhmen.

FRANTIŠKOVY LÁZNĚ (FRANZENSBAD) 118—119 Westböhmischer Kurort in der Nähe von Cheb (Eger), wichtig für die Behandlung von Frauenkrankheiten, Kreislauf- und Stoffwechselstörungen. Die wichtigsten Behandlungsmittel sind hauptsächlich Heilmineralwässer (in dem kleinen Kurareal entspringen 24 Mineralquellen), insbesondere Glauber-Quellen, und das Moor. Der Kurort wurde 1793 gegründet, seine Symbole sind das Pavillon mit der Franzens-Quelle und die Statuette des kleinen Jungen František geworden. Der Kurort wurde im vorwiegend klassizistischen Stil auf regelmäßigem Grundriß erbaut. Zu den namhaften Kurgästen zählten u. a. J. W. Goethe und L. van Beethoven.

NATURSCHUTZGEBIET SOOS 120 Nordöstlich von Františkovy Lázně (Franzensbad) befindet sich dieses große Torfmoor und Mineralmoor von insgesamt 221 ha Fläche mit Gasquellen (Mofetten), und unechten Schlammvulkanen, trichterförmigen, mit Wasser gefüllten Vertiefungen mit brodelndem Schlamm und warmen Quellen. Es handelt sich hierbei um Äußerungen der abklingenden postvulkanischen Tätigkeit in dieser Region Böhmens. Im Torfmoor kommen Salzpflanzen und Torfmoorflora vor.

TALSPERRE JESENICE 121 Der Stausee Jesenice am Flüßchen Odrava nahe Cheb (Eger) wurde 1960 errichtet. Er hat eine Länge von 11 km und reguliert den Durchfluß der Ohře (Eger) bis zum Kraftwerk Tisová. Auf dem Stausee gibt es saisonbedingten Schiffsverkehr, der leichte Zugang zum Wasser begünstigt Baden, Erholung und Angeln.

MARIÁNSKÉ LÁZNĚ (MARIENBAD) 122—125 Weltberühmter westböhmischer Kurort, gelegen am Rande des Landschaftsschutzgebiets Slavkovský les in der Höhe von 567—779 m ü. d. M. Mit den hiesigen alkalischen Salzquellen (es gibt hier insgesamt 140 Mineralquellen, von denen 39 für Heilzwecke Verwendung finden), Torfumschlägen und mit dem natürlichen Kohlendioxid werden hier Stoffwechselkrankheiten, Erkrankungen der Nieren und der Harnwege, organische Erkrankungen des Nervensystems, allgemeine Erkrankungen der Luftwege, Hautkrankheiten und Gelenkleiden behandelt. Der Kurort wurde 1805 gegründet, die Heilkraft der Quellen wurde jedoch bereits im 16. Jh. bekannt. Die Kolonnaden, Kurhäuser und Heilanstalten wurden vorwiegend im 19. Jh. gebaut. Zu den vielen bedeutenden Persönlichkeiten unter den Kurgästen zählten u. a. N. W. Gogol, I. S. Turgenjew, F. Chopin, R. Wagner, R. Kippling, M. Twain, F. Kafka, H. Ibsen. J. W. Goethe erlebte hier seine glühende Liebe zu der jugendlichen Ulrike von Levetzow, die der große Dichter in den unsterblichen Marienbader Elegien verewigte.

KARLOVY VARY (KARLSBAD) 126—132 Der größte, bedeutendste und meistbesuchte Kurort Tschechiens von Weltbedeutung liegt unterhalb des Erzgebirges und des Slavkovský les, am Zusammenfluß des Flüßchens Teplá mit der Ohře (Eger) 376 m ü. d. M. Zum Symbol des Kurorts wurden der Sprudel mit einer Ergiebigkeit von mehr als 2000 l/min und einer Temperatur von 72,2°C, dessen Heilwasser in die Höhe bis zu 15 m sprudelt aus der Tiefe von 3000 m kommend, und die Gemsenstatuette auf dem Felsen unterhalb des Hirschsprunges. Mit den Heilmineralwässern werden hier in Trinkkuren Magenerkrankungen, chronische Lebererkrankungen, Erkrankungen der Gallenblase und der Gallenwege, Magengeschwüre, Stoffwechselstörungen, Gicht, Diabetes, Obesität u. a. behandelt. Das Bad ist in das enge Tal des Flüßchens Teplá hineingezwängt, in der Bebauung ragen heraus: Barockschlößchen, Mühlenkolonnade, Maria-Magdalena-Kirche, Sanatorium Thermal, Imperial, Granhotel Pupp, Aussichtsturm Diana u. a.

ERZGEBIRGE 133 Es erstreckt sich im Nordwesten Böhmens als gewaltige Gebirgsbarriere an der Grenze zu Deutschland, zieht sich vom Sattel bei Plesná (598 m) bis zum Sattel bei Tisá (571 m). Die höchsten Gipfel auf tschechischer Seite sind Klínovec (Keilberg, 1244 m) und Špičák (Spitzberg, 1115 m). Auf der tschechischen Seite fällt das Erzgebirge steil hinab in einen tektonischen Bruch im Vorland, durch den die Flüsse Ohře (Eger) und Bílina fliessen, auf der sächsischen Seite dagegen ist das Gefälle relativ sanft. In der Vergangenheit war das Erzgebirge von großer Bedeutung als Fundstätte von Buntmetallen und Silber. Es wurde bis zum Gebirgskamm besiedelt, so ist die unter dem Klínovec gelegene Gemeinde Boží Dar die höchste Gemeinde Böhmens. Auf dem Kamm befinden sich zahlreiche Torfmoore mit Kiefern, Zwergbirken und Knieholz. Im Winter ist das Erzgebirge ein beliebtes Ziel für viele Wintersportler und wird wegen seiner schönen Schigelände sehr geschätzt.

KLÍNOVEC (KEILBERG) 134 Der höchste Gipfel des Erzgebirges (1244 m), der von Jáchymov aus mit einem Sessellift zu erreichen ist. Auf dem Gipfel befinden sich Aussichtsturm, Berghotel und Fernsehsender. Den Wintersportlern bietet das Gelände hier einige schöne Pisten und Skilifts, den Skiwanderern winkt die Kammwanderung.

JEŠTĚD (JESCHEK) 135 Er erhebt sich in die Höhe von 1012 m oberhalb der Stadt Liberec (Reichenberg), von der aus eine bequeme Verbindung mit der Seilbahn und Bergstraße bis zum Gipfel besteht. Dort steht ein konstruktionsmäßig originell entworfener Fernsehturm mit Hotel und Restaurant. Vom Gipfel aus öffnet sich den Augen eine herrliche Rundaussicht in alle Himmelsrichtungen. Das Wintersportzentrum Pláně unter dem Ještěd bietet Skigelände, Lifts, Schanzen an und im Sommer schöne Wanderwege in der Gebirgslandschaft.

BÖHMISCHES MITTELGEBIRGE 136 Das cañonartige Tal der Elbe im Böhmischen Mittelgebirge, das als Böhmische Pforte (Porta Bohemica) bekannt ist, hat eine Länge von 4 km. Eingefangen ist das Tal von den beiden Gipfeln Dobrý (311 m) und Strážiště (362 m) nordwestlich von Velké Žernoseky. Das Böhmische Mittelgebirge, ein Gebirge vulkanischer Herkunft, zeichnet sich durch Formenreichtum aus Basalt, Klingstein und Trachyt aus.

KOKOŘÍN 137 Gotische Burg aus der 1. Hälfte des 14. Jh., sie wurde erbaut auf einem Felsenvorsprung aus Kalkstein über dem Bach Pšovka einer waldreichen Gegend. Vom 17. Jh. war sie verlassen, in den Jahren 1911—1918 wurde sie in romantischer Manier grundlegend restauriert. Diese romantische Burg zog zahlreiche Künstler an und Goethe verglich sie auf Grund einer Zeichnung mit einem Schiff. Die umliegende Gegend mit Sandsteingebilden von bizarren Formen sowie die ausgedehnten Wälder sind Bestandteil des Landschaftsschutzgebiets Kokořínér Land.

MĚLNÍK 138 Stadt am Zusammenfluß der Moldau und der Elbe mit tausendjähriger Geschichte. Der Name Mělník taucht bereits auf Münzen aus dem 10. Jh. Eine lange Tradition besitzt in der Mělníker Gegend der Weinanbau, der im 14. Jh. unter Karl IV. zur Blüte gelangte. Das Panorama der Stadt wird beherrscht von dem 60 m hohen Kirchturm der Peter und Paulskirche und vom Renaissanceschloß auf der Anhöhe über dem Fluß, das durch Umbauten der ursprünglichen gotischen Burg entstand.

BERG ŘÍP 139 Basaltkuppe, die sich, einer Riesenglocke ähnlich, aus der flachen, waldlosen Landschaft unweit der Elbe bei Roudnice erhebt (456 m). Auf ihrem Gipfel steht die romanische Rotunde des hl. Georg aus der 1. Hälfte des 11. Jh., deren Aussehen die Bauerneuerung von 1126 prägte. Hierher, auf den Berg Říp, brachte der Urvater Čech nach der alten tschechischen Sage, seinen Stamm. Im Jahre 1962 wurde der Berg mit der Rotunde zur nationalen Gedenkstätte erklärt.

HEJNICE 140 Kuppel der Wallfahrtskirche der Mariä Heimsuchung, erbaut in den Jahren 1722—1725 als einschiffig mit einem Querschiff und doppeltürmiger Stirnwand. In der Kuppel befindet sich das Fresko von Ondřej Groll aus dem Jahre 1906.

FRÝDLANT 141—142 Die frühgotische Burg aus der Mitte des 13. Jh. wurde in der 1. Hälfte des 16. Jh. umgebaut. Um die Wende des 16.—17. Jh. wurde in der Vorburg das Neue oder Untere Schloß mit Kapelle errichtet. Das Schloß, das sich hoch über der gleichnamigen mittelalterlichen Stadt erhebt, wird vom imposanten, 60 m hohen Burgturm, beherrscht genannt Indica. Der berühmteste Schloßherr war Albrecht von Waldstein (Wallenstein), der bekannte Feldherr des Dreißigjährigen Krieges, den 1625 der Kaiser zu Herzog von Frýdlant (Friedland) erhob. In den Innenräumen befindet sich wertvolles zeitgenössisches Mobiliar. In den Sommermonaten treten im Burghof Gruppen auf, die sich in historischer Kleidung wilde Fechtkämpfe liefern.

ČESKÁ KAMENICE 143 Die Stadt am Fluß Kamenice am Rande des Landschaftsschutzgebiets Elbsandsteingebirge entstand in der Mitte des 13. Jh. unterhalb der Burg Kamenice, deren Ruine auf dem Schloßberg erhalten blieb. Das Schloß aus dem 16. Jh. mit barocken Bauveränderungen dient der Stadtgemeinde. In dem Städtchen sind die gotische Jakobskirche aus dem 14. Jh., die Barockkapelle der Geburt der Jungfrau Maria (1736—1739) und das Renaissancerathaus sehenswert.

SYCHROV 144 Das Schloß entstand in den Jahren 1847—1862 durch den Umbau eines älteren Gebäudes aus dem 17. Jh. im romantischen neugotischen Stil. Die Bauherren, französische Fürstenfamilie Rohan, statteten die Innenräume mit kostbarer Einrichtung aus, am wertvollsten darunter ist die Sammlung französischer Portraitkunst. Der ausgedehnte Schloßpark mit einheimischen und vielen exotischen Bäumen und Gehölzen hat eine Fläche von 26 ha.

HUMPRECHT 145 Von einem bewaldeten Basalthügel oberhalb der ostböhmischen Stadt Sobotka im Böhmischen Paradies blickt das in den Jahren 1666—1668 von C. Lurago erbaute Jagdschloß in die Landschaft hinab. Den Namen erhielt das Schloß nach seinem Bauherrn Humprecht Jan Černín von Chudenice.

DOLOMITENHÖHLE BOZKOV 146 Tropfsteinhöhle in Ostböhmen, entdeckt bereits 1847 beim Kalksteinabbau, der Öffentlichkeit erst 1969 zugänglich gemacht. In einem der Höhlendome mit bunter Tropfsteinverzierung verbirgt sich ein kleiner See von 30 × 12 m. Die Höhlen entstanden im harten kalkhaltigen Dolomit.

DAS LAND VON HRUBÁ SKÁLA 147 Panoramatischer Blick auf die ausgedehnte Felsenstadt mit zahlreichen Sandsteintürmen, -spitzen, -wänden und -gebilden von bizarrem Formenreichtum. Sie bilden das Naturschutzgebiet zwischen Hrubá Skála und Sedmihorky innerhalb des Landschaftsschutzgebiets Böhmisches Paradies. Die Felsenstadt gliedert sich in vier kleinere Gebiete: Dračí stěny (Drachenwände), Kapelník (Kapellmeister), Maják (Leuchtturm) und Údolíčko (Tälchen). Bergsteiger finden hier ideale Klettergelände.

KOST 148 Gewaltige gotische Festung am Rande des Böhmischen Paradieses, gegründet nach 1371. Der Kern der Burg mit ihrem 5 Stockwerke hohen trapezförmigen Weißen Turm stammt aus dem 14. Jh. Im ausgehenden 15. Jh. wurde der Šelmberk-Palast und um 1545 der Bibřštejn-Renaissancepalast hinzugebaut. In den Innenräumen dieser Burg, die zu den besterhaltenen böhmischen Burgen zählt, befinden sich Sammlungen der böhmischen spätgotischen Kunst.

HRUBÁ SKÁLA 149 Gotische Burg aus der Mitte des 14. Jh. inmitten der Wälder und Sandsteingebilde des Böhmischen Paradieses, erst zum Renaissanceschloß und dann zum Neubarockschloß mit hohem Turm umgebaut. Heute Erholungsheim der Gewerkschaftsverbände.

PRACHOVSKÉ SKÁLY (FELSENSTADT VON PRACHOV) 150 Felsenstadt aus Sandstein im Böhmischen Paradies in der Nähe der Stadt Jičín mit einer Gesamtfläche von 187 ha. Sie liegt inmitten der Nadel- und Mischwälder und bietet eine ganze Reihe von interessanten Blicken auf die Felsengebilde. Zu den Wanderungen zu romantischen Stellen mit bizarren Sandsteinfelsen, -wänden, -blöcken, -türmen, -spitzen und -höhlen laden zahlreiche markierte Wanderwege ein.

BURGRUINE TROSKY 151 Gotische Burgruine aus der zweiten Hälfte des 14. Jh. mit weiter Aussicht, Dominante des Böhmischen Paradieses. Die von den ursprünglichen Bauwerk erhalten gebliebenen zwei Türme Baba (Altfrau) und Panna (Jungfrau) belegen das hohe technische Können der damaligen Bauleute. Im 17. Jh. verwahrloste die Burg.

PŘEROV NAD LABEM 152 In das hiesige Freilichtmuseum der mittelböhmischen Volksarchitektur wurden Bauernhäuser, Scheunen, Speicher, Dörrhütten, Taubenschläge und landwirtschaftliches Werkzeug übertragen. Darüber hinaus Möbel, Gegenstände des täglichen Gebrauchs, Kleidungsstücke, Glasmalereien u. d. m., um den Eindruck eines lebendigen Dorfes zu erzielen. In den Vorgärten wachsen Obstbäume und Sträucher und blühen Blumen.

VESELÝ KOPEC 153 Das Freilichtmuseum im Bergdorf Vysočina auf der Böhmisch-mährischen Höhe mit zahlreichen Objekten der volkstümlichen Architektur und technischen Denkmälern aus dem 17. und 18. Jh., wie man sie auf der Böhmisch-mährischen Höhe unweit der Stadt Chrudim vorfand.

VOLKSFEST IN KLADRUBY 154—155 Das berühmte Gestüt in Kladruby nad Labem wurde vermeintlich im Jahre 1579 gegründet, seit 1770 bis heute wird hier Pferdezucht ohne Unterbrechung betrieben. Die regelmäßig veranstalteten Volksfeste und Reittage erfreuen sich seit je bei dem zahlreichen Publikum einer großen Beliebtheit.

KUTNÁ HORA (KUTTENBERG) 156, 158 Im Mittelalter eine reiche königliche montane Stadt, Kleinod mittelalterlicher Architektur, heutzutage unter Denkmalschutz. Es entstand an einer Silberfundstätte im 13. Jh., bald errang sie durch die Silbergewinnung den Ruhm als die wichtigste Stadt des Königreiches Böhmen nach Prag, gelegentlich residierte hier selbst der böhmische Herrscher. Den einmaligen architektonischen Reichtum dieser Stadt bilden vor allem der Vlašský Dvůr (Welscher Hof), in dem um das Jahr 1300 die berühmten Prager Groschen geprägt wurden, die gotische Jakobskirche, der Dom der hl. Barbara, das Kastell „Hrádek", die Marienkirche, der spätgotische Steinbrunnen, die gotische Marienkirche in Sedlec und weitere Kirchenbauten sowie zahlreiche Patrizierhäuser aus dem 14. bis 19. Jh.

LIPNICE 157 Diese mächtige gotische Burg wird 1316 zum erstenmal urkundlich erwähnt. Obwohl die Burg mehrmals ausgebaut wurde, vor allem im 16. und 17. Jh., behielt sie die charakteristischen Züge der Burgarchitektur des beginnenden 14. Jh., der gotische Alte Palas sowie das Neue Palais aus dem 16. Jh. wurden 1683 im Barockstil umgebaut. In der Burgkapelle blieben Wandmalereien aus der Mitte des 14. Jh. erhalten. Seit dem Brand im Jahre 1869 liegt die Burg in Trümmern. Im kleinen Städtchen Lipnice wurde geboren, lebte und starb Jaroslav Hašek, der Schöpfer des unsterblichen braven Soldaten Schwejk. Sein Geburtshaus ist eine Gedenkstätte.

LITOMYŠL 159 Über die Stadt, die unter Denkmalschutz steht, erhebt sich das monumentale Renaissanceschloß, das von 1568—1573 von der Familie Pernštejn erbaut wurde. Im Schloß blieb klassizistisches Theater aus den Jahren 1796—1797 mit ursprünglichen Dekorationen erhalten. Im Schloß sind Ausstellungen des Museums der tschechischen Musik untergebracht. Im Renaissancebau der Brauerei gegenüber dem Schloß wurde 1824 der tschechische Komponist Bedřich Smetana geboren.

TALSPERRE SEČ 160 Die Talsperre Seč am Fluß Chrudimka wurde von 1925—1935 erbaut und dient der Durchflußregulierung und zu wasserwirtschaftlichen Zwecken. Der Stausee hat eine Fläche von 192 ha. Er liegt inmitten ausgedehnter Wälder und ist ein beliebtes Erholungszentrum geworden.

LUŽE 161 Monumentale barocke Wallfahrtskirche der Jungfrau Maria, sie wurde von 1690—1695 auf der Basaltanhöhe Chlumek erbaut. Im Kircheninneren befindet sich sehr kostbare Ausstattung. Die Jesuitenresidenz (Frühbarock) in der Nachbarschaft stammt aus den Jahren 1678—1682.

DOUDLEBY NAD ORLICÍ 162 Renaissanceschloß im Städchen, gelegen am Zusammenfluß von Divoká Orlice und Zdobnice in Ostböhmen. Das Schloß mit reichem Sgraffitoschmuck stammt aus dem Ende des 16. Jh. und es wurde zum Teil barockisiert. Im Schloß befindet sich neben zeitgenössischem Mobiliar eine Ausstellung über die Herstellung von Spitzen in Böhmen.

HRADEC KRÁLOVÉ (KÖNIGGRÄTZ) 163 Ostböhmische Metropole mit 100 000 Einwohnern, liegt am Zusammenfluß der Elbe und Orlice. In ihrem historischen Kern auf dem Marktplatz ziehen der Ziegelbau der gotischen Kathedrale des hl. Geistes (gegr. 1307), der 68 m hohe Weiße Turm (1574—1589), die barocke Jesuitenkirche der Mariä Himmelfahrt (1654—1666) mit dem Jesuitenkolleg, die bischöfliche Residenz (1709—1716), das Renaissancerathaus (umgebaut 1850—1851) und die marianische Statuengruppe (1714—1716) Aufmerksamkeit auf sich. Im Jahre 1866 wurde die Umgebung der Stadt, die unter Denkmalschutz steht, zum Schauplatz der blutigsten Schlacht des 19. Jh. zwischen dem preußischen und österreichischen Heer (Sadová).

HRÁDEK BEI NECHANICE 164 Im englischen Tudorstil erbautes romantisches Schloß (1839—1854). Das Schloßinnere birgt wertvolle Sammlungen der Portraitkunst, Keramik, Porzellan, Uhren und Waffen aus ganz Mitteleuropa. Um das Schloß herum erstreckt sich ein ausgedehnter englischer Park mit Wildgehege (30 ha).

RYCHNOV NAD KNĚŽNOU 165 Imposantes Barockschloß mit großer Stirnwand aus den Jahren 1676—1690, um 1720 erweitert möglicherweise mit Beteiligung von Jan Santini. Hinter dem Schloß die Kirche der Neuen Dreifaltigkeit aus der Zeit um 1600. Im Schloß ist die Sammlung von Gemälden aus dem 15.—19. Jh. der Familie Kolovrat und des weiteren kostbare Kollektionen von Tappisserien, Statuen, alten Möbeln, Fayence, Zinn und Porzellan untergebracht.

LANDSCHAFT BEI KUKS 166 Hervorragendes, unter Schutzdenkmal gestelltes Gebiet in der Nähe der Stadt Dvůr Králové, das von der Bautätigkeit des aufklärerischen Grafen F. A. Sporck an der Wende des 17. und 18. Jh. gestaltet wurde.

NOVÉ MĚSTO NAD METUJÍ 167 Die Stadt wurde 1501 auf einem hohen Felsenvorsprung gleichzeitig mit einer Burgstätte als eine der städtischen Spätgründungen in Böhmen gegründet. Der viereckige Marktplatz wird von wunderschönen Renaissancehäusern, teilweise mit Barockfassaden umsäumt. Ebenso auf dem Marktplatz zu finden sind die spätgotische Kirche der N. Dreifaltigkeit (1513—1523) und das Schloß (zuerst im frühbarocken Stil und 1909—1911 neuzeitlich umgebaut). Die Ausstattung der Schloßinnenräume ist Werk tschechischer Künstler. Die Stadt wurde unter Denkmalschutz gestellt.

KUKS 168—169 In der Nähe der hiesigen Mineralquellen erbaute der famose Graf František Antonín Sporck in den Jahren 1695—1724 ein Bad, Theater, Rennstrecke, Schloß. Erhalten geblieben sind nur das barocke Spital und die Kirche der N. Dreifaltigkeit mit den Figuren der zwölf Tugenden und der zwölf Laster auf der Terasse, ein Werk von M. B. Braun. Im nahen Neuen Walde bei Žíreč, im sog. Betlehem, schufen derselbe Meister und Schüler aus seiner Werkstatt direkt in den Fels gehauene künstlerische bemerkenswerte Barockplastiken und Reliefs.

LANDSCHAFT BEI SEMILY 170 Gelegen an der Grenze des Vorlandes des Riesengebirges und des Kammes Kozákov in Ostböhmen. Wälder, Wiesen und Felder lösen in liebevoller Harmonie einander ab.

RIESENGEBIRGE 171—172 Typische Winterstimmung im höchsten Gebirge Böhmens mit hoher Schneedecke und tiefer Stille rund herum. Das Riesengebirge verführt die Fotografen zu unzähligen Stimmungsbildern, in denen die schönsten Bergpartien festgehalten werden, den Liebhabern des weißen Sports bietet das Riesengebirge ideale Schigelände, Pisten sowie markierte Wanderwege für den Langlauf und Skiwanderungen.

TALSPERRE AN DER ELBE 173 Kleines Wasserbecken an der Elbe, nur 2 km südwestlich von Špindlerův Mlýn (Spindlermühle) entfernt. Die Stromschnellen unterhalb der Talsperre verwandeln sich — wenn Wasser abgelassen wird — in eine Wettkampfstätte im Slalom und Abfahrt im wilden Wasser.

WASSERFALL AN DER MUMLAVA 174 Er hat eine Höhe von etwa 10 m und nimmt das ganze Flußbett der Mumlava in Mumlavský důl des Nationalparks Riesengebirge in der Nähe des Wintersport- und Erholungszentrums Harrachov ein.

STUDNIČNÍ HORA UND LUČNÍ BOUDA (BRUNNENBERG UND WIESENBAUDE) 175 Der zweithöchste Berg des Riesengebirges mit flachem Gipfel erreicht die Höhe von 1554 m. Richtung Norden geht er mit Grashängen in die Weiße Wiese und das Aupamoor über, zum Süden und Osten sinkt er mit schroffen Felshängen jäh in das Riesental und das Blaue Tal. Die Wiesenbaude auf der ausgedehnten Wiesenwiese ist die größte Bergherberge in Tschechien.

SNĚŽKA (SCHNEEKOPPE) 176—177 Sie ist der höchste Gipfel (1602 m) in dem 30 km langen Kamm des Riesengebirges, der sich vom Westen zum Osten, entlang der Grenze der Tschechischen Republik mit Polen zieht. Die Staatsgrenze teilt den Gipfel der Schneekoppe, auf dem sich neben polnischen Bauten auch tschechische Berghütte und die Gipfelstation des Sessellifts aus Pec pod Sněžkou befinden. Auf der Südseite fällt die Schneekoppe mit steilen Abstürzen in das Riesental, ein aus der Eiszeit stammendes Kar. Das Riesengebirge ist Nationalpark.

BRNO (BRÜNN) 178—183 Brünn ist mit 350 tausend Einwohnern die zweitgrößte Stadt der Tschechischen Republik und zugleich die zweite von den beiden historischen Hauptstädten Mährens. Die Stadt war und immer ist von großer Bedeutung als wirtschaftliches, Handels- und kulturelles Zentrum. Das Stadtpanorama wird von zwei Bauwerken dominiert: vom Špilberk, einst gotische Burg, die in Barockfestung umgebaut wurde, und vom Petrov mit seinen schlanken Türmen der St. Peter und Paulskirche, die romanischer Herkunft ist. Aus der kleinen Handelsstadt unterhalb der Burg entwickelte sich im 13. Jh. eine wichtige Stadt von großer wirtschaftlicher und politischer Bedeutung. Viele kostbare Kultur- und Baudenkmäler bewahrte die Stadt seit jener Zeit. Dazu gehören insbesondere das alte Rathaus mit seinem charakteristischen Turm, früher das ehemalige Landhaus, heutzutage das sog. Neue Rathaus, das Palais Dietrichstein und einige andere Paläste, die Thomaskirche, Jakobskirche, Michaelskirche, die Klosterkirche in der Altstadt und viele andere. Auch an modernen Bauwerken fehlt es nicht, so nur exemplarisch die Villa Tugendhat, Gebäude und Pavillons des Brünner Messe- und Ausstellungsgeländes oder das Janáčektheater. Der historische Kern Brünns steht unter Denkmalschutz.

BRÜNNER TALSPERRE 184 Der Staudamm am Fluß Svratka wurde in den Jahren 1935—1939 bei Bystrc, einem Vorort Brünns, erbaut. Der 34 m hohe Damm hält 21 Mio m³ Stauwasser zurück und bildet einen 9 km langen und bis zu 800 m breiten Stausee. Der Stausee ist das Haupterholungsgebiet Brünns geworden und in der Sommersaison gibt es hier sogar Schiffsverkehr.

VYŠKOV 185 Vyškov war bereits im Jahre 1131 eine landesherrliche Ansiedlung, die im 13. Jh. zur Stadt erhoben wurde und jahrhundertelang zum Besitz des Bistums in Olomouc gehörte. Auf dem Marktplatz im Stadtzentrum ziehen die barocke Pestsäule (1719) und vor allem das Renaissancerathaus mit seinem hohen prismatischen Turm die Aufmerksamkeit auf sich. Weitere Sehenswürdigkeiten der Stadt sind das Barockschloß, ursprünglich eine gotische Burg, und die spätgotische Kirche Mariä Himmelfahrt, die im Barockstil umgebaut wurde.

SLAVKOV U BRNA (AUSTERLITZ) 186—187 Das steinerne Grabmonument von Austerlitz wurde 1909—1912 auf dem Hügel Pracký als Denkmal an die blutige Dreikaiserschlacht bei Austerlitz am 2. Dezember 1805 errichtet, die den Armeen Napoleons den Sieg bescherte. Das Denkmal wurde vom Architekten Josef Fanta entworfen. Das Schloß Slavkov wurde um 1700 im Barockstil erbaut und in der Mitte des 18. Jh. erweitert. Das Schloßinnere ist mit wertvoller Einrichtung ausgestattet. Das Schloß wird von einem rekonstruierten Barockpark umgeben.

MADONNA AUS TUŘANY 188 Die hölzerne Statue der Madonna mit dem Kind aus den 80er Jahren des 13. Jh. befindet sich auf dem Altar der Wallfahrtskirche Mariä Verkündigung, einer im 18. Jh. im Barockstil umgebauten Kirche in Tuřany. Tuřany ist ein Stadtteil von Brünn.

VRANOV U BRNA (VRANOV BEI BRÜNN) 189 Die einschiffige barocke Wallfahrtskirche der Mariä Geburt mit vierseitigen Türmen wurde in den Jahren 1622—1624 erbaut und in der 2. Hälfte des 17. Jh. umgebaut. Das ausgedehnte Deckengemälde schuf im Jahre 1738 Jan. J. Etgens.

SCHLUCHT MACOCHA 190 Die Schlucht hat eine Tiefe von 138,5 m und sie ist der tiefste Abgrund der Tschechischen Republik. Sie entstand durch den Einsturz der Decke einer geräumigen Höhle im Mährischen Karst. In die Schlucht kann man von der Oberen Brücke unweit einer touristischen Hütte hinunterblicken oder aber von der Unteren Brücke, die 90 m über den Grund an der Felswand befestigt ist. Der Grund von Macocha ist aus den Punkva-Höhlen zugänglich. Auf dem Grund der Schlucht befinden sich zwei kleine Seen — der Obere und der Untere — durch die das Flüßchen Punkva fließt.

PUNKVA-HÖHLEN 191 Die Punkva-Höhlen bilden einen ausgedehnten unterirdischen Komplex im Nordteil des Mährischen Karstes, der zum Landschaftsschutzgebiet erklärt wurde. Sie sind aus dem Karstcañon Pustý žleb erreichbar, der verkehrsmäßig mit der nahegelegenen Stadt Blansko verbunden ist. Die Höhlen wurden 1914 der Öffentlichkeit zugänglich gemacht. Sie sind berühmt durch ihre riesigen Räume mit vielfaltiger Tropfsteindekoration. Die berühmten Macocha-Wasserdome sind von dem Grund der Schlucht nur auf dem Wasserweg zugänglich.

MÄHRISCHER KARST 192—194 Ein Gebiet aus devonischem Kalkstein mit einer Gesamtfläche von 100 km², einer Länge von 25 km und Breite von 2—5 km nordwestlich von Brünn, Landschaftsschutzgebiet. In der reich bewaldeten Gegend kommen zahlreiche typische Karstphänomene zum Vorschein — Cañons, Sacktäler, Höhlen, Tauch- und unterirdische Flüsse, von denen der Punkva am bekanntesten ist. Etwas nördlicher, im unteren Teil von Suchý žleb befindet sich die der Öffentlichkeit zugängliche Höhle Kateřinská (Katharinenhöhle), unweit von Ostrov bei Macocha die Höhle Balcarka und im Nordteil des Mährischen Karstes befindet sich der ausgedehnte Höhlenkomplex von Sloup und Šošůvka.

KŘTINY 195—196 Die prunkvolle barocke Wallfahrtskirche mit der mächtigen Kuppel und dem vierseitigen Turm in der Stirnwand wurde nach dem Entwurf von Jan Santini in den Jahren 1728—1750 erbaut. Das Deckengemälde schuf Jan Etgens. Die Statue der Madonna mit dem Kind auf dem Hauptaltar stammt aus dem 15. Jh.

RÁJEC NAD SVITAVOU 197 Der barocke Mansardenbau im Stil des Ludwig XV. hat den Grundriß des Buchstabens U. Das Schloß wurde am Hang über dem Ort Rájec-Jestřebí in den Jahren 1762—1769 erbaut. Im Schloßinneren befinden sich prächtige zeitgenössische Säle, Bibliothek, Schloßgalerie und Räume mit wertvoller Einrichtung, überwiegend aus der Barockzeit stammend. Das Schloß wird von einem Park umgeben.

LYSICE 198 Die Wasserburg aus dem ausgehenden 15. Jh. wurde mehrmals verändert und umgebaut, bis sie infolge des Barockumbaus von 1705—1738 das Aussehen des heutigen Schlosses bekam. Die unauffällige Silhouette des Schlosses wird durch die Säulenkolonnade mit gedecktem Holzumgang aus dem Jahre 1833 betont. Wesentliche Veränderungen im Empirestil führte hier das Geschlecht Dubský von Třebonice durch. Aus dem zeitgenössischen Mobiliar ragt die Bibliothek der bedeutenden österreichischen Schriftstellerin Maria Ebner von Eschenbach, geborene Dubský von Třebomyslice (1830—1916) hervor, die hier ihre Jugendjahre verbrachte.

ČESKOMORAVSKÁ VRCHOVINA (BÖHMISCH-MÄHRISCHE HÖHE) 199, 206—207 Ein ausgedehntes Bergland, das sich auf Gebietsteilen von Süd- und Ostböhmen sowie Südwest- und Südostmähren ausbreitet, von der Hornosázavská bis zur Jevišovická pahorkatina. Ein Teil der Böhmisch-Mährischen Höhe, die Žďárské vrchy, ist ein mit vielen Wäldern bedecktes Naturschutzgebiet, wo sich Bergwiesen, Waldmoorlager sowie etliche Teiche befinden. Der Teich Velké Dářko mit einer Fläche von 206 ha dient als Erholungsgebiet. Die hügelige Landschaft der Böhmisch-Mährischen Höhe lockt im Frühling sowie im Sommer wegen ihrer Naturschönheiten, im Winter der Skigebiete wegen zur Erholung.

TIŠNOV-PŘEDKLÁŠTEŘÍ 200—201 Porta coeli — die Himmelspforte, ein Zisterzienserinnenkloster, wurde von der böhmischen Königin Konstanz gegründet, die auch dort begraben liegt. Die gotische Klosterkirche, eine dreischiffige Basilika, wurde in den Jahren 1240—1260 erbaut. Das sehenswürdige Portal in der westlichen Stirnwand ist eine Nachbildung der französischen Gotik, mit Pflanzen- und Figurenverzierung.

NÁMĚŠŤ NAD OSLAVOU 202 An Stelle einer ehemals gotischen Burg aus der zweiten Hälfte des 13. Jh. erhebt sich heute ein im Renaissance- und Barockstil umgebautes Schloß aus dem 18. Jh. In den zeitgemäßen Innenräumen ist eine Reihe von Gobelins angebracht. Über den Fluß Oslava unterhalb des Schlosses führt eine Brücke mit 20 Barockstatuen der Heiligen aus den Jahren 1730—1740.

TŘEBÍČ 203 Die Basilika des heiligen Prokopius (ursprünglich Mariä Himmelfahrt) beim Benediktinerkloster entstand in den Jahren 1240—1260. Das spätromanische Bauwerk besitzt bereits Anzeichen des gotischen Stils. Sehenswert sind das achtgliedrige Rippengewölbe sowie die Wandmalereien in der Sakristei aus der zweiten Hälfte des 13. Jh. Nach den vorgehenden Verwüstungen wurde die Kirche nach einem Entwurf von F. M. Kaňka im Stile der barockiesierten Gotik im Jahre 1795 renoviert. (Damals wurde sie auch dem heiligen Prokopius eingeweiht.)

PERNŠTEJN 204—205 Eine monumentale, seit der zweiten Hälfte des 13. Jh. auf einem länglichen Kamm oberhalb des Zusammenflusses von Nedvědička und Svratka gebaute mährische Burg. Im Laufe der Zeit wurde sie ausgebaut, umgebaut, baulich bereichert, vor allem in der Zeit der Spätgotik und Renaissance sowie in der Barockzeit; ihre Befestigung wurde verbessert, sodaß sie auch der schwedischen Belagerung Widerstand leisten konnte. Die im 18. und 19. Jh. renovierten Räume sind mit Musterkollektionen der Einrichtung und der Möbel aus der Zeit der Spätgotik und Renaissance ausgestattet.

TELČ 208—210 Eine der schönsten unter Denkmalschutz stehenden Städte der Tschechischen Republik in Südwestmähren. Die Gemeinde wird zum

erstenmal im Jahre 1207 erwähnt. Ein länglicher Platz in deren Mitte ist von gotischen, Renaissance- und Barockhäusern mit Laubengängen und vielen herrlichen Giebeln umringt. Aus der Häusersubstanz ragen die Kirchentürme und das ursprünglich als gotische Burg erbaute heutige Schloß heraus. Im Schloß sind prachtvolle Renaissancesaaldecken, zeitgemäße Einrichtung, Gemälde und Waffen erhalten geblieben. Die Stadt wurde laut UNESCO-Entscheidung zu einem Denkmal des internationalen Kulturerbes erklärt.

ZNOJMO (ZNAIM) 211 Eine bedeutende unter Denkmalschutz stehende Stadt an der Dyje (Thaya) in Südostmähren. Früher war es Sitz der Přemysliden-Fürsten; aus dem Jahre 1134 stammen die berühmten Wandmalereien in der romanischen Katharinenrotunde, die die böhmischen Herrscher aus der Přemyslidendynastie darstellen. Diese war ein Bestandteil der Znaimer Vorburg, an deren Stelle das heutige Schloß steht. Die Stadt selbst wurde 1226 gegründet. Sie kann sich Architektur rühmen, wie z. B. die St. Nikolauskirche, die Wenzelskapelle, die Kreuzkirche, die Michaels- und Elisabethkirche oder durch den Rathausturm. Große Teile der Stadtmauer sind noch erhalten geblieben.

VRANOV NAD DYJÍ 212 Hoch oberhalb des Flusses auf einem steilen Felsen erhebt sich an der Stelle der ehemaligen gotischen Burg aus dem 13. Jh. ein nach dem Entwurf J. B. Fischers von Erlach in den Jahren 1687—1695 erbautes Schloß. Über dem Abhang plazierte der Architekt den runden, mit Malereien und Statuen reich ausgestatteten Ahnensaal. Die Innenräume des Schlosses sind im klassizistischen Stil eingerichtet.

TALSPERRE VRANOV 213 Ein in den Jahren 1930—1933 zur Regelung und zum Auffangen der Überfluten erbautes Wasserwerk an der Thaya. Unter dem Staudamm befindet sich ein Kraftwerk. Der Staudamm ist 55 m hoch und hält den Strom der Thaya 30 km flußaufwärts auf. Entlang fast des gesamten Stausees befinden sich viele Erholungsheime.

DUB NAD MORAVOU 214 Die barocke Wallfahrtskirche aus den Jahren 1734—1756 stellt eine Baudominante von ganz Haná dar. Die Fronttürme sind mittels einer Galerie von 28 Statuen verbunden, um die ganze Kirche herum gibt es eine Balustrade mit Statuen und steinernen Vasen. Die Türme wurden nach einem Brand (1782), das Gewölbe nach einem Zusammensturz (1854) wiedererbaut.

LEDNICE 215 Neugotisches Schloß aus den Jahren 1846—1856 inmitten eines Landschaftsgartens mit vielen Teichen, durch den die Dyje fließt. Früher befand sich hier eine gotische Feste, später ein Renaissance- und Ende des 17. Jh. ein Barockschloß. Die Inneneinrichtung besteht aus wertvollen Gegenständen des Kunsthandwerks und aus kostbaren Möbeln.

JAROMĚŘICE NAD ROKYTNOU 216 Ein Schloß aus der Zeit des Hochbarocks, erbaut nach dem Entwurf von Jakub Prandtauer in den Jahren 1700—1737 am Ufer der Rokytná; es gehört zu den monumentalsten Schloßbauten der böhmischen Länder der 1. Hälfte des 18. Jh. Die Dominante bildet die Schloßkirche der heiligen Margarethe aus den Jahren 1715—1732 mit einer riesigen Kuppel. Im 18. Jh. wurde Jaroměřice zu einem bedeutenden Zentrum der Theater- und Musikkultur. Im Park befinden sich Barockplastiken mit Darstellungen aus der englischen Mythologie.

VNOROVY 217 Malerische Gemeinde in der mährischen Slowakei, wo die Volkskünstler Ostereier bemalen und Puppen aus Maisblättern basteln.

VOLKSTRACHT AUS RATIŠKOVICE 218 In der zwischen Kyjov und Hodonín gelegenen Gemeinde Ratiškovice tragen Männer sowie Frauen bei festlichen Anlässen eine farbige Tracht die Kyjov-Tracht genannt wird.

VOLKSTRACHT AUS HANÁ 219 Diese Tracht wird in der Umgebung von Náměšť na Hané getragen. Die weibliche Volkstracht gibt es überwiegend in Weiß, mit breiten Ärmeln und wadenhohen Röcken.

VELEHRAD 220—222 Ursprünglich eine 1205 gegründete romanische Basilika Mariä Himmelfahrt beim Zisterzienskloster. Nach einem Brand wurde sie in den Jahren 1686—1735 im Barockstil gründlich umgebaut. Deckensowie Wandmalereien schuf Jan J. Etgens. Die gotische Kapelle Cyrilka aus der Mitte des 13. Jh. wurde dem Stil des Barock angepaßt. Das Votivbildnis der Glaubensapostel Cyril und Method ist ein Kunstwerk des polnischen Malers Jan Matějka (1838—1893) aus dem Jahre 1885.

KROMĚŘÍŽ 223—227 Die Stadt entstand unterhalb der Burg der Olmützer Bischöfe im 13. Jh. Die im 17. Jh. zum Schloß umgebaute Burg wurde im Inneren von namhaften zeitgenössischen Künstlern reich verziert. Von hohem Wert sind die Kunstwerke in der Schloßgalerie. Das Zentrum des Schloßgartens bildet die Pompeius-Kolonnade, der Blumengarten ist im französischen Stil angelegt. Ein auffälliges Bauwerk im Stadtkern bildet die gotische Moritzkirche; hier gibt es auch weitere Sakralbauten, Häuser, Reste der Stadtmauern, das Mühlentor (1585), ein Renaissancerathaus. Die Stadt Kroměříž steht unter Denkmalschutz.

BUCHLOVICE 228 Das Schloß hat die Gestalt einer italienischen Villa und besteht aus zwei selbständigen halbkreisförmigen Gebäuden, deren Stirnseiten gegeneinander stehen. Im sog. Unteren Schloß befinden sich Repräsentationsräume und zeitgemäße Einrichtung, das Obere Schloß war für die Dienerschaft bestimmt zum Teil diente es als Pferdeställe. Der ganze Barockkomplex wurde um das Jahr 1700 erbaut. Im Schloßpark befinden sich Barockstatuen.

ZLÍN 229 Eine moderne Kreisstadt mit vielen Industriebauten und Wohnhäusern. Die Gemeinde entstand im 14. Jh., im historischen Stadtviertel sind ein im Barockstil umgebautes Schloß, eine spätgotische Kirche aus dem Jahre 1845 und ein Rathaus (1586) erhalten geblieben. An dem neuzeitlichen konstruktivistischen Aufbau der Baťa-Werke, der Büro-, Gesellschafts- sowie Geschäftshäuser und Schulen waren viele namhafte einheimische Architekten beteiligt.

HOSTÝN 230 Die barocke, 1721—1748 auf einem hohen Hügel entstandene Wallfahrtskirche, wurde nach einem Brand (1769) wiederaufgebaut, wobei man die Turmspitzen zum Teil andersartig gestaltete. Im 19. Jh. wurde die Kapelle des Seligen Jan Sarkander zum Kloster angebaut. Die Mosaik mit dem Bildnis der heiligen Maria von Hostýn in der Kirchenfront ist aus 250 Tausend kleinen Steinen zusammengesetzt.

OLOMOUC (OLMÜTZ) 231—235 Stadt mit 110 000 Einwohnern, die unter Denkmalschutz steht; kulturelles, wissenschaftliches sowie wirtschaftliches Zentrum der Landwirtschaftsregion Haná. Dem historischen Stadtkern dominiert ein gotisches Rathaus mit hohem Turm und einer Kunstuhr, ferner die prächtige Dreifaltigkeitssäule aus der Barockzeit, die gotische Mauritiuskirche. In der Stadt befinden sich weitere sakrale Bauwerke, eine Reihe von Palästen, gotische, Renaissance- und Barockhäuser, etliche Brunnen. Auf der ehemaligen Burgstätte befindet sich der im 19. Jh. regotisierte Wenzelsdom mit seinen drei Kirchentürmen. Der Palast der Přemysliden ist nationales Kulturdenkmal.

SVATÝ KOPEČEK (HEILIGER BERG) 236—237 Die Kirche Mariä Heimsuchung beim Prämonstratenserkloster ist ein Bauwerk des frühen Barock aus den Jahren 1669—1679, entworfen von C. P. Tencellau. Im Inneren der Wallfahrtskirche befindet sich wertvolle Einrichtung. Nach 1700 wurde die Residenz angebaut. Svatý Kopeček ist die Dominante der Region Haná.

ŠTERNBERK 238—239 Das Uhrenmuseum im Schloß bietet die Geschichte des Uhrenhandwerks von der Vergangenheit bis zur Gegenwart an. In seinen Sammlungen befinden sich sehenswerte technische sowie künstlerische Exponate. Die im 16. Jh. zum Renessainceschloß umgebaute ursprünglich gotische Burg Šternberk erfuhr im Jahre 1886 einen neugotischen Umbau.

JAVOŘÍČSKÉ JESKYNĚ (TROPFSTEINHÖHLEN VON JAVOŘÍČKO) 240—241 Umfangreiche Karsthöhlen im devonischen Kalksteinhügel Špraněk wurden durch den unterirdischen Bach Špraněk ausgehöhlt. Sie wurden 1938 entdeckt und 1952 zugänglich gemacht; bereits der Urmensch kannte sie. Die Höhlen zeichnen sich durch riesige Räumlichkeiten und wunderschöne Tropfsteinbildungen aus. Am wirkungsvollsten ist der Gigantendom — 50 m lang, 14 m breit und 18 m hoch, mit Stalaktiten, Stalagmiten und Stalagnaten von riesigen Ausmaßen.

BOUZOV 242—243 Eine gotische, zum ersten Mal 1317 erwähnte, im 17. Jh. umgebaute Burg wurde 1699 Eigentum des Deutschen Ritterordens. Dieser ließ die verkommene Burg in den Jahren 1896—1901 erneuern und in der Zeit der romantischen Gotik zur Burg des Ordens umbauen. Auch die Interieurs wurden auf romantische Art gestaltet und mit wertvoller Einrichtung sowie Sammlungen ausgestattet.

MLADEČSKÉ JESKYNĚ (HÖHLEN VON MLADEČ) 244—245 Sie befinden sich in der Nähe der mährischen Stadt Litovel in Mladečský kras im devonischen Kalkstein und entstanden durch die Bacherosion im Hügel Třesín. Der Urmensch kannte sie; er lebte in dieser Gegend zu Ende der älteren Steinzeit. Es wurden seine Knochenreste, Feuerstätten und Steinwerkzeuge sowie Reste der ausgestorbenen Tiere gefunden. Am interessantesten ist die Jungfrauhöhle mit zahlreichen Tropfsteingebilden, ferner die Seehöhle mit zwei Seen und der Dom der Toten.

JESENÍKY (GESENKE) 246—247 Ausgedehntes Gebirgsmassiv in Nordmähren und einem Teil Schlesiens. Es gliedert sich in mehrere Gebirgszonen, unter denen Hrubý Jeseník mit dem höchsten Gipfel Praděd (Altvater – 1492 m) am häufigsten besucht wird. Durch das Erholungs- und Touristikzentrum Červenohorské sedlo in Hrubý Jeseník führt eine Bergstraße von Šumperk nach Domašov und der Stadt Jeseník. Auf dem Kamm führt ein Wander- und Skiweg.

KARLOVA STUDÁNKA 248 Heilbad in Hrubý Jeseník, in einem tiefen Tal von Bílá Opava am Fuße von Praděd gelegen, von tiefen Wäldern umringt. Es wurde 1780 gegründet, die meisten Kurhäuser wurden einheitlich und stilecht erbaut. Hier werden Krankheiten der Atemwege geheilt.

BLICK AUF JESENÍK 249 Die Stadt wird 1267 erwähnt; eine Besonderheit ist die zum Renaissanceschloß umgebaute, heute als Museum eingerichtete Wasserburg. Der Kurort Jeseník wurde 1830 vom Bauer Vincenc Priessnitz gegründet. Die Heilkur hat die Naturquellen und das Klima zur Grund-

lage. Es werden Nerven- und Geisteskrankheiten, Krankheiten der Atemwege Stoffwechselstörungen, und Arteriosklerose u. a. geheilt.

JESKYNĚ NA POMEZÍ (HÖHLE „NA POMEZÍ") 250 Die Höhlen in Rychlebské hory, in einer Höhe von 576 m, unweit des Kurortes Dolní Lipová; sie entstanden in einem hochsauberen Kristall-Kalkstein. Die erste bekannte Höhle wurde 1936 entdeckt. Die Höhlen zeichnen sich durch schöne Tropfsteingebilde im Eisdom, Königsdom, in der Schatzkammer und weiteren Räumlichkeiten aus. Es gibt hier interessante Tropfstein- sowie Sintergebilde.

OPAVA (TROPPAU) 251 Das kulturelle Zentrum Schlesiens, zum ersten Mal 1195 erwähnt. Früher war es die Hauptstadt des Fürstentums Opava, und schließlich des tschechischen Schlesiens. Zu den kulturhistorischen Schätzen gehören die Kirche Mariä Himmelfahrt aus dem Jahre 1204, die Minoritenkirche des Heiligen Geistes, die Dominikanerkirche des heiligen Wenzel, des heiligen Johannes des Täufers, die Jesuitenkirche St. Georg, das Gebäude der Landesregierung, das Rathaus mit dem Turm Hláska aus dem Jahre 1618, Blücher- und Sobekpalast, in Kateřinky die Kapelle des Heiligen Kreuzes genannt Schwedische. Bei den Kriegsereignissen 1945 wurde Opava schwer beschädigt, das Stadtzentrum wurde deshalb umgebaut.

FULNEK 252—254 Es wird 1293 als befestigte Stadt unterhalb der Burg erwähnt, die zum Barockschloß umgebaut wurde; Unteres Schloß ist ein Renaissancebau. In den Jahren 1618—1621 war an der hiesigen Schule der Böhmischen Brüdergemeinde Jan Ámos Komenský (Comenius) tätig. Im ehemaligen Bethaus der Brüdergemeinde befindet sich heute die Komenský-Gedenkstätte, ein Nationales Kulturdenkmal. Das Rathaus und dessen Turm aus dem Jahre 1610 wurden 1945 erneuert, die Barocksäule stammt aus der 1. Hälfte des 18. Jh. Zu Ende des 2. Weltkrieges wurde die Stadt schwer beschädigt.

VÍTKOVICKÉ ŽELEZÁRNY (EISENHÜTTENWERKE VÍTKOVICE) 255 Die Eisenhüttenwerke wurden 1828 vom Olmützer Erzbischof Erzherzog Rudolf Jan gegründet. Im betriebseigenen Museum werden die Entstehung, die stürmische Entwicklung der Eisenhüttenwerke, das breite Herstellungsprogramm der AG dargestellt und eine Reihe technologischer Modelle sowie Erzeugnisse ausgestellt.

OSTRAVA 256 Die drittgrößte Stadt der Tschechischen Republik mit 340 000 Einwohnern befindet sich im Steinkohlebecken Ostrava-Karviná. Sie ist eines der wirtschaftlich bedeutendsten Zentren des Landes mit der Kohle-, Hütten-, Stahl-, Maschinenbau- und der chemischen Industrie. Sie entstand durch den Zusammenschluß von ursprünglich 33 selbständigen mährischen und schlesischen Gemeinden. Durch die Kohleförderung, den Aufbau der Eisenhüttenwerke und die Eisenbahnverbindung wurden Bedingungen für die Entstehung der Schwerindustrie von Ostrava gelegt. Zu den historisch bedeutenden Bauwerken der Stadt gehört das alte Rathaus aus dem Jahre 1556, das heute als Museum dient.

TALSPERRE TĚRLICE 257 Talsperre am Fluß Stonávka bei der Gemeinde Horní Těrlicko in der Nähe von Český Těšín.

HELFŠTÝN 258 Die umfangreichste Burgruine Mährens auf einem bewaldeten Hügel am Fluß Bečva in der Mährischen Pforte. Die Burg wurde 1278 gegründet, im 14. Jh erweitert, in der darauffolgenden Zeit wurde ihre Befestigung, vor allem die spätgotische, verstärkt; an der Stelle der Innenburg wurde ein Palast mit Kapelle im späten Renessaincestil aufgebaut. Das Areal ist von prismenförmigen und walzförmigen Türmen sowie von Toren und Schutzbauten umringt. 1656 wurde Helfštýn zerstört, um für den Feind nicht als Stützpunkt zu dienen, seit dem 18. Jh. verfiel es. Ständig verlaufen die Rekonstruktionen.

ERNTE IN DER HANÁ-EBENE 259 Umfangreiches landwirtschaftliches Gebiet in Mittelmähren, berühmt durch hohe Erträge an landwirtschaftlichen Produkten.

BESKIDEN-TALSPERRE ŠANCE 260 Die Talsperre am Fluß Ostravice in den Moravskoslezské Beskydy ist das Trinkwasserreservoir für das Gebiet von Ostrava.

ROŽNOV POD RADHOŠTĚM 261—262 Das Verlockende an der unter dem Hauptkamm von Moravskoslezské Beskydy gelegenen Stadt ist das 1925 errichtete Freilichtmuseum der mährischen Walachei. Das ursprüngliche Museum — die „Holzstadt" — wurde um einen weiteren Teil — das „Walachische Dorf" erweitert, und schließlich kam dazu das sog. „Mühltal". Im Freilichtmuseum sind Dutzende von Objekten aus der Walachei, aus den Regionen von Laško, Těšín und Kopanice konzentriert.

BESKYDY (BESKIDEN) 263—265 Umfangreiches Bergland, ein Bestandteil des Naturschutzgebietes Beskydy mit einer Fläche von 1160 km². Sowohl die steil aufragenden Gipfel als auch Bergwiesen, Bauernhöfe und typische walachische Häuser aus Holz, tiefe Täler, sowie Wasserströme sind für die Landschaft hier charakteristisch. Das Gebirge gliedert sich in drei unterschiedliche Bergmassive — Radhošť, Lysá hora und Klokočov. Radhošť (Radegast) (1129 m) gehört zu den bekanntesten Gipfeln, obwohl er nicht der höchste ist; zu den meist besuchten Orten gehört Pustevny (1018 m).

Czech Republic

THE RIVER VLTAVA AND PRAGUE CASTLE 1 Prague Castle, the symbol of a thousand year old statehood: the place from which both 20th. century presidents, and those that ruled before them — first the princes of the House of Premyslid, and then a line of kings and emperors all held their sway. Many well known, and even anonymous builders contributed to this monumental work. Throughout the ages the river Vltava has mirrored Pragues towns on both its banks — encompassing church spires, domes, the green slopes of the hills around, the gardens, islands and the sky. And its shimmering surface has always taken in the image of the Castle in its entirety.

CHARLES BRIDGE 2, 15—16 The Old Town, on the right bank of the Vltava has, since the time of Charles the 4th., been connected to the left bank (the Lesser Quarter), by Charles Bridge. It was founded in 1357, and its construction is associated with the name of Peter Parléř. The bridge was built to replace the older romanesque Judith's Bridge which had been brought down by a flood. For centuries Charles Bridge played a significant role in Prague's history, being the only crossing point on the river. The bridge is unique for its collection of 30 statues and sculptures, mostly from the Baroque period, standing on the bridge pillars. There are bridge towers at either end of the bridge.

WENCESLAS SQUARE 3, 5 Wenceslas Square traces its origin back to 1348, the time of the foundation of the New Town by Charles the 4th., as a corn and horse market. Where once stood the town gate at the top of the Square there is now the renaissance style National Museum, designed by Josef Schulz, 1885—1890. The Square is bounded on all sides by hotels, banks, department stores, office and apartment buildings. Below the Museum stands the St. Wenceslas monument with the four patrons of the Czech lands, work of Josef Myslbek, 1912—1924.

HOTEL EVROPA 4 Designed by B. Bendelmeyer and A. Dryák, 1903—1904, this Secession style asymetric building on the Square is typical of its time being decorated by plant motifs and the application of various metals and gold.

MUNICIPAL HALL AND POWDER TOWER 6 The representative house of the city of Prague, designed by A. Balšánek and O. Polívka. With its lovely styled interiors it is arguably the most beautiful Secession style bulding in the City. It was built in 1906—1911. And during the Middle Ages, the reign of Václav the 4th. Czech sovereigns had their seat here. Next to the Municipal Hall we can find the Powder Tower, built by M. Rejsek in 1475 and reconstructed in the 19th. century by J. Mocker.

PAŘÍŽSKÁ AVENUE 7 This avenue starts at Svatopluk Čech bridge and leads into Old Town Square. It was built as recently as one hundred years ago and goes through the site of the old Jewish Town with its tiny streets and squares, modernised by asanation in the 19th. and 20th. centuries. In the newly built avenue the houses are, for the most part, of varying styles — new gothic, 19th. century decorative with stucco decoration mosaics, signs and towers.

THE OLD TOWN HALL 8 The south facade of the Town Hall shows perfectly how it has developed throughout the ages. The oldest part being the building next to the square Town Hall Tower, the former Wolfin House. Next to be constructed is Křížův, Mikšův, and the "At the Minute House" with its renaissance style facade of figural grafiti. The former Kříž house boasts a large renaissance style window and the sign "Praga Caput Regni" entitling Prague to be known as the mother of cities.

THE OLD TOWN ASTRONOMICAL CLOCK 9 This remarkable work of art and technology on the south side of the Town Hall Tower was constructed by the clockmaker Mikuláš of Kadaně and the astronomer Jan Šindel around 1410. Reconstruction of the astronomical clock was by M. Hanuš from Růže. The statuettes around the clock are of the baroque period. The astronomical clock is made up of three parts — the moving statues of the Apostles, the so-called "sphere" or dial being the astronomical part of the clock, and the "kalendarium".

THE OLD TOWN SQUARE 10 The Goltz — Kinský palace on the east side of the square is a two storey rococo style building dating from the mid 18th. century and designed by Dienzenhofer. Next to this is the gothic period, "At the Stone Bell" house, now restored to its former beauty. The Týn school building is decorated by Venetian gable. The last building is the "House of the White Unicorn". Rising above this row of houses is the church of Our Lady před Týn with its two distinct towers founded in 1365. The Jan Hus monument was unveiled in 1915.

THE OLD JEWISH CEMETERY 11 The Old Jewish Cemetery is situated close to the Old Jewish Synagogue. The oldest preserved headstone is from 23. 4. 1439., the most recent from 1787. Amongst the thousands of graves there are those of well known personalities — Rabbi Löw Jehuda ben Becalel from 1609, — the creator of the "Golem".

THE OLD — NEW SYNAGOGUE 12 This synagogue from the early gothic period, around 1280, is the oldest and best known building of the Prague Ghetto, it is also one of the rarer architectural monuments of Europe. The brick gables of the building are from the 14th. century. The low extension was for women worshippers. The building is still used for worship today.

THE NATIONAL THEATRE 13 The National Theatre is a representative building in the New Renaissance style to the design of Josef Zítek and Josef Schulz in 1865—1883. The entire theatre was financed by voluntary contributions from the Czech people. The rich exterior, and particularly the interior decoration is all by the best Czech artists of the time, the National Theatre Generation.

VYŠEHRAD 14 This, Prague's second castle, on the cliff above the right bank of the Vltava was founded in the second half of the 10th. century. Its foundation, touched by mythology, is closely linked to the beginnings of Czech history. During the 10th. and 11th. centuries Dinar coins with "Visegrad a Visegrad Civitas" motifs were minted here. The heyday of Vyšehrad was during the reign of Vratislav the 2nd. and Charles the 4th.
Vyšehrad, as it stands today, is mainly St. Peter and Paul's church built in the new gothic style, and the whole area is surrounded by massive baroque brick fortifications.

ST. NICHOLAS CHURCH 17—18 A unique building dominating the Lesser Quarter, the greatest work of Czech Baroque architecture on Malostranské náměstí. The nave, aisles, galleries and vaulted ceiling are the work of K. Dienzenhofer, (1704—1711), the presbytery and the dome by Kilián Ignác Dienzenhofer, (1737—1752), and the slim bell tower by Anselm Luragho, (1753). The interior of the church is richly decorated with paintings, statues and many alters.

BRIDGES ACROSS THE VLTAVA 19 Many bridges cross the Vltava in the historic core of Prague. And looking out from Letná we see first — Mánes Bridge, then the famous Charles Bridge of the 14th. century, further: against the flow of the river are Legion's Bridge, Jirásek's Bridge, Palacký Bridge, and below Vyšehrad is the railway bridge.

ST. VITUS CATHEDRAL 20—21 A monumental gothic church situated in the Prague Castle conglomerate, was begun by Petr Parléř and Mathias of Arras in 1344 and only finished in 1929, and that in the New Gothic style. It is built in place of the former romanesque rotunda of St. Wenceslas, and of the basilica of Prince Spytihněv. In the richly decorated church interior there are the Royal Mausoleum, the gothic tombstones of several Premyslid princes, and the silver tomb of St. John of Nepomuk. The most precious of all the chapels was consecrated in the name of St. Wenceslas patron of the Czech lands. The crown jewels, the cultural treasure of the Czech nation are kept in the Coronation Chamber.

ROYAL SUMMER PALACE (Belveder) 22 Pragues rare renaissance style building founded by king Ferdinand 1st. in 1535, and completed in 1563. The interior of the building was redesigned in 1845—1846. On the arches of the arcades there are the original reliefs depicting the themes of an ancient mythology. The "Singing Fountain" in the royal garden was cast by the bell founder Tomáš Jaroš according to a design by Francesco Terzio.

GOLDEN LANE 23 A picturesque lane in Prague Castle grounds incorporating tiny houses from the renaissance and baroque periods: they were built abutting the castle battlements in the 16th. century. Originally the castle archers lived there, then goldsmiths and finally the poor. That alchemists are supposed to have lived there is only a legend.

ST. GEORGES CHURCH 24 A romansque church dating from the 16th. century reconstructed to its present form after the Castles Great Fire of 1142. The chapel of St. Ludmila was added in the 13th. century. The early baroque front facade comes from around 1680, the corner chapel of St. John of Nepomuk is from the beginning of the 18th. century. The interior of the church retained its romanesque style.

STRAHOV MONASTERY LIBRARY 25 The Baroque Theological Hall, 1671—1679, was built according to the project of Domenico Orsi. The frescoes are by Siard Nosecky, a member of the order of Premonstrates, and were completed in 1727. The name of the hall is in accordance with the collection of books kept there.

LORETTO 26 The front facade, 1720—1722, according to the design of Kilián Ignác Dienzenhofer. In the clock tower there is a well known carillion from 1694 which plays a "Mariánská" tune. The sculptures are by J. B. Kohl, statuette are the work of O. F. Quitainer. Inside the courtyard there is the Santa Casa, constructed in 1626—1631, and also the "Birth of Our Lord" church from 1734—1735. Also well known is the Loretto Treasure with its unique exhibits.

PRAGUE AT NIGHT 27 Multicoloured fireworks cloak Prague with a majestic luminosity aptly fulfilling its epithet "Magical Prague".

LÁNY CHATEAU 28 The chateau is located on the outskirts of Lány park, part of a preserved area of Křivoklátsko. It is the summer residence of the president of the Czech Republic. This former hunting lodge, built in 1600, underwent reconstruction in 1821, and again at the beginning of the 20th. century. The church was built in the 18th. century.

KŘIVOKLÁT CASTLE 29—30 This, one of the most important of Czech castles, was mentioned in written documents as early as 1109. It was built high above the Rakovník river. Today it is a part of the Křivoklát reservation area. This former wooden hunting lodge favoured by the Czech soversign was then rebuilt as a stone castle in the 13th. century, and further reconstructed at the end of the 15th. and start of the 16th. century in a late gothic style. In the church there is a beautiful late gothic alter from the end of the 15th. century by an artist unknown.

KONĚPRUSY CAVES 31 Stalagmitte and stalactite caves in the limestone of Middle Bohemia make for an important archaelogical locality. The caves constitute the largest underground system of Czech Karst. They were made accessible to the public in 1959. There is a remarkable stalagmite and stalactite interior: interesting also are the discoveries of fossilised skeletons.

KARLŠTEJN CASTLE 32—34 The most important of all Czech castles, a national and cultural monument. Founded by Charles the 4th. as the place where the crown jewels were supposed to be kept. This is the reason why the castle is built as a monumental gothic fortress. It was reconstructed in 1887—1889 into what we see today. In the Cross Chapel, located in the dominant tower, there are 127 panels with paintings depicting the armies of Christ, by M. Theodoric from the years 1357—1365, a very rare and valuable collection.

KONOPIŠTĚ CASTLE 35 A gothic castle in the French style incorporating seven towers from the 14th. century, rebuilt several times, and in the 18th. century was converted into a chateau. It gained todays look during reconstruction in the romantic style in 1889—1894. The large cylindrical tower, dating from the Middle Ages still dominates the chateau. The interiors are richly decorated with many rare collections such as those of weaponry and game trophies.

PRŮHONICE CASTLE 36 Průhonice castle was built in the 16th. century in renaissance style to replace the roman gothic stronghold. It gained todays look, of a new renaissance style, only in 1892—1898. The church of St. Mary, in the vicinity of the chateau was built in 1187 in the romanesque style. The park surrounding the chateau is of 200 hectares and was laid down in 1885. It is an arboretum, and as such is one of the few in the Czech Republic.

CZECH ŠTERNBERK CASTLE 37—38 This castle was built in 1240, high above the Sázava river. It was reconstructed at the end of the 15th., and beginning of the 16th. century and further during the baroque period. The interior boasts some rich stucco decorations and hold some rare collections.

PŘÍBRAM — THE HOLY MOUNTAIN CHURCH 39—41 This church dominates the surrounding countryside. It was built on a 586 m. high hill in 1658—1709, and later cloisters, gates, and chapels were added. Next to the church there is a former baroque Jesuit residence. The interior of the church is unusually richly decorated. There is a gothic statuette of the Madonna and Child with golden crowns, located in the silver cabinet of the silver alter.

ŠEVČÍN MINE 40 A former mine in the Příbram — Březové mountains, is now a mining museum. The exhibits present us with a picture history of mining, its technique and the life of the miner. The unique mineralogical and geological collections date mostly from the 19th. century.

BŘEZNICE CASTLE 42 A renaissance style castle with a prism shaped tower, superficially built in 1745—1765, but underneath is a gothic structure. Its interiors house an array of period furniture. The valuable library dates from 1558. The castle is set in an English park.

DOBŘÍŠ CASTLE 43 The rococo style castle built according to the French design in 1745—1765, is now used for cultural purposes. It is surrounded by a French park with terraces culminating in an orangery, behind which there is in turn also an English park. The castle and its gardens are decorated with Ignác Frant. Platzer sculptures.

THE COUNTRYSIDE AROUND BRDY 44 Valley near Hluboš village in the forested area of Brdy looking towards Třemošná Hill.

STARÝ ROŽMITÁL CHURCH 45 In the church of the Holy Cross Jakub Jan Ryba, the composer of the famous Czech Christmas Mass is reputed to have played the organ. Old Rožmitál is the oldest part of the town Rožmitál pod Třemšínem.

PLANÁ 46 A village situated in the hills of Březnice, adjacent to the tourist track running from Petrovice to Solenice on the way to the Orlík dam.

SLIVICE 47 A traditional nativity scene displayed at Christmas in the local church of St. Peter, built in the first half of the 14th. century.

HVOŽĎANY 48 The church was founded in the first half of the 14th. century, it is a one-aisled building with an interestingly designed presbytry. The church interiors are from the 17. and 18th. centuries.

SEDLČANY DAM 49 The hilly forested countryside around Březnice in Middle Bohemia is dominated by Vysoký Chlumec Castle. It was first mentioned in 1382 but totally rebuilt in 1643—1654.

ŠTĚCHOVICE DAM LAKE 50 Situated in romantic countryside, this dam on the river Vltava, south of Prague, was built in 1939—1945. The height of the dam is 25 m. and holds 11.2 million cubic metres of water, creating an artificial lake 9 km. in length. A power station in the dam pumps lake water from the reservoir on Homole Hill 160 m. above the dam.

SLAPY DAM 51—52. Another dam on the river Vltava, built in 1951—1954. It is 65 m. high, the lake is 44 km. long and holds 296 million cubic metres of water. In the foundations of the dam there is also a power station. Both lake shores are used for recreation. There is also a passenger ship facility during the season.

ORLÍK DAM 53, 57 The third dam, situated southwest from Slapy dam was built in 1954—1962. The dam, 91 m. high, equiped with a power station holds 717 million cubic m. of Vltava water. This large artificial lake changed the face of the countryside. The whole area is used for recreation and water sports.

ZVÍKOV 54—55 The king of Czech castles built in the first half of the 13th. century high on the cliff above the confluence of the Vltava and Otava rivers. Today the water level is exceptionally high because of the Orlík dam. The characteristic for the castle is its tower, cylindrical in shape. The most important part of the castle is the royal palace with its chapel together with the oldest part — the tower. The walls of the chapel are covered in frescoes from the 15th. century with religious themes predominant. The relief on the main alter is a work by an unknown Master from the beginning of the 16th. century.

ORLÍK CASTLE 56, 58 Years ago this castle resembled an eagles nest, perched high above the deep Vltava valley. After construction of the Orlík dam it is now bounded by water from three quarters. Originally built in Gothic style later rebuilding gave it a more romantic look. The castle is surrounded by a natural countryside style park which was laid down post 1802.

TÁBOR 59—61 The town of Tábor was founded by Hussites in 1420 on the site of an older settlement. The historic centre, Žižka Square, is dominated by the gothic Townhall, finished in 1521 and later rebuilt, and also a church on Tábor hill from the second half of the 15th. century. Some of the gothic houses in the Square have renaissance style gables, eg: Ctibor House. Žižkas monument is by Josef Strachovský. The historic centre of Tábor is now a preservation area.

VLASTIBOŘ 62 A south Bohemian village situated on the Soběslav moors is now a collection of National architecture from the second half of the 19th. century. The farmhouses and settlements have, for the most part, their front facade richly decorated in stucco ornamentation.

VELKÝ TISÝ 63—64 The area of the pond is 317 hectares. It was finished by Netolický in 1505, and later enlarged by Jakub Krčín from Jelčany. Together with Malý Tisý and the other ponds around it makes for a large preservation area. The fish harvest every autumn is an event not to be missed.

BOATING ON THE LUŽNICE RIVER 65—67 The whole run of Lužnice through lovely contryside still has not lost any of its romantic charm. Lužnice is one of the most sought after of Czech rivers.

TŘEBOŇ 68—73 A South Bohemian town on the Lužnice river, in pond filled, formerly boggy countryside, dating back to the 13th. century. The heyday of Třeboň was during the reign of the Rožmberk's and Švarcenberk's. On the medieval ground plan of the town stand houses from the gothic and renaissance periods, the Townhall, St. Jiljí church, the former stronghold chateau, the greater part of the fortifications with their town gates. The important art works came into being here in Třeboň eg: the gothic statue of Madonna and child in 1400, and the paintings by Master of Třeboň pre 1380. Třeboň is a recreation area and a town for taking the waters in.

JINDŘICHŮV HRADEC 74 In the forefront of all the historic monuments of the town, pride of place must go to the chateau of the same name. It was built next to the Nežárka river in the 13th. century as a romanesque castle. From this period there is an old Palace with the Chapel and the massive cylindrical tower still preserved. It became a renaissance style residence during the 15th and 16th. cent. The new Adam the 2nd. building, Large and Small Arcades were all added at that time. The walls of many of the rooms are decorated by frescoes from the gothic and renaissance periods.

PLÁSTOVICE 75 A village on Zbudov Moor is one with the most well preserved collection of farm settlements from the 19th. century with a characteristic stucco decoration on the front facade. The Smithy is an interesting purpose made building.

ROŽMBERK 76—77 The largest pond in the Czech Republic. The flooded area of the pond is 489 hectares. It was built on the Lužnice river in 1584—1589 by the pondbuilder Jakub Jelčany on the order of Vilém from Rožmberk. The "event of the catch" is usually well attended and enjoyed.

ČESKÉ BUDĚJOVICE 78—80 The town was founded around 1265 by king Otakar the 2nd., at the confluence of Vltava and Malše rivers. In the centre of the town of Žižka Square with its Samson Fountain, baroque townhall, gothic, renaissance and baroque houses, there is the tall Black Tower from 1549—1578 which dominates the town. Next to the Black Tower is St. Nicholas Cathedral originally built in the gothic style, later in 1686—1688 it was reconstructed.

HLUBOKÁ NAD VLTAVOU 81—83 A monumental romantic chateau built high above the river Vltava in new gothic Windsor style in 1841—1871. The former gothic royal castle from the 13th. century was rebuilt in the 16th. century in the renaissance style and then in the 18th. century into a baroque chateau. The interiors are richly furnished with tapestries, paintings, woodcarvings, cassette ceilings and antique weaponry.

MUNICKÝ LAKE 84 Was founded near Hluboká nad Vltavou in 1494 and its area measures 118 hectares. On the south of the lake there is the baroque style chateau.

THE ADORATION 85 The panel painting by Master of Třeboň around 1380 can be found in Aleš Gallery in Hluboká Chateau. This unnamed artist belongs to that group of most important masters of Czech gothic culture of the 14th. century.

THE RUDOLFOV MADONNA 86 The gothic statuette of Madonna and child comes from an around 1320 work by an unknown master. It belongs to the collection of the South Bohemian Aleš gallery in Hluboká Chateau.

OHRADA CHATEAU 87 A baroque style chateau from 1708—1718 located near the Munický pond, and once a hunting lodge The Big Hall is enhanced by a lovely ceiling frescoe from 1715. The interiors of the chateau boast museum collections of agricultural and fishing implements.

KLEŤ 88—89 The highest point, 1083 m., of the mountain zone of Blansko Forest. On the top of the mountain there is a stone observatory dating from 1825, a tourist chalet, a relay station, and look out tower. The view goes deep into the Czech interior, to Šumava, and at times of good visibility even as far as the Alps.

AUTUMN IN SRNÍ 90 Autumnal atmosphere of the forested slopes around the village Srní — a recreation area 845 m. above sea level in the Šumava mountain zone.

ČESKÝ KRUMLOV 91—93 One of the most important of the town preservation areas of the Czech Republic which was included by UNESCO into the worlds cultural monuments. The gothic castle from the 13th. century was reconstructed into a chateau dominated by a massive cylindrical tower. The interiors are furnished by unusual tapestries and rare period furniture. Also interesting is the fancy dress hall with frescoes by J. Lederer from 1748. There is also a theatre still with its authentic furniture and equipment, also a coin mint. The town is replete with gothic and renaissance style building, there is a renaissance Townhall, convents, monasteries, churches, an armoury and fortifications. The town is dominated by St. Vitus Church, an important example of Czech gothic.

ROŽMBERK CASTLE 94—95 This castle, above the river Vltava was built pre 1250. Of this High Castle only the cylindrical Jakobínka Tower is preserved. The Low Castle, built post 1330, and thence rebuilt in renaissance, and in part, in gothic style. The castle interiors are furnished in period furniture, paintings, and various artifacts. Housed here also, is a collection of historic weaponry. In many rooms there are cassette ceilings. The romantic Crusader Gallery in new gothic style is decorated by fictitious depictions of the crusades.

VYŠŠÍ BROD ABBEY 96—98 The Cistercian Abbey, founded in 1259, is made up of a complex of buildings which were furnished as late as the end of the 14th. century. The church was founded in 1281. The round window is from the 14 th. century, the vaulted hall from the 15th. century. The refectory and dormitory are from 1385. The Abbey library houses rare books, documents and first editions. The Gallery holds many artworks: mostly Dutch paintings of the 17th. and 18th. centuries.

LIPNO DAM LAKE 99, 101 This 40 km. long reservoir was the result of building a dam on the Vltava and of flooding the valley alongside it. The dam is 22 m. high and incorporates an underground power station. The lake itself is ideal for recreation, fishing and all sorts of water sports. Many recreation areas are accessible by water transport during the season.

SLALOM BELOW LIPNO 100 The rapids below Lipno dam, sometimes used for water sports.

ŠUMAVA 102—104 The mountain area of some 125 km. along the southwest border of the Czech Republic, Austria and Germany. It is mostly covered with forests. The highest point is Plechý mountain measuring 1378 m. A characteristic of the Šumava are its uplands with swamp areas. The mountains are a natural reservoir of underground water. The river Vltava has its source here.

BOUBÍN 105—107 The Boubín virgin forest, 1362 m. above sea leve. The whole south slope of Boubín is a mid european Primeval Forest Reservation. It was founded in 1858 in an area of 666,41 hectares. The Kaplice Brook flows through this reservation area.

LENORA VILLAGE 108 A village in the Šumava mountains, situated on the confluence of Vltava and Řásnice rivers. An area well known for its glassworks. The covered wooden bridge across the river is from the 19th. century, and is preserved as a technical monument.

ČERNÉ JEZERO 109 The largest natural lake in Šumava is of glacial origin. It is situated amongst forests on the slope of Jezerní mountain, 1008 m. above sea level. The area of the lake is 1847 hectares, its depth 39.8 m.

THE DEVILS LAKE 110 The lake is situated 1030 m. high on the south slope of Jezerní mountain. It is of glacial origin its area is 10.3 hectares and depth 36.5 m. and it is a natural reservation.

THE WHITE CHASM 111 In a romantic canyon type of valley near the Black Lake rapids and waterfalls on the White River which pours through this valley. The whole 79 hectares is a natural reservation to pereserve a rare scenery.

THE VYDRA RIVER AT ANTÝGL 112 The wild Vydra river of the Šumava is formed by the confluence of the Modravský and Roklanský rivers. Vydra forms many rapids and whirlpools among the large boulders of the river bed. It flows through Antýgl and after the confluence with Křemelná river at Čeňkova Pila it becomes the river Otava.

RÁBÍ 113 Ruins of a large 14th. century castle. Besieged twice by the Hussites. At the second attempt in 1421, Žižka was famously wounded in the eye. At the end of the 15th. century the castle was enlarged and newly fortificated. According to the decree of King Ferdinand the 2nd. the castle was never to be repaired and thus in the 18th. cent. it was in a desolate state. The town below the castle was built in 1499.

THE OTAVA VALLEY 114 The source of the Otava river is at the confluence of the rivers Vydra and Křemelná in the Šumava mountains. It flows through the deep wooded valleys of the Šumava slopes, through the towns of Strakonice and Písek, and below Zvíkov Castle into the river Vltava.

CHEB 115 An old historic town with many architectural rarities. In King George Square are houses of several architectural styles: the baroque Town House, the Špalíček complex and Pachelbls House, where Albrecht of Valdstein lived in 1634. There are several churches deserving of mention, eg: St. Nicolas and Alžběta church. There is also a castle, formally of a romanesque style, later rebuilt into the gothic and finally changed into a baroque fort. The most important castle building is the Black Tower.

KLATOVY 116 The town of Klatovy was founded by Přemysl Otakar the 2nd. in the 13th. century. The church of the Virgin Mary, in its historic centre, was founded in 1410. The Ludmila, St. Alois and St. George stained glass window was installed in the 19th. and 20th. century.
The White Tower close to the church, originally a bell tower of renaissance period was, later in the 18th. century rebuilt in the Baroque style.

THE MADONNA OF PLZEŇ 117 This multicoloured statue of a gothic Madonna with child in St. Bartholomews Chruch dates from around 1395. The statue is made of stone and is 125 m. high.

FRANTIŠKOVY LÁZNĚ 118—119 West Bohemian Baths near the town of Cheb. These are known to be beneficial in the treatment of gynacological, circulation, and metabolic disorders. The mineral waters are used in the prescribed treatments — mainly of the Glauber spring and mineral mud baths. The baths were founded in 1793. This bath town has a regular layout with mostly Classicist style buildings.

SOOS NATURAL RESERVATION 120 Northeast of František Bath there are extensive peat bogs and mineral mud pools. These mud pools, on an area of 221 hectares, are in fact hot water mineral springs. They represent post-volcanic activity in this part of the Czech lands. Peat loving plants grow in these marshes.

JESENICE DAM LAKE 121 This dam on Odrava river near Cheb was completed in 1960. It regulates the flow of the Ohře river to the power station in Tisová. It is used for recreation.

MARIÁNSKÉ LÁZNĚ 122—125 A well known west Bohemian bath town, situated in the area of Slavkov forest 567—779 m. above sea level. It was founded in 1805, but the healing properties of the cold mineral springs were known as early as the 16th. century. They are used in the treatment of skin, joint, metabolic, breathing and kidney disorders. The building of colonnades, hotels and sanatoriums took place mainly in the 19th. century.

KARLOVY VARY 126—132 The largest and most well-known, world renowned of Czech spas: lying beneath the Krušné mountains and Slavkovský forest on the confluence of the rivers Teplá and Ohře at a height of 376 m. The Hot Spring Vřídlo together with the statue of a chamois on the cliff beneath Jelen's Leap have become the symbols of Karlovy Vary, the healing 72 degree centigrade waters having begun their journey 300 m. below the surface of the earth before spuming some 15 m. into the air. These healing spring waters serve as a cure-all for the treatment of metabolic disorders, gout, obesity and problems of the digestive tract. In this narrow spa valley of Teplé the following sites excel: the Baroque Chateau, the Mlýnská Kolonáda, the church of St. Mary, the Thermal Sanatorium, the Imperial, the Grandhotel Pupp and the look-out tower of Diana Friendshiphill.

KRUŠNÉ MOUNAINS 133 Appearing like a solid mountain fortress on the north-western borders of the Czech Republic with Germany these highlands range from Plesná (598 m.) to Tisá (571 m.). They slope steeply down to the Podkrušnohorský fault line from whence flow the rivers Ohře and Bílina. In time gone by they had a great reputation as providers of multicoloured metals and silver which could be found right up to the very summit, where there grow pines, dwarf pines encompassing peat bogs and marshland, and forests of birch. In the winter the Krušné mountains are sought after as very good quality ski-terrain.

KLÍNOVEC 134 The highest point of the Krušné range, (1244 m.), being linked to the town of Jáchymov by chairlift. Apart from the look-out point, at this very peak, there is also the relay station and a mountain hotel. Those interested in winter sports will find a variety of ski slopes and lifts, and for those inclined to cross-country ski-ing, there is the challenge the marked route offers following the ridge of the mountain.

JEŠTĚD 135 Reaching a height of 1012 m. from the ridge "Ještěd", above the town of Liberec, to which there is both road and cable car link. At the peak of this mountain there is a unique television tower combined with hotel and restaurant. And from this point the view encompasses all the surrounding border regions. Skiing conditions are offered at Centre Pláně pod Ještědem, including slopes, lifts and ski jumps: in the summer the area is excellent for hikes into the surrounding highland countryside.

ČESKÉ STŘEDOHOŘÍ 136 Situated northwest of the Velké Žernoseky, a canyon like valley of the river Labe in "České středohoří" known as "Česká brána" (Porta Bohemica), of 4 km length bound by the peaks Dobrý (311 m.) and Stražiště (362). "České Středohoří," a basalt and clinkstone range, is characterised by a wide variety of colls and rock formations of volcanic origin.

KOKOŘÍN 137 A Gothic castle dating from the first half of the 14th. century, built on a sandy outcrop in a wooded area above the waterfall valley of Pšovka. In the years 1911—1918 it underwent romantic reconstruction work having been neglected since the 17th. century. Its dominant points are its high sheet metal tower with conical dome, and the castle palace. The surrounding forested countryside with its bizarre sandstone formations is part of the Kokořínsko conservation area.

MĚLNÍK 138 A town with a thousand year heritage on the confluence of the rivers Vltava and Labe. Mělník can be traced back as far as the 10th. century where coins bear its name. Charles 4th. is responsible for the promotion of the towns famed vineyards as early as the 14th. century. The Gothic chateau situated on a plateau above the river, several times renovated, and later to become a castle, has a tower whose height dominates the town.

ŘÍP MOUNTAIN 139 Rising from a barren treeless plain near the Labe town of Roudnice this basalt bell shaped mound rises to a height of 465 m. On its summit stands the roman rotunda of St. Jiří, dating from the first half of the 11th. century. According to Czech mythology the forefather of the Czechs "Praotec Čech" founded his tribe here on this mount. In 1962 the mountain with its rotunda was proclaimed a cultural and national monument.

HEJNICE 140 The cupola of the pilgrimage castle of our blessed St. Mary was built in 1722—1725 as a unique form with cross beams fronted by convex-concave shaped twin towers. A frescoe by Ondřej Groll from 1906 can also be found in this cupola.

FRÝDLANT 141—142 A north-czech castle of gothic origin rising high above the town of Middle-Age origin. The castle is dominated by a solid sheet metal tower known as Indica. The castle was extended in the 16th. century to incorporate the renaissance style, and later a renovated Castellan wing was added. The house contents are extremely valuable. The summer months see performing groups in period costume acting out fencing dramas.

ČESKÁ KAMENICE 143 A town on the river Kamenice on the borders of the conservation area of "Labské pískovce." The town has its origins in the

13th. century below the castle of Kamenice whose remains, in turn, are preserved on the castle mound. The castle, a mix of renaissance and baroque styles, is still today put to good use. The gothic, 14th. century church of St. Jakub, the Baroque chapel of St. Mary (1736—1739) together with the renaissance town-hall make for the most outstanding features of this town's architectural treasures.

SYCHROV 144 The chateau came into being in 1847—1862 following the reconstruction of an older romantic-gothic style 17th. century building. The two towers of Rohanská and Bretonská dominate the scene. The interior of the Rohan tower is noted for its wealth of artifacts, the most valued of which is the French Portrait collection. The parkland with its domestic and imported stands of timber has an area of 26 hectares.

HUMPRECHT 145 From the forested basalt heights above the town of Sobotka in the Český ráj region, a castle built in 1666—1668 on an oval stretch of land looks down. After the fire of 1678 the building was raised to its present day height. The castle is named after Humprecht Černín of Chudenice.

BOSKOVSKÁ DOLOMITE CAVE 146 An eastern Czech stalactite and stalagmite cave discovered in 1847 during quarrying for lime, and made accessible to the public in 1969. The caves not only have dramatic stalactite and stalagmite formations but boast too a lake of 30 m. by 12 m. area.

HRUBOSKALSKO 147 A panoramic view over a spreading town of rock boasting a large number of sandstone towers, walls, needles and other bizzare formations. Between Hrubá Skála and Sedmihorky the whole area is nature conservancy land, part of the Český ráj. The town of rock is one of four that make up the Dračí skály: the other three being Kapelník, Maják and Údolíčko. Together they make for ideal rock climbing.

KOST 148 An imposing gothic fortress on the edge of the Český ráj established post 1371. The castle leads one to the angular five floor high White Tower (Bílá věž). At the end of the 15th., century Kost was extended by the addition of the Šelmberský Palace, and circa 1545, by the renaissance palace of Bibrštejn. Inside this, one of the Czech Republic most well cared-for castles, can be found artistic works and paintings of the post gothic period.

HRUBÁ SKÁLA 149 Around about the second half of the 14th century, among sandstone cliffs in the very heart of the Český ráj forests stood a gothic castle. Today it is used as a recreational facility by members of various Trade Unions after having been, in turn, reconstructed in the renaissance, then baroque, and finally new-baroque styles, with the later addition of a new high tower.

PRACHOVSKÉ SKÁLY 150 A limestone "rock town" in Český ráj near the town of Jičín in an area of 187 hectares. It is situated amongst pine and mixed forest and offers a number of observation points looking out over a variety of rock formations. The easy access to the area together with well signed posted paths ensure a large number of visitors enjoying the limestone rocks, walls, blocks and towers.

TROSKY CASTLE RUINS 151 The symbol of Český ráj is the ruin of this former Trosky Castle, now in ruins, which was built on two high peaks of volcanic origin. The Tower buildings on Baba and Panna rocks, built in the 14th. century, represent a rare technical feat for the time. The castle fell into disrepair in the 17th. century, its ruins now being under conservation order.

PŘEROV NAD LABEM 152 Into this natural museum of national buildings were brought many old farmhouses, barns, drying sheds, granaries, dovecotes and also farm implements from the area along the river Labe in Mid Bohemia. The houses are furnished with original furniture, there are even things of day to day living, clothes etc., old farm implements, the gardens are full of trees, bushes flowers and vegetables, all of which used to be grown in these country households.

VESELÝ KOPEC 153 This mountain village of the Vysočina with some very well preserved buildings was made into a museum where are preserved objects of national architecture and technical implements from the 17th. and 18th. cents.

THE KLADRUBY FESTIVAL 154—155 This stud farm in Kladruby dates back to 1579. From 1770 the stud farm has been continuously worked. Regular large numbers of spectators attend the Kladruby horse shows.

KUTNÁ HORA 156, 158 In the Middle Ages Kutná Hora was a rich Royal Town, today it is still an economically important centre and the town is a reservation. The town came into being in the 13th. century due to the silver discovered there. There was a mint here, and the Czech sovereigns often sojourned in the town. There is an entire collecion of preserved buildings in the centre of the town: Vlašský Dvůr where the coins were minted, St. Barboras Church, the gothic St. Jakub Church, Hrádek, the Church of the Virgin Mary, the late gothic stone fountain and many town houses from the gothic period up to the 19th. century.

LIPNICE 157 This massive gothic castle was first mentioned in 1516. The later renovations in the 16th. and 17th. centuries surpassed the characteristic signs of castle architecture of the 14th. century. The Old Gothic and New Gothic Palaces were "baraquoised" in 1683. The Samson Tower was built in 1537. In the castle chapel are frescoes preserved from the mid 14th. century. In 1869 the castle was damaged by fire and fell into disrepair. Some parts of it were later restored.

LITOMYŠL 159 A monumental chateau in the renaissance style whose construction was begun in 1568 by the Lords of Pernštejn. The town below the chateau is also a conservation area. In the chateau, the Clacissist theatre of 1797 has been preserved with its original decorations. The interiors are used for expositions of the Museum of Czech Music. Bedřich Smetana was born in the chateau brewery in 1824.

SEČ DAM 160 This reservoir on the Chrudimka river was built in 1925—1935 and is used to regulate water flow for the generation of electricity. The flooded area measure 192 hectares and is one of the largest in the region. It is situated in a wooded area and is the most sought after place for recreation in the Železné mountains.

LUŽE 161 A monumental baroque church of the Virgin Mary built on Chlumek Hill between the years 1690—1695. The interior of the church has very valuable decoration. The early baroque Jesuit residence near the church dates from 1678 to 1682.

DOUDLEBY 162 A renaissance style chateau in the village situated at the confluence of Divoká Orlice and Zdobnice rivers in East Bohemia. The chateaus grafitta decorated facade is from the end of the 16th. century. Part of the chateau was reconstructed in the baroque style. The rooms are stucco and fresco decorated with period furniture too, paintings and an exposition of Czech and world lace. Around the chateau there is natural parkland.

HRADEC KRÁLOVÉ 163 This East Bohemian town of a hundred thousand residents situated on the confluence of the Labe and Orlice rivers. In its historic centre on Žižka Square there is a brick gothic cathedral of St. Spirit. It was founded in 1337, the tall White Tower being built in 1594 to 1589. The early baroque church of Mary with its Jesuit college was built in 1655, the baroque Bishops Residence in 1709—1716, the renaissance Town Hall from 1850—1851, and a Marian Groupsculpture from 1714—1716.

HRÁDEK NEAR NECHANICE 164 The chateau. A chateau situated on Lubenský hill built in English Tudor gothic style in 1839—1854. In the centre of the chateau there is a prismatoid tower with battlements and defense towers for the archers. The furniture, portraits, porcelain, clocks and weaponry are from almost the whole of Europe. The chateau is set in natural parkland in an area of almost 30 hectares.

RYCHNOV UPON KNĚŽNA 165 The castle. A baroque style chateau with extensive facade from 1676—1690, extended around 1720 with the aid of Jan Santini. Behind the chateau is Trojice church from around 1600 with the front facade by Santini. In the chateau reception rooms is Kolowrats collection of paintings with works from the 15th. to the 19th. centuries, there are also tapestries, statues, antique furniture, porcelain and pewter collections.

THE KUKS ENVIRONS 166 Showing the type of countryside at Bělohradská hills characteristic of the places where the builder F. A. Špork left his mark in the 17th and 18th cent.

NOVÉ MĚSTO UPON METUJE 167 This town came into being in 1501 as one of the more recent of czech towns, built as a fortified settlement high above the Metuje river. Around the rectangular square in the centre of the town there are: renaissance style houses — some of them with baroque style facades, the late gothic church of Trojice, 1513—1523, and a chateau, rebuilt ir early baroque, and again in 1901—1911 in modern style. The interiors are furnished and decorated by Czech artists. Nové Město is an urban reservation area.

KUKS 168—169 In the years 1695—1724, at the local mineral spring site, Kuks sported a baths, theatre, racecourse and a chateau. None of these remain today, and only the baroque hospital, the church Trojice, and outside on its terraces the gallery of sculptures picturing "Virtues and Vices" by M. B. Braun. Not far from here, in the New Forest of Žireč, so called "Bethlehem", Brauns school sculpted interesting baroque reliefs and statues.

LANDSCAPE AT SEMILY 170 Forests, pastures and fields between the Krkonoše mountains and the Kozákov ridge of Eastern Bohemia.

KRKONOŠE MOUNTAINS 171—172 A typical winter scene of the highest Czech mountains with their deep snow cover. The mountains offer both ideal ski terrain and myriad mountain views just waiting to be photographed.

THE LABE DAM 173 The reservoir on the river Labe 2 km. southwest of Špindlerův Mlýn. The rapids formed at the base of the dam when water is released from the reservoir being used for slalom contests.

MUMLAVA WATERFALL 174 Of 10m. height, taking up the entire width of the Mumlava riverbed and situated near the mountain town of Harrachov in the Krkonoše National Park.

STUDNIČNÍ HORA AND THE LUČNÍ CHALET 175 The second highest mountain in the Krkonoše range having a 1554 m. high plateau. Towards the north it slopes down to the White Pasture and Upa Peatlands, in the south and east its rocky sides fall into Obří and Modrý vale. Luční Chalet, standing on Luční pasture, is the largest mountain hotel in the Czech Republic.

SNĚŽKA 176—177 The highest point, 1602 m. in the 30 km. long mountain ridge of the Krkonoše mountains ranging from west to east along the border with Poland. The state border divides Sněžka peak, separating the Polish buildings from the czech tourist hotel and the Pec pod Sněžkou cable chair lift. The south side of Sněžka tumbles into Obří důl — a vale made by icebergs in the Quaternary period. The Krkonoše mountains are a National Park.

BRNO 178—183 The second largest city of the Czech Republic with 350,000 inhabitants. It is the historic capital of Moravia, known for its industrial potential, trade and cultural significance. The city is dominated by a formerly gothic style castle, later changed into a baroque fortress. Then there is Petrov, with the slim towers of the romanesque style St. Peter and Paul church. From its 13th. century origins as a trade centre Brno became a town which obtained a prominent place in politics and the economy. There are many architectural and cultural monuments here eg: the old Town Hall with its characteristic tower, the former region house — today a new Town Hall, the Ditrichstein palace amongst others, the churches of St. Thomas, St. Jakub, St. Michael, the Abbey church in old Brno and more. There are also modern buildings — the Tugendhat, the buildings and pavilions of Expo Brno etc. The historic centre of Brno is a conservation area.

BRNO DAM 184 The dam on the Svratka river near the Bystrc Quarter. Behind the 34 m. high dam wall the reservoir holds 21 million cubic metres of water. The lake is 9 km. long and 800 m. wide. The lake became Brnos main recreation area and during the summer season a ferry plies its trade along these waters.

VYŠKOV 185 Mentioned as a settlement for the first time in 1131, and then in the 13th. century, it graduated into town status which, for hundreds of years, belonged to the bishopric of Olomouc. The renaissance style Town Hall and a baroque style monument commerating the plague of 1719, are in the town square in the centre of the town.

SLAVKOV NEAR BRNO 186—187 The stone Slavkov memorial was built on Pracký Hill, 325 m., in 1909—1912 to commerate the bloody battle of "The Three Emperors", 2. 12. 1805, at Slavkov, ending with victory for the armies of Napoleon the 1st. The memorial was built to the project of architect Josef Fanta. Slavkov Chateau was built around 1700 in baroque style and extended in the mid 18th. century. There is valuable furnishing of the interiors. The chateau is set in reconstructed parkland of the Baroque style.

THE MADONNA OF TUŘANY 188 On the alter of the church of "p. Marie" can be found this wooden statue of a crowned Madonna and child. The church was rebuilt in Baroque style in the 18th. century. Tuřany is a part of Brno.

VRANOV NEAR BRNO 189 A baroque style one-naved "Church of the Birth of St. Mary." Having four-sided towers, built in 1622—1624, and then rebuilt in the second half of the 17th. century. The large ceiling fresco is by J. Etgens 1738.

MACOCHA ABYSS 190 At 138.5 m. it is the deepest gorge in the Czech Republic. Formed by the collapse of the ceiling of a large cave in the Moravin Karst. It is possible to look down into the gorge from the High Bridge at the tourist hotel, and from the Low Bridge situated in the rock wall 90 m. above the floor of the gorge. The floor, with its two little pools, fed by the Punkva is accesible from the Punkva caves.

THE PUNKVA CAVES 191 This is a complex of caves in the northern part of the Moravian Karst and is accesible from the Pustý žleb Karst canyon. The caves were opened to the public in 1914. They are known by their spacious rooms with stalactite and stalagmite decoration. The Macocha domes are accessible only from the gorge along the Punkva river.

MORAVIAN KARST 192—194 An 100 km. square area of Devon limestone northeast of Brno. In the thickly forested countryside there are many Karst features such as canyons, caves, box-canyons and underground rivers — the best known of which is the Punkva. In the northern part of the Moravian Karst there is a huge complex of Sloup-Šošuvka caves.
In the lower section of Suchý žleb a Kateřina cave is accessible, and at the Ostrov near Macocha the Balcarka cave is accessible.

KŘTINY 195—196 A beautiful pilgrimage church built in the baroque style with a massive dome and fronted by a four sided tower. It was built in 1728—1750 to the design of J. Santini. The ceiling fresco is by J. Etgens. The statue of Madonna and child on the main alter is from the 15th. century.

RÁJEC UPON SVITAVA 197 A 1762—1769 castle in the style of Louis 15th., situated on the slope above the village of Rájec-Jestřebí, and built to a ground plan in the shape of the letter "U". The interior mainly consists of luxurious baroque period rooms and halls: there being a library and picture gallery. The chateau is set in parkland.

LYSICE 198 The castle. A water fortified settlement from the end of the 15th. century, having undergone many changes including even the peak of baroque in 1705—1738, before it gained the look of today. The chateau silhouette is made more striking by a column collonade with covered wooden gallery from 1883. Substantial changes in the Empire style were made by Dubští of Třebomyslice. Of all the period furnishings the most interesting is a bookcase belonging to the Austrian writer Marie Ebner von Eschenbach, née Dubská from Třebomyslice, who spent her childhood here.

THE BOHEMIAN — MORAVIAN HEIGHTS 199, 206—207 An extensive mountain area spreading across southern and eastern Bohemia, and the southwest and southeast of Moravia. Žďárské vrchy, part of the heights is a nature reserve. It is mostly covered by spruce forests, mountain pastures, peatlands and many ponds. Velké Dářko pond, area 206 hects, is used for recreation. The hilly countryside of the Height draws visitors equally in the spring and summer for its beauty, and in the winter for the excellence of its ski terrain conditions.

TIŠNOV-PŘEDKLÁŠTEŘÍ 200—201 The Porta coeli — The "Gate to Heaven", is a Cistercian convent which was founded by the Czech queen Constance post 1230. She was later also buried here. The convent church was built in 1240—1260 in gothic style as a tri-naved basilica. A remarkable front facade is followed with examples of french gothic style rich plant and figural decoration.

NÁMĚŠŤ UPON OSLAVA 202 The chateau is in a prominent spot above the town of the same name. Formerly it used to be a gothic style castle from the 13th. century. Todays appearance was gained after renaissance and baroque reconstructions. The interiors are furnished in period style, and with many tapestries from the 16th. to the 19th. centuries. The bridge across the Oslava river below the chateau is decorated with 20 baroque statues of saints from 1730—1740.

TŘEBÍČ 203 St. Prokop basilica at the Benedictine Abbey was built in 1240—1260. Into the late romanesque style of the building are already discernible features of the gothic. Remarkable are the octagonal vaulted ceilings and frescoes in the sacristy from the second half of the 13th. century. After earlier devastations the church was renovated according to the project of F. M. Kaňka in baroque gothic 1725. At that time the church was dedicated to St. Prokop.

PERNŠTEJN 204—205 A monumental Moravian castle built in the second half of the 13th. century, on the long mountain ridge above the confluence of the rivers Nedvědička and Svratka. Through the ages it underwent change, particularly during the gothic, renaissance and baroque periods, its fortifications were strengthened so that it withstood even the Swedish sieges. The interiors were renovated in the 18 and 19th. centuries and show period furniture from the late gothic and renaissance period.

TELČ 208—210 One of the most beautiful urban reservations which include a chateau, in the Czech Republic, situated in southwest Moravia. The first mention of the town is in 1207. The long rectangle of the square in the town centre is surrounded by gothic, renaissance and baroque style houses with their arcades and many beautiful front facades and gables. Visible above the church towers and houses is the mass of the chateau. The chateau interiors have beautiful renaissance ceilings, period furniture arms and weapons. UNESCO put Telč on the list of cultural heritage world historic monuments.

ZNOJMO 211 An important urban conservation area sited above the Dyje river in southeast Moravia, once a settlement of the Premyslid princes, whose time is preserved on the well known cycle of frescoes, 1134, in St. Katrin rotunda situated outside Znojmo castle, rebuilt as a chateau. The town itself was founded in 1226. Todays panorama includes several buildings and towers of church architecture: St. Nicholas, St. Wenceslas, St. Michael, St. John the Baptist, St. Agnes churches, and the Church of the Cross, and the Town Hall Tower. Well preserved also are the Town fortifications.

VRANOV UPON DYJE 212 The castle. A former gothic castle of the 13th. century, rebuilt in 1687 as a chateau according to J. B. Fischer from an Erlach project. The designer loacated the Ancestors Hall, of oval proportions, on the sole slope above Dyje. It is richly decorated with paintings and sculptures. The interiors are furnished in Classicistic style.

VRANOV DAM LAKE 213 The dam and the incorporated power station were founded in 1930, and completed in 1933. It was built with the purpose of regulating the flood waters of the river Dyje and of producing the necessary electricity. The dam itself is 55 m. high and holds back the river to a distance of 30 km. All along the reservoir are many recreation areas.

DUB UPON MORAVA 214 A baroque pilgrimage church of "Our Lady Mary" built in 1734—1756 dominating the whole Haná region. The front facing towers are linked by a gallery with 28 sculptures: around the whole church is a balustrade with statues and stone vases. The towers were renewed after the fire of 1782, the vaulted ceilings, after their collapse in 1854.

LEDNICE — the Castle 215 A new gothic period chateau from 1846—1856 set in extensive parklands through which flows the river Dyje and many ponds and lakes. The chateau was originally a gothic style fort, then a renaissance and finally in the late 17th. century, a baroque chateau. The interiors are very richly furnished, there are many valuable artistic woodcarvings and beautiful furniture. Around the whole chateau there is a natural English park.

JAROMĚŘICE UPON ROKYTNÁ 216 The Castle. A peak of baroque period style chateau built according to the design of J. Prandtauer in 1700—1737 on the banks of the river Rokytná. It belongs amongst the largest chateaux in the Czech lands of the 18th. century. The dome of St. Markéta church, 1715—1732 dominates the whole. In the 18th. century the chateau became an important centre of music and theatre culture. The park is decorated by baroque statues depicting an English mythology.

VNOROVY 217 A picturesque village in the Moravia-Slovak region with the national tradition of painting Easter eggs and making corn dollies.

THE NATIONAL COSTUME OF RATIŠKOVICE 218 In the village of Ratiškovice situated between the town of Kyjov and Hodonín: at any and every festive opportunity the men and women wear their colourful national costume — named Kyjov.

THE NATIONAL FOLK COSTUME — HANÁ 219 Characteristic of this womens festive national costume originating from the Náměšť at Haná are the white richly gathered sleeves and skirts falling to mid calf.

VELEHRAD 220—222 The former basilica of Our Lady Mary at the Cistercian Abbey was founded in 1205. After the fire it was rebuilt in the baroque style in 1686—1735. The ceiling and wall frescoes are the work of Jan J. Etgens. The gothic Cyrilka chapel of the mid 13th. century was given a baroque style look. The Cyril and Methodius painting is by the Polish artist Jan Matejka, 1885.

KROMĚŘÍŽ 223—227 A town below the 13th. century castle of the Bishop of Olomouc. This castle was later rebuilt as a chateau in the 17th. century. The interiors were richly decorated by the best artists of that time, the artworks in the chateau gallery being very valuable. The centre of the chateau garden is a Pompey collonade, and Květná garden is laid out in French style. In the centre of the town there is the St. Marie church, other churches, houses, parts of the fortifications, and Mill Gate 1585. The town hall is from the renaissance period. Kroměříž is an urban historic preservation.

BUCHLOVICE 228 The Castle. Built as a copy of an Italia villa this chateau is made up of two independant semi-circular buildings separated by a courtyard. The lower building is the courtyard itself with representative halls and period furniture, the top building serving as servants quarters and also as stables. The whole baroque complex was built around 1700. The park surrounding the chateau is enriched by baroque statues.

ZLÍN 229 A modern town with a developing industry and housing to match. The town came into being in the 14th. cent. In its historic centre the baroque style chateau, late gothic church and the Town Hall from 1586 are preserved. Here there is the new complex of Baťa factories, administrative, social and bussiness buildings. The best of Czech architects having made input here.

HOSTÝN 230 St. Mary Church. A baroque style pilgrimage church built in 1721—1748. After the fire of 1769 it was rebuilt and the tower was altered in the last phase of construction. The chapel of Jan Sankander was added to the convent in the 19th. century. The mosaic of Our Lady of Hostýn on the front facade of the church is made up of 250 thousand individual pieces.

OLOMOUC 231—235 This town of a hundred thousand inhabitants is an important urban historic reservation. It is the cultural, scientific and economic centre of the agricultural region of Haná. The historic centre is dominated by a gothic style Town Hall with its high tower and astronomical clock, and the gothic church of St. Marie. Other important buildings include — many palaces, gothic, renaissance and baroque style houses and fountains. In the area of the former castle there is the gothic St. Wenceslas Cathedral circa 1900. The Premyslids Palace is a national cultural monument.

SVATÝ KOPEČEK CHURCH 236—237 The church of Our Lady at the premonstrate abbey is an early baroque building from 1669—1679, built according to the plans of C. P. Tencalla. The interior of the pilgrimage church has valuable furnishing and decoration. The dormitora building was built post 1700. Svatý Kopeček is built on a site dominating the Haná region.

ŠTERNBERK CHATEAU 238—239 This gothic style castle was rebuilt in the 16th. century as a renaissance period-style chateau. In the 18th. century it was renewed again and it gained a new gothic look. The Šternberk chateau houses a Clock Museum, and its collections include some remarkable technical and artistic pieces. The museum concentrates on the history of clockmaking through the ages to the present day.

THE JAVOŘÍČKO CAVES 240—241 Large Karst caves in Devon limestone in the Špráněk Hill, eroded and formed by the waters of the underground Špráněk river. The caves were discovered in 1938 and made public in 1952, however, they were known to primeval man. The caves are remarkable by their large halls with beautiful stalagmite/stalactite decoration. The most interesting is the "Dome of the Giant" 50 m. long, 14 m. wide and 18 m. high. There are stalactites and stalagmites of mammoth proportions.

BOUZOV CASTLE 242—243 A gothic style castle first mentioned in 1317, enlarged in the 17th. century whence it became the property of German Knights who repaired, renewed and furnished it in romantic style. The rooms hold many valuable collections.

THE MLADEČ CAVES 244—245 These caves situated near the Moravian town of Litovel in Mladeč karst Devon limestone, owe their formation to erosion by an underground river running through the Třesín Hill. They were known to primeval man who lived here towards the end of the Stone Age. Human bones have been found here, as have the bones of animals long extinct, a fireplace and stone tools were also discovered. The most interestng caves are: the Virgin with its rich stalagmite/stalactite decoration, the Lake cave with its little lakes and the "Dome of the Dead".

THE JESENÍKY MOUNTAINS 246—247 The wide spread mountains situated in northern Moravia and part of Silesia. They are divided into several mountain groups, the most popular being Hrubý Jeseník with its highest peak Praděd of 1492 m.
The mountain track route: Šumperk, Domašov to the town of Jeseník cuts through thie tourist and recreational Červenohorské area of Hrubý Jeseník. Along the ridge of the mount runs a tourist and ski trail.

THE KARLOVA STUDÁNKA SPA 248 Surrounded by deep woodland these spas of Hrubý Jeseník in the deep Bílá Opava valley were originally founded in 1780 at the behest of Praděd, most of the baths being individually designed and built. Respiratory tract ailments are treated here.

A VIEW OF JESENÍK 249 Today the renaissance castle, surrounded by water and originally built in 1267, houses a museum exhibition. The Jeseník baths were founded pre 1830 by Vincenc Priessnitz. Today the combination of spring waters and local climate conditions serve to treat respiratory, arterial, metabolic and nervous disorders.

THE CAVE NA POMEZÍ 250 At a height of 576 m close to the Dolní Lípa spa, and formed in unusually clear crystal limestone, these caves in the Rychleby mountain boast some interesting stalagmite/stalactite formations, in particular those of the Ledový, Královský and Klenotnice. The oldest cave being discovered in 1936.

OPAVA 251 The cultural and business centre of Slezsko first mentioned in 1195 where it was already the capital of the clergy and Czech Silesia. The important sites include: the brickwork "Our Lady Mary" church of 1204, the church of St. Saviour, the Domincan St. Václav, St. Jan Křtitel, the Jesuit church of St. Jiří, the town hall building with its Hláska Tower from 1618, the Blücher and Sobek palaces, the churches St. Kříž, so called Sweden. The centre of the town was extensively rebuilt having suffered major damage in 1945.

FULNEK 252—254 Originated in 1293 as a fortified town and later reconstructed as a baroque castle. The lower castle is a renaissance building of 1618—1621 whose school of the Czech Brethren was influenced by Jan Amos Komenský. The original Committee of Brethren, later given the status of Komenský Memorial, is now a national culture memorial. The town hall with its 1610 tower was renovated post 1945: the baroque pillar is from the first half of the 18th. century. Towards the end of the 2nd. World War the town suffered considerable damage.

THE VÍTKOVICE IRONWORKS 255 The ironworks were founded by the archbishop of Olomouc the Arachduke Rudolf Jan. The whole history of the ironworks, its developoment to the present day can be seen in the Vítkovice Ironworks Museum exhibition.

OSTRAVA 256 The third largest city of the Czech Republic with 340 thousand inhabitants. It is situated in the Ostrava—Karviná black coal lands and is one of the most important economic centres of the country with coalmining, machine — making, iron, and chemical industries. This city originally came into being by the joining of 33 Moravian and Silesian villages. Coalmining, the ironworks and a railway system were ideal conditions for the development of Ostravas heavy industry. One of the historic buildings of the city is the old Town Hall of 1556., which today is home to the city museum.

TĚRLICKO DAM LAKE 257 A reservoir on the river Stonávka close to Horní Těrlicko near the town Český Těšín.

HELFŠTÝN CASTLE 258 The ruins of the largest Moravian castle stand on the forested hill above the Bečva river in the Morava Gate region. Founded post 1278, the mainly gothic fortifications were later strengthened. The whole area is surrounded with fortifications having cylindrical and prismatoid towers. In 1656 the castle was deliberately half destroyed so as to be no use to the enemy, and since the 18th. century it has simply progressively deteriorated. At the moment reconstruction work is in progress.

HARVEST AN HANÁ 259 An extensive agricultural area in Mid Moravia, well known for its high yields of agricultural produce.

THE BESKYDY — ŠANCE DAM LAKE 260 A dam on the Ostravice in the Beskydy mountains.

ROŽNOV POD RADHOŠTĚM 261—262 The town is situated below the main ridge of Beskydy. It boasts the Valašské museum of national culture. It is a village made up of original wooden buildings — some still standing in their original location, others brought from all over Valašsko, Lašsko, Těšínsko and Kopanice. Altogether this natural museum village comprises some fifty buildings. It was first opened in 1925 and has since been continually added on to.

BESKYDY 263—265 A wide spread mountain region, part of which is the Beskydy Conservation Area of 1160 square km. The sharp mountain peaks make an interesting background to the mountain pastures, deep river valleys, farmhouses and the typical local wooden houses. The mountains are divided into three distinct ranges — Radhošťská, Lysohorská and Klokočská. Radhošť, at 1129 m., not the highest, is the best known of these peaks, whilst Pustevny at 1018 can boast the reputation of most sought out of mountain locales.

République tchèque ▮▮

LA VLTAVA ET LE PONT CHARLES 1 Le château de Prague, symbole de l'étatisme millénaire de la Bohême, endroit d'où ont gouverné le pays les princes de la famille des Přemyslides, les rois et les empereurs puissants et au XXe siècle les présidents de la république, ouvrage architectonique monumental de maîtres d'œuvres renommés et de constructeurs bien connus ou anonymes, se reflète depuis de nombreux siècles dans l'eau argentée de la Vltava qui a répandu ses eaux dans le bassin de Prague dans une largeur suffisante pour absorber non seulement l'image du Château, mais encore celle des villes de Prague s'étendant sur ses deux rives, des tours et des coupoles des églises, des versants verts des coteaux et des collines, des jardins, des îles et même de la voûte céleste.

LE PONT CHARLES 2, 15, 16 Ce pont raccorde depuis le règne de Charles IV sur une longueur d'un demi-kilomètre la Vieille Ville située sur la rive droite de la Vltava à la rive gauche avec le quartier Malá Strana. Il fut fondé en 1357 et sa construction se rattache au nom de Pierre Parler. Il remplaça le pont primitif roman Judith qui fut emporté par les eaux en crue. Il joua toujours un rôle important dans l'histoire de Prague, car il fut pendant des siècles le seul dans la ville. Il attire l'attention par une galerie de 30 statues et groupes de sculptures, pour la plupart baroques, installées sur les piliers du pont. Celui-ci aboutit des deux côtés de la rivière à des tours.

LA PLACE VENCESLAS 3, 5 Elle fut créée au moment de la fondation de la Nouvelle Ville de Prague par Charles IV, en 1348, comme marché de céréales, où se tenaient aussi des marchés de chevaux. La place Venceslas est dominée à son bout supérieur, à l'endroit où se trouvait jadis une porte de la ville, par le bâtiment néo-Renaissance du musée national construit en 1885—1890 suivant le projet de Josef Schulz. La place est entourée d'édifices de banques, d'hôtels, de grands magasins et d'entreprises ainsi que de maisons d'habitation. Au-dessous du musée se trouve la statue équestre de saint Venceslas avec les sculptures de quatre patrons tchèques, créées par Josef Václav Myslbek de 1912 à 1924.

L'HÔTEL EUROPA 4 Le double bâtiment asymétrique de l'Art nouveau de l'hôtel situé sur la place Venceslas est une œuvre caractéristique. Il a des décorations florales au pignon et comporte des applications variées en métal et des dorures. La construction fut réalisée en 1903 et 1904 suivant les projets de Bedřich Bendelmeyer et Alois Dryák.

LA MAISON MUNICIPALE ET LA TOUR POUDRIÈRE 6 La maison représentative de la ville de Prague fut construite suivant le projet de l'architecte Antonín Balšánek et d'Osvald Polívka, Cette maison construite en style de l'Art nouveau, la plus belle en son genre dans la ville, date des années 1906 à 1911. Au moyen âge, sous le règne de Venceslas IV, se trouvait à cet endroit la résidence du roi de Bohême, La tour fut construite en style gothique après l'année 1475 par Matyáš Rejsek et reconstruite au XIXᵉ siècle par Josef Mocker.

LA RUE PAŘÍŽSKÁ (DE PARIS) 7 Elle commence près du pont Svatopluk Čech franchissant la Vltava et aboutit à la place de la Vieille ville. Elle fut construite il y a à peine cent ans et passe par les endroits où se trouvait jadis la Ville juive avec ses ruelles sinueuses, ses places et ses recoins qui fut assainie à la charnière du XIXᵉ et du XXᵉ siècles. Parmi les constructions bordant la nouvelle rue dominent des maisons hautes de toutes sortes de conceptions en style néo-gothique, historisant et de l'Art nouveau avec des ornements plastiques, des mosaïques, des inscriptions et des tours.

HÔTEL DE VILLE DE LA VIEILLE VILLE 8 Le côté sud de l'hôtel de ville illustre parfaitement son extension graduelle. Son développement fut entamé par la construction de la maison de la famille Wolflin od Kamene située près de la tour prismatique de l'hôtel de ville. Plus tard on y ajouta les maisons de Kříž et de Mikš ainsi que la maison U minuty (A la minute) couverte de sgraffites Renaissance. Sur l'ancienne maison de Kříž on aperçoit une grande fenêtre Renaissance et l'inscription Praga caput regni (Prague ville royale).

L'HORLOGE ASTRONOMIQUE 9 Œuvre technique et artistique précieuse installée sur la face sud de la tour de l'hôtel de ville et construite vers 1410 par l'horloger Mikuláš z Kadaně avec l'aide de l'astronome Jan Šindel et reconstruite vers 1490 par le Maître Hanuš dit Růže. Les statuettes sur l'horloge astronomique se composent de trois parties — le système à marionnettes avec la circulation des apôtres, la sphère astronomique et le calendrier.

LA PLACE DE LA VIEILLE VILLE 10 Du côté est de la place se dresse jusqu'à la hauteur de deux étages le palais de la famille Goltz-Kinský, construit en style rococo au milieu du XVIIIᵉ siècle. La maison voisine U kamenného zvonu (A la cloche de pierre) est gothique. L'école Týnská près de la ruelle Týnská a un fronton vénitien Renaissance décoratif et la dernière est la maison U bílého jednorožce (Chez la licorne blanche). Au-dessus d'eux se dresse Notre-Dame de Týn avec deux tours, fondée en 1365. La statue Art nouveau créée par Ladislav Šaloun a été inaugurée en 1915.

LE VIEUX CIMETIÈRE JUIF 11 Il est situé près de la synagogue Vieille-Neuve et date de la fin du XIVᵉ siècle. La pierre tombale la plus ancienne qui s'est conservée jusqu'à nos jours porte la date du 23 avril 1439 et la plus récente date de l'année 1787. Parmi les milliers de monuments funéraires se trouve toute une série de tombeaux de personnalités éminentes y compris celui du plus célèbre d'entre-elles, le rabin Lowe Jehuda ben Bacalela, créateur du fameux Golem qui date de l'année 1609.

LA SYNAGOGUE VIEILLE-NEUVE 12 Cette synagogue construite en style gothique primitif vers l'année 1280 est la construction la plus ancienne et la plus renommée du ghetto juif de Prague et un monument historique unique en son genre en Europe. Les frontons en briques datent du XIVᵉ siècle. L'annexe basse du XVIIIᵉ siècle était destinée aux femmes. La synagogue sert toujours encore à la pratique du culte.

LE THÉÂTRE NATIONAL 13 Bâtiment représentatif construit en style néo-Renaissance de 1868 à 1883 suivant le projet de Josef Zítek et de Josef Schulz grâce aux contributions bénévoles de la population tchèque. A la riche décoration extérieure et surtout intérieure participèrent des artistes éminents de l'époque appartenant à la soi-disant génération du Théâtre national.

LE CHÂTEAU FORT VYŠEHRAD 14 Ce second château fort de Prague fut construit sur un rocher abrupt surplombant la rive droite de la Vltava dans la deuxième moitié du Xᵉ siècle et sa fondation se rattache aux débuts mythologiques de l'histoire tchèque. Au Xᵉ et au XIᵉ siècles on y frappait des deniers avec les inscriptions Visegrad et Visegrad civitas.
La période de gloire et d'épanouissement de Vyšehrad fut celle du règne de Vratislav II et de Charles IV. Actuellement il est dominé par les tours néo-gothiques de l'église Saint-Pierre et Saint-Paul et complètement entouré de remparts baroques en briques.

L'ÉGLISE SAINT-NICOLAS 17, 18 Dominante magnifique de Malá Strana, chef-d'œuvre de l'architecture baroque tchèque, incrustée dans la place Malostranské. L'espace en forme de salle de la nef de l'église avec les chapelles latérales, les galeries et la voûte fut construit par Kryštof Diezenhofer (1704—1711), tandis que le chœur et la coupole furent l'œuvre d'Ignác Dienzenhofer (1737—1752) et le clocher élancé fut créé par Anselm Lurago (1763). L'intérieur de l'église est richement décoré de statues, tableaux et autels.

LES PONTS FRANCHISSANT LA VLTAVA 19 Aux endroits où la Vltava entre dans le noyau historique de Prague, la ville est franchie par plusieurs ponts. Le plus près de l'observateur qui se trouve sur la pente de la Letná se trouve le pont Mánes, un peu plus loin le pont célèbre Charles du XIVᵉ siècle et ensuite en amont les ponts des Légions, Jirásek et Palacký et le pont métallique construit au-dessous de Vyšehrad.

LA CATHÉDRALE SAINT-GUY 20, 21 Eglise gothique monumentale située au Château de Prague, construite à partir de l'année 1344 par Mathieu d'Arras et Peter Parler et achevé en 1929 en style néo-gothique. Elle se trouve sur l'emplacement de l'ancienne rotonde romane Saint-Venceslas et de la basilique du prince Spytihněv. A l'intérieur richement décoré de la cathédrale avec de nombreuses chapelles se trouvent le mausolée royal, le caveau des rois de Bohême, des tombeaux gothiques de plusieurs souverains de la famille des Přemyslides et un tombeau baroque en argent de saint Jean Népomucène. La plus précieuse des chapelles fut consacrée à saint Venceslas, patron de la Bohême. Dans la salle de couronnement sont déposés les joyaux de la couronne tchèque, trésor culturel national.

LE BÉLVÉDÈRE ROYAL 22 Construction pragoise unique en son genre fondée par le roi Ferdinand 1ᵉʳ en 1535 et achevée en 1563. Les espaces intérieurs du belvédère furent nouvellement aménagés de 1845 à 1846. Sur les arcs des arcades se sont conservés des reliefs et des sujets de la mythologie antique. La fontaine chantante située dans le jardin royal s'étendant devant le belvédère fut réalisée suivant un projet de Francesco Terzio par le fondeur de cloches Tomáš Jaroš.

LA RUELLE D'OR 23 Ruelle pittoresque située dans l'enceinte du Château de Prague avec des maisons et des maisonettes annexées au mur du château entre le XVIᵉ et le XIXᵉ siècles. Elles étaient habitées par les tireurs du Château, plus tard par des orfèvres et finalement par des miséreux. Une vieille légende soutient que dans cette ruelle travaillaient des alchimistes.

L'ÉGLISE SAINT-GEORGES 24 La basilique romane primitive du Xᵉ siècle fut reconstruite après l'incendie qui ravagea le Château de Prague en 1142. Au XIIIᵉ siècle on y ajouta la chapelle Sainte-Ludmila. La façade en style baroque primitif provient de l'année 1680 environ, tandis que la chapelle de coin Saint-Jean Népomucène fut construite au début du XVIIIᵉ siècle. L'intérieur a conservé son aspect roman.

LA BIBLIOTHÈQUE DE STRAHOV 25 La salle théologique des années 1671—1679 fut aménagée suivant un projet de Dom. Orsi. Des décors en stuc sur la voûte encadrent les fresques du peintre Siard Nosecký, membre de l'ordre des prémontrés, datant des années 1723—1727. A la dénomination de la salle répond le riche fonds de livres théologiques qui s'y trouvent.

NOTRE-DAME DE LORETTE 26 La façade fut construite en 1720—1722 suivant un projet de Kilián Ignác Dienzenhofer. Dans la tour à horloge se trouve le carillon célèbre aux chants Marie de l'année 1694. Les statues furent créées par J. B. Hohl tandis que les putti sont l'œuvre de O. F. Quitainer. Dans la cour se dressent la Svatá chýše (1626—1631) et l'église de la Nativité (1734—1735). D'une renommée mondiale jouit le trésor de Notre-Dame de Lorette comprenant des objets uniques en leur genre.

PRAGUE LA NUIT 27 Le feu d'artifice magnifique plein de lumières en couleurs donne à Prague une lueur majestueuse justifiant pleinement son épithète « Prague magique ».

LÁNY 28 Le château se trouve au bord de la réserve de chasse étendue de Lány faisant partie de la région classée du château de Křivoklát. C'est là que se trouve la résidence d'été du président de la République tchèque. Le pavillon de chasse primitif créé vers l'année 1600 et remanié au XVIIᵉ siècle fut reconstruit en 1821 et au début du XXᵉ siècle. L'église du château provient du XIIIᵉ siècle.

KŘIVOKLÁT 29—30 Un des premiers châteaux forts tchèques mentionné déjà en 1109 fut construit sur un éperon rocheux au-dessus du ruisseau Rakovník dans la réserve naturelle actuelle Křivoklátsko. Le pavillon de chasse primitif en bois des souverains tchèques fut remplacé au XIIIᵉ siècle par un château fort gothique en pierres, reconstruit à la charnière du XVᵉ et du XVIᵉ siècles en gothique tardif et remanié de nouveau au XIXᵉ et au XXᵉ siècles. La chapelle du château fort abrite un autel magnifique du gothique tardif créé à la fin du XVᵉ siècle par un auteur inconnu.

KONĚPRUSY 31 Grottes à stalactiques et stalagmites en calcaire devonien situées en Bohême centrale et localité archéologique renommée. Ces grottes créent le système souterrain le plus important du karst tchèque et elles ont été rendues accessibles au public en 1959. On y trouve des stalactites et des stalagmites dignes d'intérêt, des squelettes fossiles intéressants et un atelier de faux-monnayeurs du XVᵉ siècle.

KARLŠTEJN 32—34 Le plus important des châteaux forts tchèques, monument classé. Son fondateur Charles IV lui confia une mission spéciale et ce fait influença sa construction comme forteresse monumentale gothique richement décorée à l'intérieur. La regothisation réalisée en 1887—1899 imprima au château fort le cachet qu'il a encore aujourd'hui. Dans la grande tour dominante sont disposés dans la chapelle de la Sainte-Croix 127 tableaux de l'armée de Jésus du Maître Théodoric, créés en 1357—1365 et formant un ensemble gothique unique en son genre.

KONOPIŠTĚ 35 Château fort gothique du XIVᵉ siècle rappelant les castels français, avec 7 tours, plusieurs fois remanié et transformé au XIIIᵉ siècle en château. Son aspect actuel lui fut imprimé par la reconstruction romantique réalisée de 1889 à 1894. Le château est dominé par une tour cylindrique majestueuse construite au moyen-âge. Particulièrement précieux sont l'aménagement des intérieurs et certaines collections, telles que la collection d'armes, d'armures et de trophées de chasse d'Este.

PRŮHONICE 36 Le château Renaissance construit sur l'emplacement d'une ancienne forteresse gothique au XIe siècle, reçut son aspect néo-Renaissance actuel en 1892–1898. L'église de la Naissance de la Vierge située devant le château est d'origine romane (1187). Devant le château s'étend un jardin de 200 ha, fondé en 1885 et unique en son genre dans les pays tchèques.

ČESKÝ ŠTERNBERK 37, 38 Château fort construit vers l'année 1240 sur un rocher surplombant la rivière Sázava. Les reconstructions réalisées à la charnière du XVe et du XVIe siècles et surtout les remaniements en baroque primitif ont imprimé au château fort son aspect actuel. Les intérieurs abritant des équipements et des collections précieux sont richement ornés de stuc.

PŘÍBRAM — SVATÁ HORA 39, 41 Dominante expressive du paysage environnant. L'église de pèlerinage de l'Assomption de la Vierge fut construite de 1658–1709 sur une colline de 586 mètres et élargie plus tard par des cloîtres avec des chapelles et des portes. A côté de l'église se trouve une ancienne résidence baroque des Jésuites. L'équipement des espaces intérieurs de l'église est particulièrement riche. Une statuette gothique de la Vierge à l'enfant avec des couronnes d'or est logée dans un coffret en argent situé sur l'autel.

ŠEVČÍNSKÝ DŮL 40 L'aire d'une ancienne mine située à Příbram-Březové hory fut transformée en musée de l'industrie minière installé dans la nature. Les expositions permettent de se faire une image bien claire de l'histoire de l'industrie minière, de la technique d'extraction, de l'évolution du transport vertical dans les mines et de la vie des mineurs. Les collections précieuses minéralogiques et géologiques datent pour la plupart du XIXe siècle.

BŘEZNICE 42 Château Renaissance avec tour prismatique créé à la charnière du XVIe et du XVIIe siècles, mais ayant un noyau gothique. Dans les espaces du château se trouve un riche mobilier de l'époque et la plus précieuse est la bibliothèque dite « lokšanská » de l'année 1558. Le château est entouré d'un parc à l'anglaise.

DOBŘÍŠ 43 Château rococo créé suivant un projet français en 1745 à 1765 et servant actuellement à des fins culturelles. Dans son voisinage se trouve un parc à la française enrichi par une orangerie derrière laquelle s'étend un parc à l'anglaise. La décoration plastique du château et du parc fut créée après l'année 1760 par Ignác Frant. Platzer.

BRDSKÁ KRAJINA 44 Vallée située près de la commune Hluboš dans la région des monts boisés Brdy avec vue sur le mont Třemešná ayant l'altitude de 778 mètres.

STARÝ ROŽMITÁL 45 Au chœur de l'église baroquisée de l'Elévation de la sainte Croix jouait jadis aux orgues le compositeur de musique Jakub Jan Ryba (1765–1815), auteur de la Messe de Noël tchèque célèbre. Starý Rožmitál est la partie la plus ancienne de Rožmitál pod Třemšínem.

PLANÁ 46 Commune située dans la région accidentée de Březnice près du chemin touristique allant de Petrovice vers Solenice et vers le lac de barrage Orlík.

SLIVICE 47 Crèche traditionnelle populaire des fêtes de Noël installée dans l'église locale Saint-Pierre, mentionnée déjà en 1352

HVOŽĎANY 48 Eglise du XIVe siècle, à une nef comportant un chœur terminé en angle droit. L'équipement intérieur date du XVIIe et du XVIIIe siècles.

SEDLČANSKO 49 La région accidentée et moutonnée de Březnice avec ses forêts et ses étangs qui s'étend au centre de la Bohême est animée par un mont visible de loin et portant au sommet le château fort Vysoký Chlumec. Le château fort gothique mentionné dans les archives pour la première fois en 1382 fut complètement reconstruit de 1643 à 1654.

LE LAC DE BARRAGE DE ŠTĚCHOVICE 50 Ouvrage hydraulique construit sur la rivière Vltava, dans un paysage romantique situé au sud de Prague, de 1939 à 1945. Le barrage de 25 mètres de haut retient 11,2 millions de m³ d'eau et le lac de barrage a 9 km de long. La centrale électrique construite au-dessous du barrage utilise l'eau prise du lac de barrage et du réservoir sur le mont Homole situé 160 mètres plus haut.

LE LAC DE BARRAGE DE SLAPY 51–52 Un autre ouvrage hydraulique a été construit sur la Vltava en 1951–1954 et le barrage de 65 mètres de haut a permis de créer un lac de barrage de 44 km de long contenant 269 millions de m³ d'eau. Au pied du barrage se trouve également une centrale hydraulique. Sur les deux rives du lac de barrage ont été créés de nombreux centres de délassement. A la récréation servent des transports saisonniers réguliers.

LE LAC DE BARRAGE D'ORLÍK 53, 57 Au sud-ouest du lac de barrage de Slapy a été construit de 1954 à 1962 un troisième ouvrage hydraulique. Le

barrage ayant 91 mètres de haut et abritant une centrale hydraulique retient 717 milions de m³ d' eau de la rivière Vltava. Le réservoir du lac a 68 km de longueur et l'eau retenue monte également jusqu'à 23 km sur la rivière Otava et 7 km sur la rivière Lužnice. La vaste nappe d'eau sur laquelle circulent des bateaux a changé complètement l'aspect du paysage. Au bord du lac ont été créés des centres de délassement permettant la pratique de nombreux sports nautiques.

ZVÍKOV 54, 55 Le roi des châteaux forts tchèques fut construit au premier tiers du XIIIe siècle sur un promontoire situé au-dessus du confluent de la Vltava et de l'Otava. Actuellement il se dresse au-dessus de l'eau du lac de barrage d'Orlík. Le château fort est caractérisé par une haute tour cylindrique avec un tranchant dans la fortification extérieure. La partie la plus importante du château fort est formée par le Palais royal avec sa chapelle et la construction la plus âgée, une tour en forme de bulbe. Les murs de la chapelle du château fort sont couverts de peintures à motifs religieux créées après l'année 1475. Le relief sur le maître–autel fut créé au début du XVIe siècle par le Maître des Lamentations de Zvíkov.

ORLÍK 56, 58 Au début il ressemblait à un nid d'aigle perché au-dessus de la vallée profonde de la Vltava. Après la construction d'un barrage il est entouré de trois côtés par les eaux du lac de barrage. Ce château fort primitivement gothique fut transformé par plusieurs restaurations en château et reçut son aspect actuel en 1849–1860. La petite salle des chevaliers a l'équipement provenant de la période de la reconstruction romantique de l'Orlík. Le parc naturel entourant le château fut créé après l'année 1802.

TÁBOR 59–61 Ville fondée en 1420 par les hussites sur l'emplacement d'une ancienne localité. Le noyau historique, à savoir la place Žižka, est dominé par un hôtel de ville gothique dont la construction fut achevée en 1521 et qui fut plus tard reconstruit et regothisé et par l'église de la Transfiguration du Seigneur construite après la première moitié du XVe siècle sur le mont Tábor. Certaines des maisons en style gothique situées sur la place ont des pignons Renaissance attrayants, comme, par exemple, la maison de Ctibor. La statue du chef des hussites est l'œuvre de Josef Strachovský. Le noyau historique de Tábor est devenu site urbain classé.

VLASTIBOŘ 62 Village situé près de Soběslav en Bohême du Sud et caractérisé par des créations de l'architecture populaire de la deuxième moitié du XIXe siècle. Les fermes et greniers ont des façades richement ornées de stuc.

LE VELKÝ TISÝ 63–64 La nappe d'eau de l'étang a une superficie de 317 hectares. Sa construction fut terminée en 1505 par Štěpánek Netolický et plus tard il fut élargi par Jakub Krčín z Jelčan. Il forme ensemble avec le Malý Tisý et d'autres étangs situés à proximité une réserve naturelle. Le dépeuplement realisé en automne attire toujours une attention particulière.

LES AMATEURS DES SPORTS NAUTIQUES SUR LA LUŽNICE 65, 67 Le cours de la Lužnice et le paysage atrayant qui l'entoure n'ont rien perdu jusqu'à présent de leur charme romantique. La Lužnice se range parmi nos rivières les plus recherchées par les sportifs.

TŘEBOŇ 68–73 Ville située en Bohême du Sud, près de la rivière Lužnice, dans une région jadis marécageuse et actuellement riche en étangs dont l'histoire commença au XIIIe siecle. Elle connut le plus grand essor sous le règne des Rožmberk et des Švarcenberk. Sur un plan moyenâgeux se trouvent des maisons construites en styles gothique et Renaissances, un hôtel de ville, l'église Saint-Gilles appartenant jadis à un couvent, le château qui fut primitivement une forteresse, une grande partie des remparts primitifs avec des bastions et les portes de la ville. A cet endroit furent créés de nombreuses œuvres d'art y compris la Madone à l'enfant gothique provenant environ de l'année 1400 et les tableaux du Maître de Třeboň peints avant l'année 1380. La ville de Třeboň est un site classé et simultanément une station thermale.

JINDŘICHŮV HRADEC 74 La place la plus importante parmi les monuments historiques de la ville est occupée par un château construit sur un promontoire entre l'étang Vajgar et la rivière Nežárka et réalisé primitivement comme château fort au début du XIIIe siècle. Parmi les constructions gothiques il faut mentionner une tour cylindrique robuste et le Vieux palais avec une chapelle. Le château fort fut transformé en résidence Renaissance à la fin du XVe siècle et au cours du XVIIe. A cette époque furent construits les nouveaux bâtiments Jáchymovo et Adama II, les grandes et les petites arcades et un rondeau. Les murs intérieurs des salles du château son munis de peintures gothiques et Renaissance.

PLASTOVICE 75 Commune située dans la région de Zbudovská blata et possédant l'ensemble le mieux conservé de fermes construites au milieu du XIXe siècle et caracterisées par la décoration en stuc des façades. Une construction utilitaire pittoresque est la forge.

ROŽMBERK 76–77 Cet étang est le plus grand dans la République tchèque et sa surface d'inondation a 489 hectares. Il fut fondé sur la rivière Lužnice près de Třeboň au cours des années 1584 à 1589 par le créateur d'étangs Jakub Krčín z Jelčan sur l'ordre de Vilém de Rožmberk. Le dépeuplement intéressant de cet étang attire généralement de nombreux spectateurs.

ČESKÉ BUDĚJOVICE 78—80   La ville fut fondée vers l'année 1265 par le roi Přemysl Otakar II au confluent des rivières Vltava et Malše. Au centre de cette réserve urbaine classée se trouve la place carrée avec la fontaine de Samson, l'hôtel de ville baroque et des maisons construites en style gothique tardif, Renaissance et baroque ainsi que la Tour noire baroque de 72 mètres provenant des années 1549—1578 et représentant la dominante de la ville. Au-dessous d'elle se trouve la cathédrale Saint-Nicolas primitivement gothique qui a conservé son aspect des années 1686—1688.

HLUBOKÁ NAD VLTAVOU 81—83   Château romantique monumental construit sur un promontoire surplombant la Vltava en style néo-gothique des Windsor de 1841 à 1871. Le château fort royal gothique fut remplacé au XVIe siècle par un château Renaissance et au XVIIIe siècle par un château baroque. Les espaces caractérisés par leur faste princier sont équipés de meubles précieux, de tapisseries murales, de tableaux, de sculptures sur bois, de plafonds à caissons et d' armes.

L'ÉTANG MUNICKÝ 84   Il fut créé près de Hluboká nad Vltavou en 1494 et la nappe d'eau a une superficie de 118 hectares. Près du bord de l'étang se trouve le château baroque Ohrada.

L'ADORATION DE L'ENFANT 85   Tableau sur bois du Maître de Třeboň créé vers l'année 1380 et faisant actuellement partie de la galerie Aleš installée au château Hluboká. Son créateur insuffisamment connu se rangeait parmi les meilleurs peintres du gothique du XIVe siecle.

LA MADONE DE RUDOLFOV 86   La statue gothique de la Madone à l'enfant fut créée après l'année 1320 par un sculpteur inconnu. Elle fait partie de la collection Aleš de l'art gothique de la Bohème du Sud installée à Hluboká.

OHRADA 87   Château broque construit en 1708—1711 près du bord de l'étang Munický. C'était exclusivement un pavillon de chasse. Le plafond de la grande salle est orné d'une belle fresque provenant de l'année 1715. Dans les espaces du château sont déposées des collections du musée de l'agriculture, de la sylviculture et de la pisciculture.

KLEŤ 88, 89   Point le plus haut de la chaîne montagneuse de Blanský les. Au sommet se trouvent un belvédère en pierres construit en 1825, un chalet touristique, une station de retranslation et un observatoire astronomique. La vue panoramique permet de contempler une grande partie du paysage tchèque, la Šumava et, en cas de bonne visibilité, même une partie des Alpes.

L'AUTOMNE À SRNÍ 90   Couleurs d'automne sur les pentes boisées entourant une commune montagneuse de récréation située dans la Šumava à l'altitude de 845 mètres.

ČESKÝ KRUMLOV 91—93   Cette ville figurant parmi les réserves urbaines classées les plus importantes de la République tchèque a été rangée par l'UNESCO parmi les sites culturels de renommée mondiale. Le château fort gothique du XIIIe siècle, remanié plus tard en château et dominé par une tour cylindrique majestueuse abrite dans ses espaces un mobilier précieux de l'époque et des tapisseries murales uniques en leur genre. Parmi les intérieurs intéressants figure aussi la Salle des mascarades avec des peintures de J. Lederer de l'année 1748, le théâtre du château avec son équipement original et un atelier de frappe de monnaie. La ville avec ses maisons gothiques et Renaissance, son hôtel de ville Renaissance, ses couvents et ses églises, son dépôt d'armes, la porte de Budějovice et les vestiges d'anciennes fortifications est dominée par l'église Saint-Guy, représentant précieux de l'art gothique tchèque.

ROŽMBERK 94—95   La château fort construit au-dessus de la ville près de la rivière Vltava fut fondé avant l'année 1250. Du château fort supérieur ne reste aujourd'hui que la tour cylindrique Jakobínka. Le château fort inférieur construit après l'année 1330 fut remanié en style Renaissance et en partie regothisé. Dans les espaces du château fort avec des plafonds à caissons et un équipement moderne, des tableaux et des objets d'art se trouve aussi une collection d'armes historiques. La galerie romantique des croisés avec une décoration néo-gothique comprend des portraits fictifs de croisés.

VYŠŠÍ BROD 96—98   Le monastère des cisterciens fondé en 1250 forme un complexe de bâtiments construits presque jusqu'à la fin du XIVe siècle. L'église de l'Assomption de la Sainte Vierge appartenant au monastère fut construite à partir de l'année 1281. La fenêtre ronde de la salle capitulaire provient du XVe siècle et le chemin de la croix du XIVe siècle et le cloître ainsi que le réfectoire et le dortoir datent de l'année 1385. La bibliothèque du monastère (11757) abrite des imprimés, manuscrits et incunables précieux et la pinacothèque des tableaux du XVIIe et du XVIIIe siècle créés surtout par des peintres hollandais.

LIPNO 99, 101   Le lac de barrage de presque 40 km de longueur et d'une superficie de 4870 hectares, a été construit de 1951 à 1958 comme ouvrage hydraulique sur le cours supérieur de la Vltava. Dans le barrage ayant 22 mètres de haut est installée une centrale électrique souterraine. Le lac de barrage de Lipno s'étend à une altitude de 720 m et ses rives peu inclinées permettent les baignades, la pratique de toutes sortes de sports nautiques et la pêche. Les nombreux centres de délassement et les endroits servant à la ré-

création sont reliés pendant la saison par des bateaux circulant régulièrement.

SLALOM AU-DESSOUS DU BARRAGE DE LIPNO 100   Lorsqu'on baisse le niveau de l'eau dans le réservoir au-dessus du barrage l'eau de la Vltava descend en trombe et on a alors une occasion unique d'organiser des concours de slalom et de descente sur l'eau sauvage.

ŠUMAVA 102—104   Zone montagneuse d'une longueur de quelque 125 km formant la frontière sud-ouest entre la Bohême d'une part et l'Autriche et la RFA de l'autre, peuplée surtout de forêts où dominent les épicéas. Elle descend abruptement vers le côté sud-ouest et lentement vers l'intérieur de la Bohême. La partie tchèque de la Šumava atteint l'altitude la plus élevée de 1378 mètres au sommet du mont Plechý. La Šumava est caractérisée par ses vastes plateaux s'étendant dans la partie centrale du massif avec ses plaines et de nombreux marécages. Les tourbières et les petits lacs sont souvent couverts de pins à crochets, de bouleaux nains et d'épiceas rabougris. Le marécage à trois lacs se trouve à l'altitude de 1062 mètres el le marécage Chalupský à l'altitude de 910 mètres. Le massif montagneux est riche en sources et au — dessous de la Černá hora sur les pentes de la Šumava se trouve la source de la Vltava.

LA FORÊT VIERGE DE BOUBÍN 105—107   La réserve naturelle de la forêt vierge de l'Europe centrale s'étend sur la pente sud du mont boisé Boubín (1362 mètres) faisant partie du massif de la Šumava. Elle a une superficie de 666,41 hectares et fut fondée en 1858. Dans la réserve naturelle s'est conservée jusqu'à nos jours la structure combinée de plantes ligneuses comprenant le hêtre, l'épicéa et le sapin. La forêt vierge est traversée par le ruisseau Kaplický.

LENORA 108   Village situé dans la Šumava au confluent de la Vltava chaude et de la Řásnice et renommé par la production de verre. Le pont couvert franchissant la rivière provient du XIXe siècle et c'est un vestige technique classé.

LE LAC NOIR (ČERNÉ JEZERO) 109   Ce plus grand lac naturel de la Šumava est d'origine glaciaire et il s'étend sur la pente boisée de la montagne Jizerská à l'altitude de 1008 mètres. Il a une superficie de 18,47 hectares et une profondeur de 39,8 mètres et forme une réserve naturelle.

LE LAC DU DIABLE (ČERTOVO JEZERO) 110   Ce lac s'étend sur le versant sud de la montagne Jezerní à l'altitude de 1030 mètres. Il est d'origine glaciaire et a une superficie de 10,3 hectares et une profondeur de 36,5 m. C'est également une réserve naturelle.

LE RAVIN BLANC (BÍLÁ STRŽ) 111   Le ruisseau Bílý forme dans le canyon romantique situé près du lac Černý de nombreux rapides et chutes d'eau ainsi qu'un ravin profond. Celui-ci a une superficie de 79 hectares et c'est une réserve naturelle devant assurer la protection de ce paysage féérique unique.

LA VYDRA PRÈS D'ANTÝGL 112   La petite rivière sauvage Vydra de la Šumava est formée au confluent des ruisseaux Modravský et Roklanský. Elle forme tout au long de son cours de nombreux rapides et des tourbillons d'eau créant dans son lit rocailleux ce qu'on appelle des pots géants. La rivière traverse Antygl avec son terrain de camping et forme avec la Křemelná près de Čenkova pila la rivière Otava.

RÁBÍ 113   Ruine d'un vaste château fort de la première moitié du XIVe siècle. Ce château fort fut assiégé et occupé à deux reprises par les hussites et leur chef Jan Žižka y fut gravement blessé à l'oeil sain au cours du second siège. A la fin du XVe siècle le château fort fut élargi et nouvellement fortifié. Sur l'ordre de Ferdinand II il ne dut pas être reconstruit et tomba au XVIIIe siècle en ruines. La petite ville construite au-dessous du château fort date de l'année 1499.

LA VALLÉE DE L'OTAVA 114   La rivière Otava en Bohême du Sud d'une longueur de 113 km commence au confluent des rivières Vydra et Křemelná. Elle coule dans les vallées boisées profondes de la Svatoborská vrchovina au pied de la Šumava, traverse les villes de Strakonice et de Písek et se verse au-dessous du château fort Zvíkov dans la Vltava formant actuellement le lac de barrage d'Orlík.

CHEB 115   Cette ville jouissant d'une tradition millénaire a conservé dans son noyau historique, devenu site classé, toute une série d'ouvrages architectoniques précieux. Sur la place du roi Georges se trouvent des maisons construites en plusieurs styles, le complexe appelé Špalíček, un hôtel de ville baroque et la maison de Pachelblov où fut assassiné en 1634 Albrecht von Wallenstein. En dehors de l'église gothique Saint-Nicolas et Sainte-Elisabeth avec des tours romanes se sont conservées dans la ville plusieurs autres constructions religieuses importantes. Le monument historique le plus précieux situé au château construit en style roman, reconstruit plus tard en style gothique et transformé finalement en forteresse baroque est la Tour noire avec une chapelle à deux niveaux.

KLATOVY 116   La ville royale primitive fut fondée après la moitié du XIIIe siècle par Přemysl Otakar II. Dans son noyau historique se trouve une église de la Vierge construite vers l'année 1410 avec une nef à voûte datant des années 1550 à 1560 et regothisée à la charnière du XIXᵉ et du XXᵉ siècles. De cette époque proviennent les vitraux avec sainte Ludmila, saint Alois et saint Georges. La Tour blanche annexée à l'église, formait primitivement un clocher Renaissance et fut remaniée en style baroque au XVIIIᵉ siècle.

LA MADONE DE PLZEŇ 117 La statue gothique polychrome de la Madone à l'enfant installée dans l'église Saint-Barthélémy fut créée vers l'année 1395. Cette statue en calcaire de 125 cm de haut est un représentant du beau style de Bohême.

FRANTIŠKOVY LÁZNĚ 118—119 Station thermale située près de la ville de Cheb en Bohême du Sud et renommée grâce au traitement efficace des maladies des femmes, des maladies cardiovasculaires et du métabolisme. Au traitement sont utilisées notamment les sources minérales, surtout celle de Glauber et les boues. La station thermale fut fondée en 1793. Le pavillon au-dessus de la source de František et la statuette du petit François symbolisent la station thermale. La ville d'eau a un plan régulier avec des maisons pour la plupart classicistes et de vastes parcs.

LA RÉSERVE NATURELLE SOOS 120 Au nord-est de Františkovy Lázně s'étend une grande tourbière avec des sources minérales comprenant sur une surface de 221 hectares des mofettes et de faux volcans des marais où bouillonnent l'eau et la boue et des sources d'eau chaude. Il s'agit de manifestations de la fin de l'activité postvolcanique enregistrée dans cette partie de la Bohême. Dans la tourbière poussent des plantes halophiles et on y trouve une riche flore des tourbières.

LE LAC DE BARRAGE DE JESENICE 121 Le lac de barrage de Jesenice d'une longueur de 11 km a été créé sur la rivière Odrava près de Cheb en 1960. Il règle l'amenée de l'eau de la rivière Ohře à la centrale électrique de Tisová. Sur le lac de barrage est assuré en saison un transport régulier en bateaux et l'accès facile à l'eau permet des séjours de récréation, la baignade et la pêche.

MARIÁNSKÉ LÁZNĚ 122—125 Cette station thermale renommée de la Bohême du Sud se trouve au bord de la réserve naturelle classée de Slavkovský les à l'altitude de 567—779 mètres. Les sources curatives froides alcalino-salinines, les illutations et le gaz carbonique naturel servent au traitement des maladies des reins, du métabolisme et des maladies de la peau, des articulations et de l'appareil respiratoire. La station thermale fut fondée en 1805, mais l'effet curatif des sources était connu déjà au XVIᵉ siècle. La construction des colonnades et des établissements thermaux fut réalisée pour la plupart au cours du XIXᵉ siècle. L'attention des visiteurs est continuellement attirée par la fontaine chantante lumineuse située devant la colonnade principale.

KARLOVY VARY 126—132 Cette station thermale tchèque la plus grande et la plus importante, jouissant d'une renommée mondiale, se trouve au pied des monts Métallifères et au-dessous de la forêt Slavkovská, au confluent de la petite rivière Teplá et de la rivière Ohře, à l'altitude de 376 mètres. Les symboles de la ville d'eaux sont actuellement la source Vřídlo projetant de l'eau curative d'une température de 72 °C prise à la profondeur de 3 000 mètres jusqu'à la hauteur de 15 mètres et la statuette d'un chamois érigée sur un rocher au-dessous de Jelení skok. Les sources d'eau curative servent au traitement des maladies de l'appareil digestif, des maladies dues aux troubles du métabolisme, de la goutte, l'obésité, etc. La station thermale est serrée dans la vallée étroite de la Teplá. Parmi les ouvrages architectoniques se font remarquer un château baroque, la colonnade dite Mlýnská, l'église Sainte-Marie-Madeleine, le sanatorium Thermal, l'Imperial, le grand hôtel Pupp et le belvédère Diana sur la Hauteur de l'amitié.

LES MONTS MÉTALLIFÈRES 133 Ils forment un rempart montagneux massif au nord-ouest de la Bohême à la frontière avec l'Allemagne et s'étendent du col près de Plesná (altitude 598 mètres) jusqu'au col près de Tisá (571 mètres). Ils tombent brusquement dans la faille située à leur pied où coulent les rivières Ohře et Bílina et leurs pentes vers la Saxe sont bien moins inclinées. Ils ont eu dans le passé une grande importance grâce à l'extraction de différents métaux non-ferreux et d'argent. Ils étaient peuplés jusqu'à leurs crêtes. Au sommet des monts se trouvent de nombreuses tourbières ainsi que des colonies de pins sylvestres, de bouleaux rabougris et de pins à crochets des marais. En hiver les monts Métallifères sont recherchés par les skieurs en raison de leurs terrains convenables.

KLÍNOVEC 134 Sommet le plus haut des monts Métallifères (altitude 1 244 mètres) relié à la ville de Jáchymov par un télésiège. Au sommet se trouvent en dehors d'une tour panoramique un hôtel de montagne et une station de retranslation. Les amateurs des sports d'hiver y trouvent plusieurs pistes de descente et de remonte-pentes et ceux qui préfèrent le ski de fond ont a leur disposition une piste passant par les sommets du massif montagneux.

JEŠTĚD 135 Sommet faisant partie du faîte de Ještěd situé au-dessus de la ville de Liberec et atteignant l'altitude de 1 012 mètres. Il est relié à la ville par un téléphérique à cabine et par une route. Au sommet se trouve un pylône de télévision de conception originale avec un hôtel et un restaurant. Les points les plus élevés offrent une vue panoramique vers tous les côtés. La sta-

tion de sports Planá pod Ještědem offre aux visiteurs en hiver de bons terrains de ski, des remonte-pentes, des télésièges et des tremplins et en été des promenades intéressantes dans les environs montagneux.

LE MASSIF CENTRAL DE LA BOHÊME 136 La vallée profonde et étroite comme un canyon de l'Elbe située dans la partie centrale de la Bohême et appelée Česká brána (Porta bohemica) a 4 km de long et elle est serrée par le mont Dobrý (311) et le mont Strážiště (362 m) su nord-ouest de Velké Žernoseky. Le massif central de la Bohême, d'origine volcanique, est caractérisé par un grand nombre de monticules et de mamelons à roches volcaniques telles que le basalte, le phonolite et le trachyte.

KOKOŘÍN 137 Ce château fort gothique fut construit pendant la première moitié du XIVᵉ siècle sur un promontoire gréseux au-dessus de la vallée traversée par le ruisseau Psovka dans un paysage boisé. Après avoir été délaissé depuis le XVIIᵉ siècle il fut restauré romantiquement au cours des années 1911 à 1919. Il est dominé par une haute tour cylindrique à casque conique et par le palais seigneurial relevé d'un étage pendant sa reconstruction. Le paysage voisin avec des formations en grès de formes bizarres, appelées « couvercles » et des forêts assez vastes fait partie de la réserve naturelle de Kokořínsko.

MĚLNÍK 138 Ville située au confluent de la Vltava et de l'Elbe et ayant une histoire millénaire. Le nom Mělník est mentionné déjà sur de nombreuses pièces de monnaie frappées au Xᵉ siècle. D'une riche tradition y jouissait la viticulture dont le développement fut favorisé au XIVᵉ siecle aussi par Charles IV. Le château fort gothique transformé plus tard en château et remanié souvent se dresse sur une colline au-dessus de la rivière. L'église gothique Saint-Pierre et Saint-Paul située près de lui est d'origine romane. Le panorama de la ville est dominé par une haute tour.

LE MONT ŘÍP 139 Le mont de basalte en forme de cloche (56 mètres) sort d'un paysage plat sans forêts près de l'Elbe non loin de la ville de Roudnice. Sur son sommet fut construite dans la première moitié du XIᵉ siècle la rotonde romane Saint-Georges qui fut reconstruite en 1126. Suivant la mythologie tchèque se fut au sommet du mont Říp que l'ancêtre Čech amena jadis sa tribu. En 1962 le mont avec sa rotonde fut proclamé site culturel national classé.

HEJNICE 140 Coupole de l'église de pèlerinage de la Visitation de la Vierge, construite de 1722 à 1725 comme édifice à une nef transversale avec une façade à deux tours convexes-concaves.

FRÝDLANT 141—142 Château fort gothique situé en Bohême du Nord bien haut au-dessus d'une ville d'origine médiévale. Le château fort est dominé par une tour cylindrique massive appelée Indica. Au XVIᵉ siècle le château fort fut complété par un château Renaissance et plus tard on lui ajouta encore une aile de châtelain rénovée. Dans les espaces intérieures se trouve un riche mobilier. Le château fort est entouré de fortifications massives. Aux mois d'été sont organisées dans la cour des présentations d'escrime historique.

ČESKÁ KAMENICE 143 La ville située sur la rivière Kamenice près du bord de la réserve naturelle Labské pískovce fut créée au milieu du XIIIᵉ siècle au-dessous du château fort Kamenice dont on trouve encore des vestiges au mont Zámecký. Le château en partie Renaissance et en partie baroque sert à des fins utilitaires. L'église gothique Saint-Jacob du XIVᵉ siècle, la chapelle baroque de la Naissance de la Vierge (1736—1739) et l'hôtel de ville d'origine Renaissance sont les monuments historiques remarquables de la ville.

SYCHROV 144 Le château provient du remaniement d'un bâtiment du XVIIᵉ siècle en gothique romantique réalisé de 1847 à 1862. Ses dominantes sont les tours Rohanská et Bretonská. Ses bâtisseurs de la famille des Rohan ont installé à l'intérieur des équipements de grande valeur et l'apport le plus précieux est une collection de portraits français. Le parc du château avec des arbres du pays et de l'étranger a une superficie de 26 hectares.

HUMPRECHT 145 D'un mont en basalte boisé se dressant au-dessus de la ville Sobotka située au Paradis de Bohême regarde le paysage un petit château construit de 1666 à 1668 sur un plan ovale. Après l'incendie de 1678 on lui conféra sa hauteur actuelle. Il doit son nom à son bâtisseur, Humprecht Černín de Chudenice.

LA GROTTE DOLOMITIQUE DE BOZKOV 146 La grotte dolomitique découverte en Bohême orientale déjà en 1847 pendant l'extraction du calcaire à été rendue accessible au public en 1969. Les espaces de la grotte richement décorés de stalactites et de stalagmites comportent dans un des dômes un petit lac de 30 × 12 mètres. La grotte se forma dans un calcaire dolomitique résistant.

LES ENVIRONS DE HRUBÁ SKÁLA 147 Vue panoramique sur une vaste ville de rochers avec ses nombreuses tours, aiguilles, parois et formations rocheuses de formes bizarres. La ville de rochers forme une réserve naturelle entre Hrubá Skála et les Sedmihorky au sein de la région classée appelée Paradis de Bohême. Elle se divise en quatre parties appelées Dračí skály, Kapelník, Maják et Údolíčko et offre des conditions idéales aux alpinistes.

KOST 148 Forteresse gothique puissante fondée après l'année 1371 au bord du Paradis de Bohême. Le château fort est dominé par la Tour blanche prismatique à 5 niveaux. A la fin du XVe siècle le château fort Kost fut complété par le palais des Šelmberk et vers l'année 1545 par le palais Renaissance Bibrštejn. Dans les espaces de ce château fort, l'un des mieux conservés en Bohême, furent installés des tableaux et des sculptures du gothique tardif.

HRUBÁ SKÁLA 149 A peu près à partir du milieu du XIVe siècle se trouvait en pleine forêt entre les rochers de grès du Paradis de Bohême un château fort gothique transformé ensuite par des reconstructions en château Renaissance, puis baroque et finalement néo-baroque avec une haute tour qui a été récemment nouvellement aménagé pour pouvoir servir au délassement des membres des organisations syndicales.

LA RÉGION DES PRACHOVSKÉ SKÁLY 150 La ville de rochers Prachovské skály dans le Paradis de Bohême à proximité de la ville de Jičín s'étend sur une superficie de 187 hectares. Elle se trouve au milieu de forêts de conifères et mixtes et offre toute une série de belles vues sur des formations rocheuses. L'arrivée de nombreux visiteurs pouvant contempler des sites romantiques avec des rochers de grès bizarres, des parois, des blocs, des tours, des aiguilles et des grottes est facilitée par le bon accès à la ville de rochers ainsi que par le balisage des circuits touristiques.

LES RUINES DU CHÂTEAU FORT TROSKY 151 Deux roches éruptives portant les ruines d'un château fort permettent de contempler de très loin la région du Paradis de Bohême dont elles sont le symbole. Les deux parties du château fort construites sur la Baba et sur la Panna au XIVe siècle représentaient à l'époque un ouvrage technique remarquable. Le château fort tomba en désuétude au XVIIe siècle, mais ses ruines sont conservées.

PŘEROV NAD LABEM 152 Dans le musée des construuctions populaires créé dans le bassin de l'Elbe en Bohême centrale furent transportés des maisons d'habitation, des granges, des greniers, des séchoirs, des pigeonniers et des outils agricoles. En outre on y trouve des meubles et des articles de ménage, des vêtements et des peintures sur verre. Dans les jardins se trouvent des arbres, des arbrisseaux, des plantes et des légumes cultivés jadis par les paysans.

VESELÝ KOPEC 153 Musée de l'architecture populaire avec des maisons paysannes et des équipements techniques complétant les ouvrages du XVIIe et du XVIIIe siècles qui se sont conservés dans le village montagneux Vysočina. Il se trouve dans le district Chrudim sur le plateau tchéco-morave à l'altitude de 590 mètres. La réserve naturelle est complétée régulièrement par d'autres bâtiments.

LES FÊTES DE KLADRUBY 154—155 Le haras de Kladruby nad Labem fut fondé en 1579; l'élevage d'étalons y recommença en 1770 et dure jusqu'à nos jours. Dans la commune son organisés régulièrement des fêtes sportives et des jours d'équitation auxquels participe un public nombreux.

KUTNÁ HORA 156, 158 Après avoir été au moyen âge une riche ville minière royale, elle forme de nos jours un centre économique important et une ville classée. Elle fut fondée à côté d'un gisement important d'argent au XIIIe siècle, abritait un hôtel de la monnaie et était utilisée parfois comme résidence du roi de Bohême. La cour italienne où étaient frappés les fameux gros de Bohême, l'église gothique Saint-Jacob, la cathédrale Sainte-Barbe, le Hrádek, l'église de la Vierge na Náměti, une fontaine en pierre du gothique tardif, l'église gothique de la Vierge à Sedlec et d'autres édifices religieux ainsi qu'un nombre important de maisons d'habitation construites depuis l'époque gothique jusqu'au XIXe siècle forment de cet ensemble urbaniste un trésor unique en son genre de monuments historiques.

LIPNICE — 157 Ce château fort gothique monumental est mentionné pour la première fois dans les archives en 1316. Il a conservé malgré les reconstructions réalisées plus tard au XVIe et au XVIIe siècles les traits caractéristiques de l'architecture des châteaux forts du début du XIVe siècle. Le vieux palais et le palais neuf datant du XVIe siècle furent baroquisés en 1683. La tour de Samson fut construite en 1537. Dans la chapelle du château fort se sont conservées des peintures murales créées au milieu du XIVe siècle.
Le château fort fut ravagé en 1869 par un incendie et commença à tomber en ruines. Certaines de ses parties furent plus tard restaurées.

LITOMYŠL 159 Le château Renaissance monumental construit à partir de l'année 1568 par les membres de la famille Pernštejn se dresse au-dessus d'une ville classée. Dans le château s'est conservé un théâtre classiciste construit en 1796 et 1797 avec ses décorations primitives. Les espaces intérieurs du château abritent des collections du Musée de la musique tchèque. Dans la maison de la brasserie du château nacquit en 1824 le compositeur célèbre Bedřich Smetana.

LE LAC DE BARRAGE DE SEČ 160 Le lac de barrage sur la rivière Chrudimka fut construit de 1925 a 1935 et il sert à la régulation du cours de la rivière et aux services hydrauliques. La superficie des eaux retenues est de 192 hectares et il se range donc parmi les plus grands lacs de barrage de la région. Il se trouve au milieu de forêts et forme un centre de délasseement recherché au sein des Železné hory.

LUŽE 161 Eglise de pèlerinage baroque monumentale de la Vierge construite de 1690 à 1695 et occupant une position dominante sur le mont basaltique Chlumek. A l'intérieur de l'église se trouve une décoration très précieuse. La résidence des jésuites située dans le voisinage fut construite de 1678 à 1682 en style baroque.

DOUDLEBY 162 Château Renaissance construit dans une ville située au confluent de la Divoká Orlice et de la Zdobnice en Bohême orientale. Le bâtiment du château dont la façade est richement ornée de stuc provient de la fin du XVIe siècle et fut ensuite remanié en style baroque. Les espaces du château ont une riche décoration pictorale et de stuc et abritent un mobilier de l'époque, des tableaux et une riche collection de dentelles tchèques et étrangères. Le château est entouré d'un parc naturel.

HRADEC KRÁLOVÉ 163 Ville classée de la Bohême orientale ayant quelque 100 000 habitants et située au confluent de l'Elbe et de l'Orlice. Dans son noyau historique se dressent sur la place Žižka la cathédrale gothique en briques du Saint-Esprit fondée en 1307, la haute Tour blanche prismatique construite de 1574 à 1589, l'église baroque de l'Assomption de la Sainte-Vierge datant des années 1654 à 1666 avec un collège des jésuites, la résidence baroque de l'évêque (1709—1716), l'hôtel de ville Renaissance conservant son aspect des années 1850 et 1851 et un groupe de sculptures mariales provenant des années 1714 à 1716.

HRÁDEK U NECHANIC 164 Château construit de 1839 à 1854 sur le mont Lubenské en style gothique des Tudors anglais. Le centre du château fort est rendu plus expressif par une tour prismatique avec créneaux et petites tours pour les tireurs. Le mobilier, les tableaux avec des portraits, les objets en céramique et en porcelaine, les horloges et les armes qui se trouvent à l'intérieur du château proviennent presque de toute l'Europe centrale. Le château est entouré d'un parc naturel d'une superficie de presque 30 hectares.

RYCHNOV NAD KNĚŽNOU 165 Château baroque avec une grande façade construit de 1676 à 1690 et élargi vers l'année 1720, peut être avec la participation de Jean Santini. Derrière le château se dresse une église de la Trinité construite vers l'année 1600 et ayant une façade de Santini. Dans les salles représentatives du château se trouvent actuellement une collection de tableaux datant du XVe au XIXe siècle et appartenant à la famille des Kolovrat ainsi que des tapisseries, des statues, un vieux mobilier et des objets en faïence, étain et porcelaine.

RÉGION PRÈS DE KUKS 166 Région accidentée de la Bělohradská pahorkatina, caractéristique pour les endroits marqués par l'activité architecturale du rationaliste František Antonín Špork déployée à la charnière du XVIIe et du XVIIIe siècles.

NOVÉ MĚSTO NAD METUJÍ 167 Ville fondée en 1501 sur un promontoir abrupt surplombant la rivière Metuje ensemble avec une forteresse comme l'une des villes construites assez tard en Bohême. La place oblongue située au centre de la ville est bordée de maisons Renaissance ayant en partie des façades baroques, de l'église de la Trinité construite en style gothique tardif de 1513 à 1523, et d'un château reconstruit en style baroque primitif et de 1909 à 1911 en style moderne. L'équipement intérieur du château est l'œuvre d'artistes tchèques. La ville Nové Město nad Metují est actuellement un site classé.

LE KUKS 168, 169 František Antonín Špork fonda près des sources minérales situées dans la région entre 1695 et 1724 un établissement thermal, un théâtre, un champ de courses et un château. Jusqu'à nos jours ne se sont conservés qu'un hôpital baroque et une église de la Trinité et à côté d'elle sur des terrasses une galerie des statues des Vertus et des Vices créée par le sculpteur renommé Matyáš B. Braun. Des sculpteurs de l'atelier de Braun réalisèrent dans les rochers de Nový les près de Zirc, à l'endroit appelé Bethléem, des plastiques et des reliefs baroques intéressants sur le plan artistique.

PAYSAGE PRÈS DE SEMILY 170 Il s'étend entre le Krkonošské podhůří et le Kozákovský hřbet en Bohême orientale et on y trouve alternativement des forêts, des prairies et des champs.

LES MONTS DES GÉANTS 171—172 Aspect typique des montagnes tchèques les plus hautes en hiver lorsqu'elles sont couvertes d'une couche épaisse de neige et entourées d'un silence profond. Les photographes y peuvent prendre des photos intéressantes des endroits les plus charmants du massif montagneux et les amateurs des sports d'hiver y trouvent des terrains idéaux pour la pratique du ski, de la descente et du ski de fond.

LE LAC DE BARRAGE DE L'ELBE 173 Réservoir servant à la retenue de l'eau de l'Elbe situé à 2 km environ au sud-ouest de Špindlerův Mlýn. Les rapides créés au-dessous du barrage lorsqu'on lâche l'eau du réservoir permettent d'y organiser le slalom et la descente sur l'eau sauvage.

LA CHUTE DE MUMLAVA 174 Elle a 10 mètres de haut et occupe tout le lit de la Mumlava dans le Mumlavský důl au sein du parc national des monts des Géants, près de la station d'hiver Harrachov.

STUDNIČNÍ HORA ET LUČNÍ BOUDA 175 Deuxième sommet le plus élevé des monts des Géants à formes arrondies atteignant l'altitude de 1 354 mètres. Vers le nord il descend par des pentes herbeuses jusqu'à la Bílá louka et au marécage de l'Úpa tandis que vers le sud et vers l'est ses pentes rocheuses abruptes aboutissent à Obří důl et à Modrý důl. Le chalet Luční situé sur la vaste prairie Luční est le centre d'hébergement le plus important de la République tchèque situé dans les montagnes.

SNĚŽKA 176—177 C'est le sommet le plus élevé (1 602 mètres) des monts des Géants s'étendant de l'ouest vers l'est à la frontière de la République tchèque et de la Pologne. La frontière passe juste par le sommet de la Sněžka où se trouvent en dehors des constructions polonaises un chalet touristique tchèque et la station terminus du télé-siège partant de Pec pod Sněžkou. La pente abrupte du côté sud de la Sněžka descend jusqu'à Obří důl, cirque glaciaire énorme creusé par un glacier à l'ère quaternaire. Les monts des Géants forment un parc national.

BRNO 178—183 Cette ville, deuxième par ordre de grandeur en République tchèque, capitale de la Moravie avec 350 000 habitants doit sa renommée à son potentiel industriel et économique et à son niveau culturel. La ville est dominée par le château primitif Špilberk haut perché, transformé en forteresse baroque et le quartier Petrov situé plus bas et caractérisé par les tours effilées de l'église Saint-Pierre et Saint-Paul construite en style roman. L'ancien centre commercial de Brno au-dessous du château fort transformé au XIIIᵉ siècle en ville qui a atteint un niveau politique et économique important. On y trouve toujours encore un grand nombre de monuments historiques et culturels, parmi lesquels figurent le vieux hôtel de ville avec sa tour caractéristique, l'ancienne maison du pays formant actuellement le nouvel hôtel de ville, le palais Dietrichštejn et plusieurs autres encore, les églises Saint-Thomas, Saint-Jacob et Saint-Michel, une église monastique située dans la vieille ville de Brno et beaucoup d'autres monuments historiques intéressants. Il ne faut pas oublier aussi les constructions modernes telles que la villa Tugendhat, les bâtiments et les pavillons construits dans l'enceinte de la foire internationale de Brno, le théâtre de Leoš Janáček, etc. Le noyau historique de Brno est un site classé.

LE LAC DE BARRAGE DE BRNO 184 Ouvrage hydraulique construit de 1935 à 1939 sur la rivière Svratka près de la banlieu de Brno Bystrč. Le barrage de 34 mètres de haut retient 21 millions de m³ d'eau et forme un lac de 9 km de long et jusqu'à 800 mètres de large. Le lac de barrage est devenu la zone de récréation la plus recherchée par les habitants de Brno et des bateaux assurent en saison d'été la circulation sur l'eau.

VYŠKOV 185 Cette commune seigneuriale mentionnée dans les archives déjà en 1131 fut élevée au XIIIᵉ siècle au rang de ville et appartenait ensuite pendant plusieurs siècles à l'évêché d'Olomouc. A la place située au centre de la ville on remarque l'hôtel de ville Renaissance remanié vers l'année 1730 et comportant une haute tour prismatique avec une galerie et une colonne érigée en souvenir de la peste (1719). Le château baroque remplaçant le château fort gothique primitif et l'église de l'Assomption de la Sainte Vierge, construite primitivement en style gothique flamboyant et remaniée ensuite en style baroque sont d'autres monuments historiques intéressants de la ville.

AUSTERLITZ (SLAVKOV U BRNA) 186—187 Le monument en pierres d'Austerlitz fut construit sur le mont Pracký (325 mètres) entre 1909 et 1912 pour commémorer la Bataille sanglante des trois Empereurs qui se déroula le 2 décembre 1805 près d'Austerlitz (Slavkov) et se termina par la victoire de l'armée de Napoléon. Le monument fut réalisé suivant un projet de l'architecte Josef Fanta. Le château de Slavkov fut construit en style baroque vers l'année 1700 et élargi au milieu du XVIIIᵉ siècle. Il a un riche équipement intérieur. Le château est entouré d'un parc baroque reconstruit.

LA MADONE DE TUŘANY 188 Statue en bois de la Madone à l'enfant avec de petites couronnes provenant des années 80 du XIIIᵉ siècle et située sur l'autel de l'église de pèlerinage de l'Annonciation de la Vierge Marie, reconstruite en style baroque au XVIIIᵉ siècle. Tuřany font partie de la ville de Brno.

VRANOV U BRNA 189 L'église de pèlerinage de la Naissance de la Vierge avec une seule nef et deux tours quadrilatérales construite de 1622 à 1624 fut reconstruite dans la seconde moitié du XVIIᵉ siècle. La vaste fresque sur la voûte de l'église fut créée en 1738 par Jan J. Etgens.

LE GOUFFRE MACOCHA 190 En raison de sa profondeur de 138,5 mètres c'est le gouffre le plus profond de la République tchèque. Il est dû à l'effondrement du plafond d'une vaste grotte du karst morave. On peut voir son fond à partir du Horní můstek situé près d'un chalet touristique et du Dolní můstek creusé dans la roche à 90 mètres au-dessus du fond. Celui-ci est accessible à partir des grottes de la Punkva. Au fond se trouvent deux petits lacs — supérieur et inférieur — traversés par la rivière souterraine Punkva.

LES GROTTES DE LA PUNKVA 191 Il s'agit d'un vaste complexe de grottes situé dans la partie nord du karst morave formant une réserve naturelle classée et accessible du canyon karstique Pustý žleb relié par une route à la ville de Blansko située à proximité. Les grottes ont été rendues accessibles au grand public en 1914. Elles doivent leur renommée à leurs vastes es-

paces riches en stalactites et stalagmites de formes variées. Du fond du gouffre Macocha on ne peut accéder qu'en canots aux dômes d'eau célèbres de la Macocha.

LE KARST MORAVE 192—194 Région de calcaires dolomitiques ayant une superficie de 100 km², une longueur de 25 km et une largeur de 2 à 5 km, située au nord-est de Brno et formant une réserve naturelle. Sur un territoire richement boisé on peut rencontrer un grand nombre de phénomènes karstiques typiques — lapiés, canyons, vallées en cul de sac, grottes et rivières souterraines dont la plus connue est la Punkva. Plus au nord, dans la partie inférieure de Suchý žleb, est accessible au public la grotte Kateřinská et près d'Ostrov à côté du gouffre Macocha la grotte Balcarka et dans la partie nord du karst morave s'étend le vaste complexe des grottes Sloup-Šošůvka.

KŘTINY 195—196 Cette église de pèlerinage baroque somptueuse avec sa coupole majestueuse et une tour carrée complétant sa façade fut construite suivant un projet de Jan Santini entre les années 1728 et 1750. La fresque sur le plafond est l'œuvre de Jan J. Etgens. La statue de la Madone à l'enfant sur le maître-autel provient du XVᵉ siècle.

RÁJEC NAD SVITAVOU 197 Le château baroque à mansardes créé en style Louis XV sur un plan en U sur la pente au-dessus du village Rájec-Jestřebí fut construit de 1762 à 1769. A l'intérieur se trouvent des salles pompeuses en style de l'époque, une bibliothèque, une galerie de tableaux et un riche mobilier notamment baroque. Le château est entouré d'un parc.

LYSICE 198 La forteresse entourée d'eau de la fin du XVᵉ siècle, maintes fois restaurée et remaniée a reçu sa forme actuelle après sa reconstruction baroque grandiose réalisée de 1705 à 1738. La silhouette discrète du château est soulignée par la colonnade de l'année 1833 avec une galerie couverte en bois. Des adaptations importantes furent réalisées en style Empire par les seigneurs Dubští de Třebomyslice. Parmi les équipements intérieurs de l'époque se fait remarquer la bibliothèque de la femme écrivain autrichienne bien connue Marie Ebner von Eschenbach, née Dubská de Třebomyslice (1830—1916) qui y passa son enfance.

LE PLATEAU TCHÉCO-MORAVE 199, 206—207 Vaste région montagneuse s'étendant sur le territoire de la Bohême du Sud et de la Bohême orientale ainsi que de la Moravie du Sud-Ouest, depuis le cours supérieur de la Sázava jusqu'à la région montueuse de Jevišovice. Les monts Žďárské faisant partie du plateau tchéco-morave forment une réserve naturelle peuplée surtout de conifères et riche en prés, tourbières et étangs. L'étang Velké Dářko ayant une superficie de 206 hectares est recherché comme centre de délassement. La région montueuse du plateau tchéco-morave attire les visiteurs au printemps et en été par son beau paysage et en hiver par ses terrains recherchés par les skieurs.

TIŠNOV-PŘEDKLÁŠTEŘÍ 200—201 Le couvent de religieuses appelé Porta coeli (Porte du ciel) fut fondé après l'année 1230 par la reine de Bohême Constance qui y a aussi son tombeau. L'église du couvent provenant des années 1240 à 1260 est une basilique à trois nefs. Le portique intéressant qui se trouve dans la façade arrière enchaîne avec les exemples de l'art gothique français par sa riche décoration végétale et figurative.

NÁMĚŠŤ NAD OSLAVOU 202 Le château dominant la ville eut son prédécesseur dans un château fort construit dans la seconde moitié du XIIIᵉ siècle. Après ses reconstructions en style Renaissance et baroque et plusieurs remaniements il reçut au XVIIIᵉ siècle la forme qu'il a aujourd'hui. Dans les espaces intérieurs aménagés en style de l'époque se trouve une série de tapisseries créées depuis le XVIᵉ jusqu'au XIXᵉ siècles. Le pont franchissant la rivière Oslava est orné de plus de 20 statues baroques représentant les saints qui furent créées de 1730 à 1740.

TŘEBÍČ 203 La basilique Saint-Prokop (dédiée primitivement à l'Assomption de la Sainte Vierge) située près d'un monastère des bénédictins fut construite de 1240 à 1260. Dans la disposition de l'art roman tardif pénétrèrent déjà des éléments du style gothique. Particulièrement intéressantes sont les voûtes à nervures en huit pièces et les peintures murales de la seconde moitié du XIIIᵉ siècle ornant la sacristie. Après plusieurs dévastations l'église fut reconstruite en 1725 suivant un projet de Frant. Max. Kaňka en gothique baroque (de cette époque date aussi la Consécration de saint Procope).

PERNŠTEJN 204—205 Château fort monumental morave construit depuis la seconde moitié du XIIIᵉ siècle sur une longue crête au-dessus du confluent de la rivière Nedvědická et de la rivière Svratka. Au fil des siècles il fut plusieurs fois élargi, remanié et enrichi sur le plan architectural, notamment en style gothique tardif, Renaissance et baroque et on renforça aussi ses fortifications de sorte qu'il résista même au siège de l'armée suédoise. Les intérieurs, nouvellement aménagés au XVIIIᵉ et au XIXᵉ siècles, abritent des équipements et un mobilier de l'époque en gothique tardif et Renaissance.

TELČ 208—210 Une des plus belles villes classées avec château de la République tchèque, située en Moravie du Sud-Ouest. La commune primitive est mentionnée dans les archives en 1207. La place oblongue au centre de la ville est entourée de maisons en styles gothique, Renaissance et baroque avec des arcades et beaucoup de jolis frontons. Au-dessus des maisons se dressent les tours des églises et les bâtiments du château remplaçant le château fort primitif. Dans les salles du château se sont conservés des plafonds Renaissance magnifiques, un mobilier de l'époque, des tableaux et des armes. La ville a été rangée par une décision de l'UNESCO parmi les sites classés du patrimoine culturel mondial.

ZNOJMO 211 Réserve urbaine importante située au-dessus de la rivière Dyje dans la partie sud-est de la Moravie. Elle fut au début le siège des princes apanagistes de la famille des Přemyslides et à cette époque est lié le cycle fameux de peintures murales créées en 1134 et ornant la rotonde Sainte-Catherine située devant le château fort de Znojmo transformé plus tard en château. Dans le panorama de la ville datant de l'année 1226 se font valoir plusieurs monuments historiques et tours de l'architecture religieuse, tels que l'église Saint-Nicolas, la chapelle Saint-Venceslas et les églises Saint-Michel, de la Découverte de la sainte Croix, Saint-Jean Baptiste et Sainte-Elisabeth ainsi que la tour de l'hôtel de ville. Jusqu'à nos jours se sont conservées aussi des parties importantes de la fortification de la ville.

VRANOV NAD DYJÍ 212 Haut perché au-dessus de la vallée de la Dyje se trouve sur un promontoire rocheux à l'emplacement d'un château fort du XIIIᵉ siècle un château construit entre les années 1687 et 1695 suivant un projet de J. B. Fischer d'Erlach. L'auteur du projet a placé directement au-dessus de la pente raide la salle des ancêtres ayant un plan ovale et richement décorée de peintures et de sculptures. Les espaces du château sont en style classiciste.

LE BARRAGE DE VRANOV 213 L'ouvrage hydraulique construit sur la rivière Dyje de 1930 à 1933 en vue de la régulation du cours et de la retenue des eaux est complété par une centrale électrique située au-dessous du barrage. Celui-ci a 55 mètres de haut et retient les eaux de la Dyje jusqu'à la distance de quelque 30 km. Presque tout au long du lac de barrage se trouvent de nombreux centres de délassement.

DUB NAD MORAVOU 214 L'église de pèlerinage baroque de la Purification de la Vierge construite de 1734 à 1756 est une dominante expressive de toute la région de la Haná. Les tours de la façade sont reliées par une galerie avec 28 statues et toute l'église est entourée d'une balustrade avec des statues et des vases en pierre. Les tours furent reconstruites après avoir été ravagées par un incendie (1782) et les voûtes furent remises à neuf après leur affaissement (1854).

LEDNICE 215 Château néo-gothique construit entre les années 1846 et 1856 dans un paysage transformé en parc, traversé par la rivière Dyje et comprenant nombreux étangs. Le château eut des précurseurs, à savoir une forteresse gothique, puis un château Renaissance et finalement, à la fin du XVIIᵉ siècle, un château baroque. L'équipement intérieur comprend des sculptures sur bois artistiques précieuses et un mobilier de valeur. Le château est entouré d'un parc naturel à l'anglaise.

JAROMĚŘICE NAD ROKYTNOU 216 Ce château construit en style baroque tardif suivant un projet de Jacob Frandtauer de 1700 à 1737 au bord de la Rokytná se range parmi les châteaux les plus majestueux fondés dans les pays tchèques au cours de la première moitié du XVIIIᵉ siècle. L'aire est dominée par l'église Sainte-Marguerite construite de 1715 à 1732 et possédant une coupole massive. Au XVIIIᵉ siècle le château de Jaroměřice devint un centre important de la culture théâtrale et musicale. Le parc du château est complété par des plastiques baroques avec des scènes de la mythologie antique.

VNOROVY 217 Village pittoresque situé dans la région de Moravské slovácko et jouissant d'une riche tradition dans le domaine de la fabrication d'œufs de Pâques peints et de figurines en feuilles de maïs séchées.

COSTUME RÉGIONAL DE RATIŠKOVICE 218 Les femmes et les hommes vivant dans la commune de Ratiškovice, située entre Kyjov et Hodonín, portent toujours encore aux occasions solennelles des costumes régionaux multicolores appelés « de Kyjov ».

COSTUME RÉGIONAL DE LA HANÁ 219 Ce costume est porté au voisinage de Náměšť situé dans la région de la Haná. Le costume populaire solennel est dominé par le blanc et ses éléments caractéristiques sont les manches richement plissées et les jupes descendant jusqu'à la moitié des mollets.

VELEHRAD 220—222 La basilique romane primitive de l'Assomption de la Sainte Vierge construite près d'un monastère cistercien fondé en 1205 fut radicalement reconstruite en style baroque après un incendie en 1686—1735. Les peintures du plafond et murales sont l'œuvre de Jan J. Etgens. La chapelle gothique Cyrilka datant de la moitié du XIIIᵉ siecle fut remaniée en style baroque. Le tableau votif de saint Cyrile et de saint Méthode fut créé par le peintre polonais Jan Matejka (1838—1893) en 1885.

KROMĚŘÍŽ 223—227 La ville fut construite au-dessous du château fort des évêques d'Olomouc au XIIIᵉ siècle. Le château fort reconstruit au XVIIIᵉ siècle en château fut richement décoré à l'intérieur par des artistes éminents

de l'époque. Une valeur toute particulière ont les ouvrages artistiques qui se trouvent dans la galerie du château. Le centre de la colonnade Podzámecká est formé par la colonnade Pompejánská. Le jardin de fleurs est aménagé en parc à la française. Au centre de la ville on trouve l'église gothique Saint-Maurice ainsi que d'autres édifices religieux, des maisons intéressantes, des vestiges des anciens remparts, la porte Mlýnská (1585) et un hôtel de ville Rennaissance. La ville de Kroměříž est une ville classée.

BUCHLOVICE 228 Le château de Buchlovice rappelle une villa italienne et il est formé par deux bâtiments semi-circulaires indépendants dont les façades donnant sur la cour sont disposées face à face. Le bâtiment inférieur forme le château proprement dit avec des salles représentatives et un équipement de l'époque tandis que le bâtiment supérieur était réservé au personnel et en partie aussi aux écuries. Ce complexe baroque fut construit aux environs de l'année 1700. Le parc du château est enrichi de sculptures baroques.

ZLÍN 229 Chef-lieu de district moderne avec de nombreuses usines et maisons d'habitation. L'histoire du village primitif commença au XIVᵉ siècle et on trouve toujours encore dans la partie historique de la ville un château remanié en style baroque, une église en style gothique tardif ayant conservé son aspect de l'année 1845 et un hôtel de ville (1586). A l'édification constructiviste moderne des usines Baťa, des bâtiments administratifs, sociaux et commerciaux ainsi que des écoles ont participé de nombreux architectes renommés du pays.

HOSTOV 230 L'église de pèlerinage baroque construite de 1721 à 1748 au sommet d'une haute colline fut restaurée en 1769 après avoir été ravagée par un incendie. A cette occasion on modifia également la partie supérieure des tours. Au XIXᵉ siècle fut ajoutée au couvent la chapelle du bienheureux Jean Sankander. La mosaïque avec la Sainte Vierge svatohostýnská sur la façade de l'église est formée par 250 000 petites pierres.

OLOMOUC 231—235 Cette ville avec quelque 100 000 habitants, réserve urbaine classée importante, est le centre culturel, scientifique et économique de la région agricole de la Haná. Le noyau historique de la ville est dominé par un hôtel de ville gothique avec une haute tour et une horloge astronomique, un groupe de sculptures baroques magnifiques de la Trinité et l'église gothique Saint-Maurice. En outre on trouve dans la ville encore d'autres édifices religieux, toute une série de palais, des maisons gothiques, Renaissance et baroques et des fontaines. Sur un ancien château fort on aperçoit trois tours de la cathédrale gothique Saint-Venceslas regothisée au XIXᵉ siècle. Le palais des Přemyslides est un monument historique classé.

SVATÝ KOPEČEK 236—237 L'église de la Visitation de la Vierge construite à côté d'un couvent des prémontrés est une construction du baroque primitif datant des années 1669—1679, réalisée suivant un projet de C. P. Tencallou. L'équipement de cette église de pèlerinage a une grande valeur. Après l'année 1700 on construisit près d'elle une résidence. Svatý Kopeček occupe une position dominante au-dessus de la région de la Haná.

ŠTERNBERK 238—239 Le musée des horloges installé au château est orienté vers l'histoire de l'horlogerie depuis le passé jusqu'au présent. Parmi les collections se trouvent des exemplaires d'une grande valeur technique et artistique. Le château fort gothique Šternberk reconstruit au XVIᵉ siècle en château Renaissance connut en 1886 une reconstruction néo-gothique.

LES GROTTES JAVORÍČSKÉ 240—241 Les vastes grottes karstiques s'étendant dans les calcaires dolomitiques du mont Špráněk, creusées par les eaux du ruisseau souterrain Špráněk ont été découvertes en 1938 et rendues accessibles au public en 1952. Elles ont été habitées déjà par l'homme préhistorique. Ces grottes sont caractérisées par leurs vastes espaces et leur magnifique décor de stalactites et stalagmites. Le plus majestueux est le Dôme des géants de 50 mètres de long, 14 mètres de large et 18 mètres de haut, riche en stalactites, stalagmites et piliers calcaires de dimensions gigantesques.

BOUZOV 242—243 Ce château fort gothique mentionné pour la première fois dans les archives en 1317 et élargi au XVIIᵉ siècle devint en 1699 propriété de l'ordre des chevaliers teutoniques. Ceux-ci firent réparer le château fort entre les années 1896 et 1901 et le restaurer en gothique romantique pour obtenir un château fort de l'ordre. On a aménagé et équipé romantiquement aussi les intérieurs qui abritent un mobilier et des collections de valeur.

LES GROTTES DE MLADEČ 244—245 Elles s'étendent près de la ville morave de Litovel dans le karst de Mladeč en calcaire devonien et furent creusées par l'action érosive des eaux d'un ruisseau coulant dans le mont Třešíň. Elles furent connues à l'homme préhistorique qui vivait dans cette region à la fin de l'âge paléolithique. On y trouve des os humains, des restes de foyers et des outils en pierre ainsi que des restes d'animaux disparus. Les espaces les plus intéressants sont la Grotte panenská richement décorée de concrétions calcaires, la Grotte jezerní avec deux petits lacs et le Dôme des défunts.

JESENÍKY 246—247 Chaîne montagneuse importante couvrant la partie nord de la Moravie et une partie de la Silésie. Elle est formée par plusieurs groupes de montagnes parmi lesquels le plus recherché est le Hrubý Jeseník avec le sommet le plus haut du massif montagneux Praděd (1 492 mètres).

Par le col Červenohorský du Hrubý Jeseník formant un centre de tourisme et de délassement passe une route reliant Šumperk à Domašov et à la ville de Jeseník. Un sentier pour touristes et skieurs a été amenagé sur les crêtes du massif.

KARLOVA STUDÁNKA 248   Station thermale située dans le Hrubý Jeseník dans la vallée profonde de la Bílá Opava au pied du mont Praděd et entourée de tous les côtés de forêts profondes. Elle fut fondée en 1780 et la plupart des établissements thermaux furent construits de la même manière en style attrayant. On y traite les maladies de l'appareil respiratoire.

VUE SUR JESENÍK 249   Le village primitif fut mentionné pour la première fois dans les archives en 1267. La ville est caractérisée par un château fort entouré d'eau et remanié en château Renaissance qui abrite actuellement des collections de musée. La station thermale Jeseník fut fondée avant l'année 1830 par le paysan Vincenc Priessnitz. Aux cures sont utilisées les sources minérales naturelles et le climat favorable. On y traite les maladies de l'appareil nerveux, les maladies mentales, la dégradation du métabolisme, les maladies de l'appareil respiratoire, l'artériosclérose, etc.

LES GROTTES NA POMEZÍ 250   Grottes situées dans les monts Rychlebské à l'altitude de 576 mètres près de la station thermale Dolní Lipová. Elles furent creusées dans un calcaire cristallin très pur. La plus ancienne de ces grottes a été découverte en 1936. Les grottes sont caracterisées par de belles concrétions calcaires pouvant être rencontrées dans le Dôme ledový, le Dôme královský, la Klenotnice et d'autres espaces encore. On y trouve des stalactites, stalagmites, rideaux et autres concrétions calcaires.

OPAVA 251   Centre culturel et économique de la Silésie mentionné pour la première fois dans les archives en 1195. La ville d'Opava fut jadis la capitale du duché d'Opava et plus tard de la Silésie tchèque. Parmi les monuments historiques remarquables figurent l'église en briques de l'Assomption de la Sainte Vierge, mentionnée en 1204, l'église du Saint-Esprit des frères mineurs, l'église Saint-Venceslas des dominicains, l'église Saint-Jean Baptiste, l'église Saint-Georges des jésuites, le siège du gouvernement du pays, l'hôtel de ville avec la tour Hláska de l'année 1618, les palais Blucherův et Sobkův, et la chapelle de la sainte Croix appelée Švédská à Kateřinky. La ville d'Opava a été endommagée par les combats en 1945 et il a fallu donc reconstruire son centre.

FULNEK 252—254   Fulnek est mentionné en 1293 comme ville fortifiée située au-dessous d'un château fort qui fut plus tard remanié en château baroque. Le château inférieur est un ouvrage Renaissance. De 1618 à 1621 y exerça la fonction d'instituteur à l'école des frères tchèques Coménius. L'ancien temple des Frères transformé en monument commémoratif de Coménius est un monument culturel national. L'hôtel de ville avec sa tour construit en 1610 a été reconstruit après l'année 1945 et la colonne baroque date de la première moitié du XVIII\e siècle. La ville a été très endommagée à la fin de la Seconde Guerre mondiale.

VÍTKOVICKÉ ŽELEZÁRNY 255   Cette entreprise fut fondée en 1828 par l'archevêque d'Olomouc, l'archiduc Rudolf Jan. La fondation des aciéries et leur essor dynamique ainsi que le riche programme de production du complexe ensemble avec toute une série de modèles et de produits sont représentés dans le musée historique de l'entreprise.

OSTRAVA 256   Cette troisième ville par ordre d'importance de la République tchèque qui a 340 000 habitants et se trouve dans le bassin houiller Ostravsko-Karvinský est l'un des centres économiques les plus importants du pays avec une riche industrie houillère, métallurgique, sidérurgique, mécanique et chimique. Ele a été créée par la réunion de 33 communes moraves et silésiennes auparavant indépendantes. L'extraction importante de houille, la construction d'aciéries et la liaison au réseau ferroviaire ont créé des conditions favorables pour le dévelopement de l'industrie lourde de la région. L'un des monuments historiques intéressants de la ville est le vieil hôtel de ville construit en 1556, relevé en 1859 et utilisé de nos jours comme musée.

LE LAC DE BARRAGE DE TĚRLICKO 257   Lac de barrage sur la rivière Stonavka près de la comune Horní Těrlicko non loin de Český Těšín.

HELFŠTÝN 258   Ruines du plus vaste château fort morave situées sur un sommet boisé au-dessus de la rivière Bečva dans la Porte morave. Il fut fondé après l'année 1278 et élargi au XIV\e siècle. Au fil des siècles on élargit ses fortifications notamment en gothique tardif et construisit sur l'emplacement du château fort intérieur un palais en style Renaissance tardif avec une chapelle. L'aire est entourée de remparts avec des tours cylindriques et prismatiques, des portes et des fossés. En 1658 le Helfštýn fut volontairement démoli pour ne pas pouvoir servir à l'ennemi et à partir du XVIII\e siècle il commença à tomber en ruines. Actuellement on y réalise des reconstructions fréquentes.

LA MOISSON DANS LA RÉGION DE LA HANÁ 259   La Haná est une région agricole importante de la Moravie centrale bien connue par les rendements élevés des plantes agricoles qui y sont cultivées.

LES BESKIDES — LE LAC DE BARRAGE ŠANCE 260   Le barrage-ré-servoir construit sur la rivière Ostravice dans les Beskides moravo-silé-siennes alimente en eau potable la région d'Ostrava.

ROŽNOV POD RADHOŠTĚM 261—262   L'attrait principal de la ville s'étendant au-dessous de la crête principale des Beskides moravo-silésiennes est le musée populaire en plein air de la Valaquie, ouvert en 1925. Sa première partie, la Ville en bois, a été complétée plus tard par la Valašská dědi-na na Stráni et ensuite par la Mlýnská dolina. Dans le musée populaire en plein air sont concentrées plusieurs dizaines de constructions de Valašsko, Lašsko, Těšínsko et Kopanice.

LES BESKIDES 263—265   Ce massif montagneux important fait partie de la réserve naturelle classée des Beskides couvrant 1 160 km². Les pentes abruptes sont rendues encore plus intéressantes par des près de montagne, des fermes, des maisons en bois typiques des Valaques, des vallées profondes et de nombreux cours d'eau. Le massif comprend trois groupes montagneux différents — les monts Radhošťské, Lysohorské et Klokočovské. Le mont Radhošť (1 129 mètres) se range, bien qu'il ne soit pas le plus haut, parmi les sommets les plus connus tandis que Pustevny (1 018 mètres) figurent parmi les plus recherchés.

Repubblica Ceca

LA MOLDAVA E IL CASTELLO DI PRAGA 1   Il Castello di Praga, simbolo millenario dello stato Ceco, luogo dal quale governavano i principi del casato dei Premyslidi, grandi re ed imperatori, e nel XX secolo presidenti, opera architettonica monumentale realizzata da numerosi importanti costruttori e da noti e sconosciuti architetti. Per lunghi secoli esso si specchia nelle acque scintillanti della Moldava, che nella conca di Praga aveva allargato il proprio corso in maniera tale da comprendere l'immagine intera del Castelllo, ma anche delle città praghesi distese su entrambe le rive, dei campanili delle chiese e delle loro cupole, dei pendii verdeggianti sui declivi e sulle colline, delle isole e del firmamento sconfinato.

IL PONTE CARLO 2, 15—16   Dai tempi di Carlo IV esso collega a distanza di mezzo chilometro la Città Vecchia, distesa sulla riva destra della Moldava, e la Malá Strana sulla riva sinistra del fiume. La sua fondazione risale all'anno 1357 e la sua costruzione è legata al nome di Petr Parléř. Il ponte aveva sostituito il più vecchio ponte romanico travolto da una piena, chiamato ponte di Giuditta. Il suo ruolo nella storia di Praga era sempre importante, tanto è vero che per lunghi secoli era l'unico ponte esistente. Tra le sue curiosità rientra il complesso di 30 statue e gruppi scultorei, prevalentemente barocchi, situati sui pilastri del ponte. Il ponte, da entrambi i lati, si chiude con le torri.

PIAZZA VENCESLAO 3, 5   Sorse dopo la fondazione della Città Nuova di Praga per opera di Carlo IV nel 1348 in quanto il mercato dei cereali, dove si tenevano pure i mercati dei cavalli. La piazza nella sua parte superiore, là dove si trovava la porta della città, si chiude ora con l'edificio neorinascimentale del Museo Nazionale risalente agli anni 1885—1890, progettato da Josef Schulz. La piazza è circondata da edifici delle banche, degli alberghi, dei supermercati, dei palazzi di varie ditte e delle case che servono da abitazioni. Sotto il museo si trova il monumento equestre del principe Venceslao con quattro patroni dei territori della Boemia, creato da Josef Václav Myslbek tra gli anni 1912—1924.

HOTEL EUROPA 4   Il duplice edificio asimmetrico in stile liberty che si trova in Piazza Venceslao, è opera caratteristica del periodo in cui nacque: l'addobbano infatti decorazioni floreali sulla facciata e applicazioni di vari materiali in metallo e in oro. La costruzione negli anni 1903—1904 fu progettata da Bedřich Bendelmeyer e Alois Dryák.

CASA COMUNALE E TORRE DELLE POLVERI 6   La casa di rappresentanza della capitale Praga fu progettata dagli architetti Antonín Balšánek e Osvald Polívka. La più bella costruzione della città in stile liberty con gli ambienti interni di grande stile, risale agli anni 1906—1911. Nel medioevo, ai tempi di Venceslao IV, su questo posto si trovava la sede del sovrano Ceco. La torre tardo gotica che si trova accanto fu costruita dopo l'anno 1475 da Matyáš Rejsek e nel XIX secolo ricostruita da Josef Mocker.

VIA PAŘÍŽSKÁ 7   Inizia presso il ponte Svatopluk Čech sulla Moldava e si conclude nella Piazza della Città Vecchia. Essa risale all'epoca di non interi cento anni fa e passa attraverso i luoghi nei quali si trovava la Città ebraica di Praga che con il suo vetusto ghetto praghese, con le sue tortuose viuzze, piazze ed anfratti, fu demolita per essere ricostruita a cavallo dei secoli XIX e XX. Le nuove vie del complesso edile sono dominate da alti palazzi in svariati stili, neogotico, storicizzante, liberty, che portano le decorazioni scultoree, mosaici, iscrizioni e torri.

IL MUNICIPIO DELLA CITTÀ VECCHIA 8   Il lato sud del Municipio illustra perfettamente la sua graduale crescita. La Casa di Wolflin dalla Pietra

— presso la torre in forma di prisma del Municipio — ne rappresentava la parte fondamentale. Man mano ad essa furono aggiunte altre case, quelle di Kříž, di Mikš e la Casa al minuto coperta di graffiti rinascimentali. Sull'ex Casa di Kříž si trova una grande finestra rinascimentale che porta la scritta Praga caput regni — Praga capitale del regno.

L'OROLOGIO DELLA CITTÀ VECCHIA 9   Una rara opera dai punti di vista tecnico ed artistico situata sul lato sud della torre del Municipio. Esso fu eseguito attorno al 1410 dall'orologiaio Mikuláš di Kadaň con l'aiuto dell'astronomo Jan Šindel, mentre la ricostruzione avvenuta attorno al 1490 fu opera del maestro Hanuš denominato Růže (Rosa). Le statuine sull'orologio sono barocche. L'orologio si compone di tre parti — un carosello con il passaggio degli Apostoli, una sfera, vale a dire un impianto astronomico, ed un calendario.

PIAZZA DELLA CITTÀ VECCHIA 10   Nel complesso edile del lato est della piazza si alza in alto il Palazzo Goltz-Kinský di due piani, costruzione in stile rococò della metà del XVIII secolo, la casa accanto Alla campana di pietra è gotica, la Scuola di Týn, presso la Viuzza di Týn, è decorata di un frontone veneziano in stile rinascimentale, e l'ultima è la Casa All'unicorno bianco. Sopra si erge in alto la chiesa gotica della Vergine Maria davanti al Týn con due torri: la chiesa fu fondata nel 1365. Il monumento in stile liberty eretto in ricordo di Jan Hus, opera di Ladislav Šaloun, fu inaugurato nel 1915.

IL VECCHIO CIMITERO EBRAICO 11   È disteso nei pressi della Sinagoga Vecchia-Nuova e le sue origini risalgono alla fine del XIV secolo, mentre la lapide sepolcrale più vecchia porta la data del 23/4/1439, l'ultima è segnata con l'anno 1787. Tra le migliaia di lapidi sepolcrali si conserva tutta una serie di tombe di importanti personalità e anche quella del più famoso tra esse, cioè del rabbino Löw Jehuda ben Becalel dell'anno 1609, creatore del famoso Golem.

LA SINAGOGA VECCHIA-NUOVA 12   La sinagoga del primo gotico risalente al tempo attorno all'anno 1280, la costruzione più vecchia e più nota del ghetto ebraico di Praga, è anche monumento architettonico più raro a livello europeo. I frontoni in mattoni della costruzione risalgono al XIV secolo. L'aggiunta più bassa del XVIII secolo era destinata alle donne. Finora la sinagoga viene utilizzata per riti cultuali.

IL TEATRO NAZIONALE 13   La costruzione di rappresentanza in stile neorinascimentale fu eseguita in base al progetto di Josef Zítek e Josef Schulz negli anni 1868—1883 e fu finanziata dalle raccolte volontarie del popolo ceco. Alle ricche decorazioni esterne, ma sopra tutto interne degli ambienti del teatro presero parte i principali artisti della cosiddetta generazione del Teatro Nazionale.

VYŠEHRAD 14   Il secondo castello di Praga situato su un'alta roccia sopra la riva destra della Moldava, fu fondato nella seconda metà del X secolo e le sue origini sono legate agli inizi mitologici della storia ceca. Nei secoli X e XI qui furono coniati i denari con le scritte Visegrad e Visegrad civitas. L'epoca di gloria e di prosperità di Vyšehrad fu il regno di Vratislao II e Carlo IV. Oggi la località è dominata dalle torri neogotiche della chiesa dei Santi Pietro e Paolo e tutt'attorno è circondata dalle mura barocche in mattoni.

LA CHIESA DI SAN NICOLA 17—18   Singolare dominante del quartiere Malá Strana, opera culminante dell'architettura barocca ceca, inserita nella Piazza di Malá Strana. Gli ambienti tipo sala della navata della chiesa con le cappelle laterali, con gallerie e con la volta furono costruiti da Kryštof Dienzenhofer (1704—1711), il presbiterio e la cupola furono fatte da Kilián Ignác Dienzenhofer (1737—1752) mentre Anselm Lurago vi aggiunse uno snello campanile (1753). L'interno della chiesa è riccamente decorato in maniera eccezionale con le statue, i quadri e gli altari.

I PONTI SULLA MOLDAVA 19   Nei posti in cui la Moldava entra nel nucleo storico di Praga, il fiume è inarcato da alcuni ponti. Il ponte più vicino all'osservatore che guarda dal pendio di Letná è il Ponte Mánes, quindi il ponte gotico di Carlo del XIV secolo, sopra contro la corrente ci sono i ponti Légií, Jirásek, Palacký e, proprio sotto il castello di Vyšehrad, il ponte della ferrovia.

LA CATTEDRALE DI SAN VITO 20—21   La chiesa monumentale in stile gotico al Castello di Praga fu costruita da Mathieu de Arras e da Petr Parléř tra gli anni 1344 e 1929, ormai nella concezione neogotica. Essa si trova nei luoghi, in cui in quel tempo si trovavano la rotonda romanica consacrata a San Venceslao e la basilica costruita dal principe Spytihněv. All'interno riccamente decorato con numerose cappelle si trova il mausoleo reale, monumento sepolcrale dei re cechi, le tombe gotiche dei sovrani Premyslidi, la tomba barocca in argento di San Giovanni Nepomuceno. La cappella più preziosa è consacrata al patrono della Terra Boema, San Venceslao. Nella Camera della corona si conservano i gioielli d'incoronazione, monumento culturale nazionale.

IL BELVEDERE REALE 22   La costruzione singolare di Praga in stile rinascimentale, fondata da Ferdinando I nel 1535 e completata nel 1563. Gli ambienti interni del Belvedere furono rimaneggiati negli anni 1845—1846. Sull'arco del colonnato si trovano i rilievi originari con i temi che rievocano la mitologia antica. La Fontana cantante che si trova nel giardino reale davanti al Belvedere fu progettata da Francesco Terzio e fusa dal fonditore di campane Tomáš Jaroš.

VIUZZA DELL'ORO 23   La viuzza pittoresca del Castello di Praga con casette e casettine rinascimentali e barocche aggiunte alle mura del castello tra il XVI e il XIX secolo. Vi abitavano i fucilieri del castello, più tardi gli orafi ed infine i poveri. Rientra tra le leggende l'affermazione che qui avrebbero lavorato gli alchimisti: si tratta di una leggenda basata sulla tradizione.

LA CHIESA DI SAN GIORGIO 24   Basilica romanica del X secolo ristrutturata nell'aspetto attuale dopo l'incendio del Castello dell'anno 1142. Nel XIII secolo essa fu ampliata con la cappella di Santa Ludmilla. La facciata del primo barocco risale al periodo attorno all'anno 1680, la cappella all'angolo dedicata a San Giovanni Nepomuceno è dell'inizio del XVIII secolo. L'interno della chiesa mantiene il proprio aspetto romanico.

LA BIBLIOTECA DI STRAHOV 25   La Sala teologica in stile barocco fu progettata da Dom. Orsi negli anni 1671—1679. Le decorazioni di stucco sulla volta incorniciano gli affreschi del pittore Siard Nosecký, membro dell'Ordine dei Premonstratesi e risalgono agli anni 1723—1727. Alla denominazione della sala risponde pure il fondo librario qui conservato.

LORETA 26   La facciata risale agli anni 1720—1722 ed è stata progettata da Kilián Ignác Dienzenhofer. Nella torre dell'orologio si trova un carillon di campane dell'anno 1694 che riproduce una canzone mariana. Le statue furono create da J. B. Kohl, i putti sono opera di O. F. Quitainer. Nel chiostro si trova la Casa Santa (1626—1631) e la chiesa della Natività del Signore (1734—1735). Famoso è pure il tesoro loretano contenente rari esemplari.

PRAGA NOTTURNA 27   Un'imponente fuoco d'artificio, pieno di luci colorate, è in grado di vestire Praga in splendore maestoso reale che tanto si addice all'epiteto Praga magica.

LÁNY 28   La villa si trova al confine dell'enorme Riserva di Lány, parte della zona paesistica protetta di Křivoklátsko. Qui si trova la sede estiva del presidente della Repubblica Ceca. L'originario castello di caccia risalente agli anni attorno al 1600, ritoccato nel XVII secolo, fu ristrutturato nel 1821 e agli inizi del XX secolo. La chiesa del castello risale al XVIII secolo.

KŘIVOKLÁT 29—30   Uno dei principali castelli cechi, ricordato nell'anno 1109, fu costruito su una lingua di terra sopra il torrente di Rakovnický potok, che oggi si trova nella zona paesistica protetta di Křivoklátsko. Il castello di caccia originariamente di legno dei sovrani cechi fu sostituito nel XIII secolo da un castello in pietra, ricostruito a cavallo del XV e del XVI secolo nello stile tardo gotico e ricostruito nei secoli XIX e XX. Nella cappella del castello si trova l'altare tardo gotico della fine del XV secolo di un artista sconosciuto.

KONĚPRUSY 31   Grotte stalattitiche nei calcari dell'epoca devoniana della Boemia centrale e importante località archeologica. Le grotte formano il sistema sotterraneo maggiore del Carso ceco: furono rese accessibili nel 1959. Hanno una decorazione stalattitica ammirevole, interessanti furono le scoperte delle ossa fossili ed inoltre di un'officina dei falsari del XV secolo.

KARLŠTEJN 32—34   Il più importante dei castelli cechi, monumento culturale nazionale. Carlo IV, suo fondatore, gli destinò una missione del tutto particolare. Questo aveva condizionato la costruzione del castello in quanto una fortezza monumentale gotica con un arredamento interno singolare. La ristrutturazione in stile neogotico negli anni 1887—1899 impresse al castello l'aspetto odierno. Nella grande torre che domina il castello, nella cappella di Santa Croce, sono collocati 127 quadri su legno dell'esercito di Cristo, opera del Maestro Teodorico degli anni 1357—1365: si tratta di un complesso gotico del tutto singolare.

KONOPIŠTĚ 35   Castello gotico del XIV secolo, che imita il castello francese, con sette torri, parecchie volte ristrutturato, nel XVIII secolo fu trasformato in una villa. L'aspetto attuale le fu impresso dalla ristrutturazione romantica degli anni 1889—1894. Il castello è dominato da una massiccia torre in forma di cilindro dalle origini medioevali. Eccezionalmente valido è l'arredamento degli interni e la pregevolezza di alcune raccolte, come sono per esempio quelle del casato D'Este comprendenti le armi e le corazze, nonché i trofei di caccia.

PRŮHONICE 36   Sul posto dell'ex fortezza gotica qui fu costruita una villa rinascimentale nel XVI secolo: essa tra gli anni 1892—1898 ricevette l'attuale aspetto neorinascimentale. La chiesa di Natività della Vergine Maria che si trova davanti alla villa, è di origini romaniche (1187). Il parco che si stende attorno alla villa con 200 ettari fu fondato nel 1885: esso è l'unico di questo tipo nei Paesi Cechi.

ČESKÝ ŠTERNBERK 37—38   Il castello si trova su una ripida lingua di terra sopra il fiume Sázava, fu fondato attorno al 1240. Le ristrutturazioni risalenti a cavallo dei secoli XV e XVI e in particolare i cambiamenti del primo barocco, diedero al castello la sua attuale immagine. L'interno con preziosi arredamenti e le collezioni ha una decorazione ricca di stucchi.

PŘÍBRAM — SVATÁ HORA (Montagna sacra) 39, 41 Un'imponente dominante paesistica, santuario dedicato all'Assunzione della Vergine Maria, costruito tra gli anni 1658—1709 su un'altura di 586 m, più tardi ampliato di chiostri con cappelle e porte. Vicino alla chiesa si trova l'ex residenza barocca dei Gesuiti. L'arredamento degli ambienti interni della chiesa è eccezionalmente ricco. La statuina gotica della Madonna con bambino che porta corone d'oro è situata su un altare d'argento in un cofanetto pure d'argento.

MINIERA DI ŠEVČÍN (Ševčínský důl) 40 L'area delle ex miniere a Příbram-Březové Hory è oggi museo tecnico in mezzo alla natura. Le esposizioni riproducono l'immagine della storia dell'industria mineraria, della tecnica d'estrazione, dello sviluppo dei trasporti verticali nelle miniere nonché della vita dei minatori. Le collezioni mineralogico-geologiche sono uniche del settore e risalgono in prevalenza al XIX secolo.

BŘEZNICE 42 Una villa rinascimentale con la torre in forma di prisma, sorta a cavallo dei secoli XVI e XVII, il cui nucleo è però gotico. Gli ambienti della villa hanno i mobili dell'epoca di grande valore, particolarmente preziosa tuttora conservata è la cosiddetta Biblioteca di Lokšany risalente all'anno 1558. L'area del castello è circondata da un parco inglese.

DOBŘÍŠ 43 La villa in stile rococò fu costruita secondo il progetto francese negli anni 1745—1765: serve a scopi culturali. Attiguo alla villa è un parco francese a terrazzi concluso con una serra invernale con aranci e limoni, dietro la quale si stende un parco inglese. Le decorazioni scultoree della villa e del parco risalgono all'epoca dopo il 1760 e provengono da Ignác Frant. Platzer.

PAESAGGIO DI BRDY (Brdská krajina) 44 La valle presso il villaggio Hluboš, nella fascia boschiva del promontorio di Brdy, con lo sguardo sul monte Třemošná, che si erge in altitudine di 778 m.

STARÝ ROŽMITÁL 45 Nel coro della chiesa ristrutturata in stile barocco e dedicata all'Esaltazione di Santa Croce suonava l'organo il compositore musicale Jakub Jan Ryba (1765—1815), autore della famosa Messa natalizia ceca. Starý Rožmitál è la parte più vecchia della città Rožmitál pod Třemšínem.

PLANÁ 46 Il comune che si trova nella regione collinosa di Březnice è situato nei pressi del sentiero turistico che da Petrovice conduce a Solenice, quindi verso la diga di Orlík.

SLIVICE 47 Il tradizionale presepe popolare per le feste natalizie ceche si trova nella chiesa di San Pietro, di cui si fa menzione già nel 1352.

HVOŽĎANY 48 La locale chiesa risale al XIV secolo, con una sola navata con il presbiterio che si chiude ad angolo destro. L'arredamento interno risale ai secoli XVII e XVIII.

REGIONE DI SEDLČANY 49 La regione collinosa della Boemia centrale che si snoda in una zona piena di foreste e di laghi nei pressi di Březnice è ravvivata da lontano con lo sguardo sul monte molto visibile da lontano che accoglie il castello Vysoký Chlumec. Il castello gotico, per la prima volta menzionato nel 1382, fu ristrutturato interamente tra gli anni 1643—1654.

DIGA DI ŠTĚCHOVICE 50 L'opera idraulica sul fiume Moldava costruita tra gli anni 1939—1945, in un paesaggio romantico a sud di Praga. La diga alta 25 m raccoglie 11,2 milioni di m³ di acqua creando un lago artificiale lungo 9 km. La centrale elettrica sotto la diga pompa l'acqua dal bacino, da un'altezza di 160 m, dal serbatoio che si trova sul monte Homole.

DIGA DI SLAPY 51—52 Un'altra opera idraulica sulla Moldava fu costruita tra gli anni 1951—1954: dietro la diga alta 65 m fu creato un bacino lungo 44 km con 269 milioni di m³ di acqua. Nello zoccolo della diga fu pure inserita una centrale elettrica. Su entrambe le rive del bacino nacquero numerosi centri di ricreazione. Alla ricreazione servono pure i trasporti fluviali regolari.

DIGA DI ORLÍK 53, 57 A sud ovest dalla diga di Slapy nel corso degli anni 1954—1962 fu costruita la terza opera idraulica. Dietro la diga alta 91 m con una centrale elettrica vengono contenute le acque del fiume Moldava nella quantità di 717 milioni di metri cubici. Il bacino misura ben 68 km, il rialzo delle acque è visibile ancora sul fiume Otava per 23 km e su quello di Lužnice per 7 km. L'ampia superficie delle acque, sulle quali esistono i trasporti fluviali, mutò decisamente l'aspetto del paesaggio. Nacquero qui i centri di ricreazione con numerose possibilità di sport nautici.

ZVÍKOV 54—55 Il re dei castelli cechi fu costruito nei primi trent'anni del XIII secolo, su una terra di lingua che si erge sopra la confluenza della Moldava e della Otava, ora sopra i bacini idraulici di Orlík. Il castello è caratteristico per la sua alta torre cilindrica con un tagliente nelle fortificazioni esterne. La parte più importante del castello è formata dal Palazzo reale e da una parte della torre più vecchia in forma di un bulbo. Le pareti della cappella

del castello sono coperte di pitture del periodo dopo l'anno 1475, su temi religiosi. Il rilievo sull'altare maggiore fu fatto dal Maestro del Pianto di Zvíkov agli inizi del XVI secolo.

ORLÍK 56, 58 Nel passato esso assomigliava ad un nido di aquila sospeso sopra la vallata profonda della Moldava. Dopo la costruzione della diga e del suo bacino pieno di acqua, il castello di tre quarti è attorniato da tali acque. Il castello a suo tempo gotico con le ristrutturrazioni fu mutato in una villa, il cui aspetto odierno risale agli anni 1849—1860. Una piccola sala per i cavalieri ha un interno risalente al periodo romantico in cui avvenne la ristrutturazione di Orlík. Il parco naturalistico paesistico attorno alla villa risale all tempo dopo il 1802.

TÁBOR 59—61 La città fu fondata dagli Ussiti nel 1420 sul posto di un abitato più vecchio. Il centro storico, alla Piazza Žižka, domina il minicipio gotico terminato nel 1521, che in seguito fu restaurato e ristrutturato in stile gotico, nonché la chiesa dedicata alla Trasformazione del Signore sul monte Tabor, risalente al tempo successivo alla metà del XV secolo. Alcune case di fondazione gotica della piazza conservano bei frontoni rinascimentali, come è per esempio la casa di Ctibor. La statua del condottiero è opera di Josef Strachovský. Il centro storico di Tábor divenne monumento riserva cittadina.

VLASTIBOŘ 62 Un villaggio della Boemia del sud situato in una regione paludosa con un complesso dell'architettura popolare della seconda metà del XIX secolo. Le dimore dei contadini e i granai hanno le facciate riccamente adobbate con le decorazioni in stucchi.

VELKÝ TISÝ 63—64 La superficie delle acque del lago ha l'estensione di 317 ettari. Nel 1505 l'opera idraulica fu conclusa dall'esperto dei laghi Štěpán Netolický, quindi il lago fu ampliato da Jakub Krčín di Jelčany. Assieme al Malý Tisý e ad altri laghi forma una riserva naturale. La pesca autunnale che qui avviene rapprresenta in generale un'aspetto singolare.

I CANOTTIERI SUL FIUME LUŽNICE 65—67 Il corso del fiume Lužnice, nella Boemia del sud, assieme alla natura dei dintorni e assieme ad un paesaggio attraente, continua a conservarsi il proprio fascino romantico. Lužnice rientra ancora tra i fiumi cechi più ricercati.

TŘEBOŇ 68—73 La città della Boemia del sud si trova sul fiume Lužnice, in una regione piena di laghi, una volta paludosa. Le sue origini storiche risalgono al XIII secolo. La sua crescita maggiore fu registrata al tempo del governo dei casati Rožmberk e Švarcenberk. Su una pianta medioevale sono situate case gotiche e rinascimentali, il municipio, la chiesa di Sant'Egidio, una villa originariamente appartenente al convento, a suo tempo una fortezza, una parte notevole delle mura e delle porte cittadine. Qui ebbero origine importanti opere d'arte — la statua gotica della Maddonna con bambino nel periodo attorno al 1400 e le pitture del Maestro di Třeboň risalenti agli anni precedenti il 1380. Třeboň è città riserva e anche città termale.

JINDŘICHŮV HRADEC 74 Tra i monumenti storici della città il primo luogo lo occupa il castello tipo villa sulla lingua di terra che si trova tra il lago Vajgar e il fiume Nežárka. Qui agli inizi del XIII secolo sorse un castello romanico, dalle costruzioni gotiche rimane un'imponente torre cilindrica e il Palazzo Vecchio. L'area verso la fine del XV e nel XVI secolo fu trasformata in una residenza rinascimentale. Allora sorsero gli Edifici nuovi di Jáchym e di Adam II, Grandi e Piccole arcate, rondello. Le pareti dei locali della villa sono coperte di pitture gotiche e rinascimentali.

PLÁSTOVICE 75 Il villagio che si trova nella regione paludosa di Zbudov possiede un complesso ben conservato di fattorie contadine della metà del XIX secolo con caratteristiche decorazioni di stucchi sulla facciata. Una costruzione finalizzata singolare è la fucina.

ROŽMBERK 76—77 Si tratta del lago più grande della Republica Ceca, le cui acque occupano ben 489 ettari di terreno. Esso fu realizzato sul fiume Lužnice presso la città di Třeboň negli anni 1584—1589 dall'esperto nella tecnica dei laghi, Jakub Krčín di Jelčany, su ordine del signore Vilém di Rožmberk. Anche qui si svolge la pesca alla presenza di numerosi spettatori: si tratta di uno spettacolo del tutto singolare.

ČESKÉ BUDĚJOVICE 78—80 La città fu fondata attorno all'anno 1265 dal re Přemysl Ottocaro II alla confluenza dei fiumi Moldava e Malše. Nel centro di questa riserva monumentale cittadina, sulla piazza quadrangolare — sulla quale si trovano inoltre la fontana Samson, il municipio in stile barocco, varie case rinascimentali e barocche — si erge la Torre nera (Černá věž), alta 72 metri, risalente agli anni 1549—1578, una vera dominante della città. La cattedrale di San Nicola di origini gotiche, che si trova sotto la torre suddetta, possiede l'aspetto degli anni 1686—1688.

HLUBOKÁ NAD VLTAVOU 81—83 Un castello-villa monumentale del periodo di romanticismo che si trova sulla lingua di terra sopra il fiume Moldava. La sua costruzione neogotica nello stile Windsor risale agli anni 1841—1871. Nel XIII secolo qui si trovava un castello reale gotico, nel secolo XVI una villa rinascimentale e in quello XVIII una villa in stile barocco. Gli ambienti interni sono arredati con preziosi mobili che rispecchiano la sontuosità dei principi, con gli arazzi, quadri, incisioni in legno, soffitti a cassettoni, armi.

IL LAGO MUNICKÝ 84 Fu realizzato nei pressi della villa Hluboká nad Vltavou nel 1494 e la sua estensione è di 118 ettari. Al lato sud del lago si trova la villa barocca Ohrada.

L'ADORAZIONE DEL BAMBINO 85 Il quadro in legno fatto dal Maestro di Třeboň risale al tempo attorno all'anno 1380: si trova nella Galleria Aleš della Boemia del sud nella villa di Hluboká. L'artista non meglio figura tra i pittori più importanti della pittura gotica ceca del XIV secolo.

MADONNA DI RUDOLFOV 86 La statua gotica della Madonna con bambino risale al tempo successivo all'anno 1320 ed è opera di un maestro sconosciuto. Appartiene alle collezioni del gotico della Boemia del sud che si trovano nella Galleria Aleš di Hluboká.

OHRADA 87 La villa barocca degli anni 1708—1718 si trova nei pressi della riva del lago Munický. In sostanza la villa era sempre destinata per la caccia. La grande sala è decorata con un'affresco sul soffitto risalente all'anno 1715. Negli ambienti della villa sono disposte le collezioni del Museo di agricoltura, foreste e pesca.

KLEŤ 88—89 La cima più alta (1083 m) della fascia montuosa della Foresta di Blansko. Sulla cima del monte si trova una torre panoramica di pietra costruita nell'anno 1825, un rifugio turistico, un ripetitore e un'osservatorio astronomico. La veduta panoramica si sprofonda all'interno dei territori cechi, si vede la regione delle foreste di Šumava e, se la visibilità è buona, anche una parte delle Alpi.

L'AUTUNNO A SRNÍ 90 L'armonia autunnale dei pendii boschivi attorno al villaggio turistico di montagna, situato in altitudine di 845 metri nei contrafforti di Šumava.

ČESKÝ KRUMLOV 91—93 L'UNESCO ha inserito questa riserva monumentale cittadina, una tra le più importanti a livello mondiale, nell'elenco dei monumenti culturali mondiali. Il castello gotico risalente al XIII secolo più tardi ristrutturato in una villa, dominata da un'imponente torre cilindrica, contiene al suo interno un mobilio raro dell'epoca e singolari arazzi. Tra le curiosità ammirevoli rientrano la Sala delle maschere con le pitture di J. Lederer del 1748, il teatro della villa con l'arredamento originario e inoltre la zecca. La città con i suoi edifici gotici e rinascimentali, con il suo municipio pure in stile rinascimentale, con i suoi conventi, chiese, armeria, con la sua Porta Budějovická e con una parte delle fortificazioni cittadine, è dominata dalla chiesa di San Vito, costruzione pregevole del gotico ceco.

ROŽMBERK 94—95 Il castello che si erge sopra la città nelle vicinanze del fiume Moldava fu fondato prima dell'anno 1250. Di questo Castello superiore rimane soltanto la torre cilindrica chiamata Jakobínka. Il Castello inferiore costruito dopo il 1330 fu ristrutturato in stile rinascimentale e in parte in quello gotico. Nei locali del castello con i soffitti a cassettoni e con l'arredamento dell'epoca, con i quadri e gli oggetti d'arte, si trova pure una collezione delle armi storiche. La romantica Galleria dei Crociati con le decorazioni neogotiche è dotata di ritratti fittizi dei crociati.

VYŠŠÍ BROD 96—98 Il monastero dei Cistercensi, fondato nel 1259, forma un complesso di edifici la cui costruzione perdurava quasi fino alla fine del XIV secolo. La costruzione della chiesa del monastero dedicata all'Assunzione della Vergine Maria era stata iniziata nell'anno 1281. Nella sala capitolare si trova una finestra circolare risalente al XV secolo, il chiostro è del XIV secolo, come pure il refettorio e il dormitorio che risalgono all'anno 1385. La biblioteca del monastero (1757) contiene rare stampe, manoscritti ed incunaboli, la pinacoteca contiene le opere d'arte, in particolare quelle olandesi dei secoli XVII e XVIII.

LIPNO 99, 101 Il bacino idrico lungo oltre 40 km con la superficie di 4.870 ettari, fu realizzato tra gli anni 1951—1959 in quanto opera idraulica sulla Moldava superiore. L'argine della diga alta 22 m contiene la centrale elettrica sotterranea. La diga di Lipno si estende nell'altitudine sopra il livello del mare di 720 metri, le sue rive che lentamente si abbassano permettono di fare il bagno e tutti gli sport acquatici compresa la pesca. Numerosi centri di ricreazione nonché i luoghi abitati sono, durante la stagione, collegati tramite le linee di trasporto fluviale.

LO SLALOM SOTTO LIPNO 100 Tra le rapide impetuose infuria e si fa strada la Moldava sotto Lipno, mentre la superficie del bacino idrico sta scendendo verso basso. Ci si offre così una rara occasione di attuare una discesa dei canottieri e uno slalom sulle acque selvagge del fiume.

ŠUMAVA 102—104 La catena di monti lunga all'incirca 125 km, che si estende lungo le frontiere di stato tra la Repubblica Ceca, l'Austria e la Repubblica federale di Germania, comprende sopra tutto le aree coperte di foreste in cui predominano gli abeti. Essa cade in sbalzi ripidi verso la parte sud-occidentale mentre la sua discesa nell'entroterra, ceco è più graduale. I monti di Šumava nella parte ceca raggiungono l'altitudine massima con la cima di Plešný vrch di 1378 metri. Il fenomeno caratteristico di Šumava è rappresentato dagli altopiani situati nella parte centrale delle montagne dai cosiddetti piani composti dalle paludi. Le torbiere con i laghetti sono coperte' di mughi, betulla nana, abeti nani. La palude dei tre laghi si trova nel-

l'altitudine di 1062 metri, quella Chalupská di 910 metri. Le montagne rappresentano la regione importante nella quale nascono le fonti e le sorgenti. Sotto il Monte nero (Černá hora) nelle pianure di Šumava ha le sue sorgenti il fiume Moldava.

LA FORESTA VERGINE DI BOUBÍN 105—107 La riserva della foresta vergine dell'Europa centrale si trova sul pendio meridionale della cima di Boubín coperta di foresta (1362 m), nella zona montuosa di Boubín nella regione di Šumava. La sua estensione è di 666,41 ettari. La sua fondazione risale all'anno 1858. Nella riserva rimane la composizione originaria del legname — quindi di quercia, abete, pino. Attraverso la foresta vergine passa il torrente Kaplický potok.

LENORA 108 Villaggio della regione di Šumava, sulla confluenza della Teplá Vltava e Řásnice, nota per la sua produzione vetraria. Il ponte di legno coperto che collega le rive del fiume è del XIX secolo ed è protetto come un monumento della tecnica.

IL LAGO NERO 109 È il lago naturale più grande della regione di Šumava: le sue origini risalgono all'epoca delle glaciazioni. Esso si trova tra le foreste sui pendii del monte Jezerní hora a 1008 metri s.l.m. La sua estensione è di 18,47 ettari, la sua profondità è di 39,8 metri, ed è riserva naturale.

IL LAGO DEL DIAVOLO 110 La superficie dell'acqua si trova all'altitudine di 1030 m sul pendio meridionale del monte Jezerní hora: è di origini glaciali con l'estensione di 10,3 ettari e con la profondità di 36,5 metri. Anche qui ci troviamo di fronte ad una riserva naturale.

IL BURRONE BIANCO (Bílá strž) 111 Nella vallata romantica tipo burrone, nei pressi del Lago nero, il Torrente bianco (Bílý potok) crea numerose rapide, cascate e anche il burrone suddetto. Si tratta di una riserva naturale che con i suoi 79 ettari contribuisce al mantenimento del panorama paesistico del tutto singolare.

VYDRA PRESSO ANTÝGL 112 Fiumicello selvatico di Šumava chiamato Vydra nasce nella confluenza dei torrenti Modravský e Roklanský potok. Nel suo percorso esso forma innumerrevoli rapide, a causa dei suoi vortici nel suo gretto nascono le cosiddette colossali pentole. Il fiumicello passa attraverso Antýgl con il con campeggio per le automobili e dopo la confluenza nel torrente Křemelná presso la Sega di Čeněk diventa fiume Otava.

RÁBÍ 113 Le rovine dell'ampio castello della prima metà del XIV secolo. Per due volte il castello fu assediato e conquistato dalle truppe ussite: nel corso del secondo assedio nell'anno 1421 il condottiero Jan Žižka fu gravemente ferito sull'occhio destro. Verso la fine del XV secolo il castello fu ampliato e nuovamente rinforzato. Secondo l'ordine emanato dall'imperatore Ferdinando II il castello non doveva essere più restaurato e per questo motivo esso nel XVIII secolo fu abbandonato. La città sotto il castello nacque nell'anno 1499.

LA VALLATA DEL FIUME OTAVA 114 Il fiume Otava della Boemia meridionale, nella sua lunghezza di 113 km, nasce a Šumava alla confluenza dei torrenti Vydra e Křemelná. Esso attraversa le profonde vallate rimboschite degli altipiani di Svatoborská vrchovina che si trove tra i contrafforti di Šumava, tra le città di Strakonice e Písek, e sotto il castello di Zvíkov, esso si unisce al fiume Moldava, ora nella diga di Orlík.

CHEB 115 Città con una storia centenaria nel suo centro storico conserva una riserva monumentale e tutta una serie di rarità architettoniche. Nella Piazza del Re Giorgio si trovano alcuni stili architettonici nel complesso chiamato Špalíček (Ceppatello), municipio in stile barocco, la casa di Pachelbl, nella quale nell'anno 1634 fu assassinato Albrecht di Valdštejn. Nella città, oltre alla chiesa gotica dei Santi Nicola ed Elisabetta con le torri romaniche sono conservate alcune altre costruzioni sacrali di notevole importanza. Nel castello di origini romaniche ristrutturato in stile tardo gotico ed infine in una fortezza barocca, la costruzione più pregevole è la Torre nera con una cappella a due piani.

KLATOVY 116 A suo tempo regia, fondata nella seconda metà del XIII secolo dal re Přemysl Ottocaro II. Nel suo centro si erge in alto la chiesa della Vergine Maria risalente al tempo attorno all'anno 1410 con la navata la cui volta risale agli anni dal 1550—1560: la chiesa fu infine ristrutturata in stile gotico a cavallo dei secoli XIX e XX. Da quell'epoca provengono i vetri delle finestre che rievocano la Santa Ludmilla ed i Santi Luigi e Giorgio. La torre bianca nei pressi della chiesa, che origini era un campanile in stile rinascimentale, fu ristrutturata in stile barocco nel XVIII secolo.

LA MADONNA DI PILSEN 117 La statua policromata della Madonna con il bambino proveniente dalla chiesa di San Bartolomeo fu fatta attorno all'anno 1395. La statua in pietra calcarea, alta 125 cm, è opera dello stile gentile boemo.

FRANTIŠKOVY LÁZNĚ 118—119 Città termale nei pressi della città di Cheb, è nota per la terapia importante delle malattie ginecologiche, del sistema circolatorio e del metabolismo. I mezzi terapeutici sono in particolare le sorgenti minerali, in particolare quelle di Glauber e delle torbiere. Le terme furono fondate nell'anno 1793. Il padiglione che si trova sopra la sorgente di Francesco ma anche la statua del ragazzino Francesco simboleggiano le terme come tali. La città termale ha una pianta regolare con un complesso edile classicista, e ampi parchi.

RISERVA NATURALE SOOS 120 A nord-est dalla città di Františkovy Lázně si stende un'ampia torbiera e un deposito minerario di saline di una superficie di 221 ettari con le mofete e le sorgenti vulcaniche false, in cui sgorga l'acqua e i fanghi nonché le sorgenti calde. Si tratta di un'attività post-vulcanica che in questa parte della Boemia chiude la propria attività. Nelle torbiere si trovano le erbe salinofile e la flora da torbiera.

DIGA DI JESENICE 121 Il bacino idrico di Jesenice in lunghezza di 11 km, che si trova sul fiume Odrava nei pressi di Cheb, fu completato nell'anno 1960. Esso regola il passaggio del corso del fiume Ohře per la centrale elettrica di Tisová. Sul lago della diga c'è il traffico fluviale stagionale che permette i viaggi panoramici, i soggiorni per scopi di ricreazione, i bagni e la pesca.

MARIÁNSKÉ LÁZNĚ 122—125 Le terme della Boemia occidentale famose in tutto il mondo si trovano all'estremità della regione protetta dal punto di vista paesistico della Foresta di Slavkov nell'altitudine di 567—779 metri s. l. m. Con l'uso delle locali sorgenti alcalico-saliniche fredde, degli impacchi a base di torba e per mezzo dell'anidride carbonica si fanno le terapie di malattie renali, di metabolismo, ginecologiche, quelle degli arti e delle vie respiratorie. La fondazione delle terme avvenne nel 1805, ma il potere salubre delle sorgenti era noto già nel XVI secolo. La costruzione dei colonnati, delle case termali e dei relativi istituti avvenne in prevalenza nel XIX secolo. Davanti al colonnato principale l'attenzione costante la provocano la Fontana cantante e quella splendente.

KARLOVY VARY (KARSLBAD) 126—132 Le terme più grandi e anche più importanti della Boemia note in tutto il mondo sono situate sotto i Monti dei Giganti e sotto la Foresta di Slavkov, alla confluenza del fiumicciatolo Teplá e del fiume Ohře, a 376 m. s. l. m. Come simbolo delle terme divenne la sorgente chiamata in lingua ceca Vřídlo con l'acqua salubre di 72 °C, che sgorga fino in altezza di 15 metri e sgorga dalla profondità di 3000 metri, nonché la statua di un camoscio sulla roccia che si trova sotto il Salto del cervo (Jelení skok). Le sorgenti delle acque minerali servono alle cure potabili delle malattie del sistema di digestione, del metabolismo, della podagra, dell'obesità ecc. Le terme sono pigiate nella stretta valle del fiume Teplá, nella zona urbana eccelle una villetta barocca, il Colonnato Mlýnská, la chiesa di Santa Maria Maddalena, il sanatorio Thermal, Imperial, Grandhotel Pupp, la torre panoramica Diana sull'altura dell'Amicizia.

I MONTI DEI GIGANTI (Krušné Hory) 133 Si ergono in alto come imponenti mura delle montagne situate a nord-ovest della Boemia, sulla frontiera con la Repubblica federale di Germania, procedono dal passo presso Plesná (598 m) e vanno fino al passo di Tisá (571 m). Ripidamente ricadono nella frattura dei Monti dei Giganti, attraverso la quale scorrono i fiumi Ohře e Bílina: verso la Sassonia i monti hanno una pendenza lieve. Nel passato essi avevano una notevole importanza perché vi si trovavano i giacimenti di minerali non ferrosi di vario tipo e dell'argento. I monti erano abitati fino in cima: sui cocuzzoli si trovano numerose torbiere con i boschi contenenti pini, betulle nane, mughi fangosi. D'inverno i Monti dei Giganti sono frequentati a causa di begli spazi adatti agli sport su sci.

KLÍNOVEC 134 Il punto più alto dei Monti dei Giganti (1244 m) con la città Jáchymov con una seggiovia. Sulla vetta del monte, oltre alla torre panoramica, si trovano un albergo di montagna e un ripetitore televisivo. Gli amici degli sport invernali qui troveranno alcune piste di discesa e sciovie: per quelli che preferiscono la corsa su sci si offre un tracciato sulle vette delle montagne.

JEŠTĚD 135 Si erge fino all'altitudine di 1012 metri sopra la città Liberec, la quale è collegata con la cima per mezzo di una funivia e una strada. La vetta del monte si chiude con una torre televisiva in una soluzione originale, con un albergo e un ristorante. Dai posti più alti ci si apre un'ampia panoramica di vedute in tutte le direzioni. Il centro Pláně pod Ještědem offre numerosi terreni per gli sport sciistici, le sciovie, i trampolini, d'estate invece i tracciati da fare a piedi verso la vallata dei monti.

GLI ALTIPIANI CENTRALI CECHI 136 La vallata con i dirupi fu creata dal fiume Elba in mezzo agli Altipiani centrali cechi e si chiama Porta boemica (Porta bohemica): è lunga 4 km e si stringe tra i monti Dobrý (311 m) e Strážiště (362 m) a nordovest da Velké Žernoseky. Gli Altipiani centrali cechi sono di origine vulcanica e quindi sono caratteristici per una notevole quantità di forme e di ammassi creati dai minerali vulcanici — basalto, fonolite, trachite.

KOKOŘÍN 137 Il castello gotico della prima metà del XIV secolo fu costruito su una lingua di terra arenaria sopra la valle con il torrente Pšovka situato in un paesaggio coperto di foreste. Fu abbandonato dal secolo XVII, quindi negli anni 1911—1918 esso fu ristrutturato in maniera romantica. Gli domina un'alta torre cilindrica chiusa con un casco in forma di cono e il palazzo del castello che durante la ristrutturazione fu rialzato di un piano. Il

paesaggio nei dintorni con le creazioni bizzarre ricavate nella roccia arenaria chiamate coperchi, e con le foreste più grandi, fa parte della regione paesistica protetta Kokořínsko.

MĚLNÍK 138 La città si trova sulla confluenza della Moldava e l'Elba ed ha un passato millenario. Il nome Mělník si riscontra sulle monete già nel X secolo. Una tradizione molto vecchia riguarda la viticoltura, la cui promozione nel XIV secolo si deve a Carlo IV. Il castello gotico, trasformato più tardi in una villa, parecchie volte ristrutturato, si alza su un'altura sopra il fiume. Accanto ad esso si trova la chiesa gotica dei origini romaniche dedicata ai Santi Pietro e Paolo. Il panorama della città è dominato dalla sua alta torre.

IL MONTE ŘÍP 139 Un'ammasso basaltico in forma di una campana (456 m) si alza partendo da un paesaggio piano privo di boschi nei pressi del fiume Elba, nei pressi della città Roudnice. Sulla sua cima una rotonda romanica dedicata a San Giorgio della prima metà dell'XI secolo, nell'aspetto datole dopo la ristrutturazione avvenuta nell'anno 1126. Secondo la mitologia ceca sul monte Říp il vegliardo Čech avrebbe condotto il suo popolo. Nel 1962 il monte con la rotonda fu dichiarato monumento culturale nazionale.

HEJNICE 140 Nel santuario dedicato alla Visitazione della Vergine Maria costruito tra gli anni 1722—1725 si trova un'interessante cupola. La chiesa ha una navata longitudinale e una trasversale, la facciata con due torri è piegata in maniera convessa-concava. Nella cupola c'è un affresco di Ondřej Groll dell'anno 1906.

FRÝDLANT 141—142 Il castello della Boemia settentrionale con le fondazioni del primo gotico si erge molto in alto sopra la città, essa stessa di origini medioevali. Il castello è dominato dalla torre imponente in forma di cilindro chiamata Indica. Nel XVI secolo il castello fu allargato di una villa rinascimentale, più tardi di un'ala rinnovata riservata al castellano. All'interno si trova una mobilia preziosa dell'epoca. Il castello è circondato da imponenti fortificazioni. Nei mesi estivi nel cortile si svolgono le esibizioni dei gruppi di scherma storica, i cui partecipanti vestono i costumi dell'epoca.

ČESKÁ KAMENICE 143 La città situata sul fiume Kamenice nei pressi della zona paesistica protetta Labské pískovce (Pietra arenaria sull'Elba) sorse nel XIII secolo sotto il castello Kamenice, i cui resti si sono conservati sul monte Zámecký vrch. La villa, in parte rinascimentale e in parte barocca, è utilizzata per determinati fini. La chiesa gotica di San Giacomo è del XIV secolo, la cappella barocca della Natività della Vergine Maria (1736—1739) nonché il municipio di origini rinascimentali, rappresentano i monumenti architettonici importanti della città.

SYCHROV 144 La villa-castello negli anni 1847—1862 fu ristrutturata mentre l'area precedente del XVII secolo aveva l'aspetto di un gotico romantico. Le dominanti sono le torri chiamate Rohanská e Bretonská. Gli architetti Rohan fornirono ai locali interni gli arredamenti di valore, l'apporto più prezioso consiste nella collezione dei ritratti francesi. Il parco della villa comprendente alberi locali ed esotici ha l'estensione di 26 ettari.

HUMPRECHT 145 Dalla vetta basaltica rimboschita che si erge sopra la città Sobotka nel Paradiso boemo (Český ráj) guarda verso il paesaggio sottostante una villetta, costruita tra gli anni 1666—1668 su una pianta ovale. Dopo l'incendio avvenuto nel 1678 la costruzione fu rialzata ottenendo l'aspetto odierno. La sua denominazione proviene dal proprio costruttore, Humprecht Černín di Chudenice.

LA GROTTA DOLOMITICA DI BOZKOV 146 La grotta stalattitica della Boemia orientale fu scoperta già nel 1847 durante l'estrazione del calcare e nel 1969 fu resa accessibile al pubblico. Gli ambienti della grotta con le decorazioni variopinte a base di stalattiti sono arricchiti da un laghetto di 30 × 12 metri, che si trova in una sala della grotta. Le grotte sorsero tra le rocce calcaree dolomitiche alquanto resistenti.

HRUBOSKALSKO 147 Una visione panoramatica di una grande città rocciosa con un numero notevole di torri di calcare, di guglie, pareti e creazioni di aspetti bizzarri. La zona è una riserva naturale tra la Hrubá Skála (Grande roccia) e Sedmihorky (Sette monti), nella regione paesistica protetta del Paradiso boemo (Český ráj). La città rocciosa si articola in quattro zone che portano nomi molto espressivi, Rocce del drago (Dračí skály), Capobanda (Kapelník), Faro (Maják) e Valletta (Údolíčko): vi si trovano terreni ideali per gli scalatori.

KOST 148 Una imponente fortezza ai limiti del Paradiso boemo, fondata dopo l'anno 1371. La dominante del castello è la Torre Bianca (Bílá věž) in forma di un prisma trapezoidale, alta di 5 piani. Verso la fine del XV secolo il castello Kost fu allargato di Palazzo Šelmberský, verso il 1545 di un altro palazzo rinascimentale chiamato Bibrštejnský. Negli ambienti interni di questo castello ceco meglio conservato sono allestite le opere pittoree e scultoree dell'arte tardo gotica.

HRUBÁ SKÁLA (Roccia grezza) 149 All'incirca dalla metà del XIV secolo, in mezzo alle foreste e le creazioni di roccia arenaria del Paradiso boemo, si trovava un castello gotico, che con successive ristrutturazioni fu trasformato in un castello rinascimentale, più tardi in quello barocco e infine neobarocco, villa con un'alta torre recentemente restaurata per gli scopi di ricreazione degli iscritti alle associazioni sindacali.

PRACHOVSKÉ SKÁLY (Rocce Prachovské) 150 La città in roccia arenaria del Paradiso boemo nei pressi della città di Jičín ha l'estensione di 187 ettari. Essa è situata in mezzo alle foreste composte di piante conifere e miste, ed offre numerose interessanti escursioni tra le configurazioni rocciose. L'entità delle visite fatte nei luoghi romantici, nei quali si trovano le rocce di arenaria in varie formazioni, le pareti, i blocchi, le torri, le guglie e le grotte, è permessa dalla facile accessibilità nella città rocciosa ed anche dalla segnaletica perfetta dei giri escursionistici.

I RUDERI DEL CASTELLO TROSKY 151 I due ammassi vulcanici, che portano sulle loro vette i ruderi di costruzioni, che una volta formavano castelli, dominano a grande distanza la regione del Paradiso boemo, di cui sono simbolo. Gli edifici in forma di torre costruiti sui cumuli chiamati Baba e Panna (Baba e Vergine) nel XIV secolo, rappresentano un'opera tecnica ammirevole per il detto periodo di tempo. Il castello andò in rovina nel XVII secolo, i suoi ruderi sono conservati.

PŘEROV NAD LABEM 152 Nel locale museo delle costruzioni popolari, che si trova in mezzo alla natura e che raccoglie le case abitate delle campagne della Boemia Centrale, furono trasferiti anche i granai, i silos, gli essicatoi, le piccionaie e gli attrezzi agricoli. Oltre questo vi si trova l'arredamento delle case, i mobili e le cose di uso giornaliero, i dipinti sul vetro, nei giardini delle case sono piantati alberi, cespugli e verdura che una volta venivano coltivati dagli abitanti della campagna locale.

VESELÝ KOPEC 153 Il museo popolare all'aperto contiene le opere dell'architettura popolare e i monumenti a carattere tecnico, e tutto è completato da attrezzature conservatesi nel villaggio montano di Vysočina, risalenti ai secoli XVII e XVIII. Il luogo si trova a 590 m s. l. m. nella provincia di Chrudim, nell'Altipiano ceco-moravo. La riserva è completata da altri cimeli del settore.

LE CELEBRAZIONI DI KLADRUBY 154—155 La fondazione della stazione di monta dei cavalli a Kladruby nad Labem risale all'anno 1579; l'allevamento dei cavalli fu quindi ripreso dall'anno 1770 e perdura fino ai giorni nostri. Nella cittadina vengono organizzate le celebrazioni sportive regolari nonché le giornate ippiche con la partecipazione notevole del pubblico.

KUTNÁ HORA 156, 158 Nel medioevo una ricca città regia, oggi un centro importante dal punto di vista economico e una riserva cittadina monumentale. Essa sorse nel luogo, in cui nel XIII secolo fu trovato il giacimento d'argento e dove poco dopo fu creata una zecca, città che divenne sede periodica del sovrano ceco. La Corte italiana, dove si coniavano i famosi grossi praghesi, la chiesa gotica di San Giacomo, la chiesa di Santa Barbara, il Castelletto, la chiesa della Vergine Maria na Náměti, la fontana tardo gotica in pietra, la chiesa della Vergine Maria di Sedlec, ed altri edifici sacri, una parte notevole di case borghesi dallo stile gotico fino all'architettura del XIX secolo, tutto questo rappresenta una ricchezza singolare di questo complesso urbano del luogo.

LIPNICE 157 Il castello gotico imponente viene menzionato per la prima volta nell'anno 1316. Nonostante le successive ristrutturazioni nei secoli XVI e XVII, il castello seppe mantenere le caratteristiche di un'architettura del castello degli inizi del XIV secolo. Il Vecchio palazzo gotico e il Nuovo palazzo del XVI secolo furono ristrutturati in stile barocco nell'anno 1683. La torre Samson fu costruita nel 1537. Nella cappella del castello sono conservati i dipinti parietali della metà del XIV secolo. Il castello nel 1869 fu distrutto da un incendio e cominciò ad andare in rovina. Alcune sue parti furono quindi restaurate.

LITOMYŠL 159 Castello rinascimentale monumentale, costruito a cominciare dall'anno 1568 dai membri del casato Pernštejn, si erge sopra la città divenuta riserva monumentale. Nella villa-castello si conserva il teatro classicistico degli anni 1796—1797 con le decorazioni originarie. L'interno della villa serve per le esposizioni del Museo della musica ceca. Nell'edificio della birreria della villa nel 1824 nacque il compositore Bedřich Smetana.

LA DIGA DI SEČ 160 Il bacino idrico sul fiume Chrudimka fu costruito tra gli anni 1925—1935 ed è destinato alla regolazione del flusso delle acque e a motivi idraulici. La superficie delle acque ivi contenute misura 192 ettari e figura tra le più grandi dell'intera regione. Il lago si stende in una regione boschiva ed è centro ricercato per la ricreazione in mezzo alle montagne Železné hory.

LUŽE 161 Il santuario monumentale in stile barocco dedicato alla Vergine Maria si trova in una posizione dominante sul terreno rialzato di origine basaltica chiamato Chlumek: esso fu costruito tra gli anni 1690—1695. L'interno della chiesa ha un arredamento molto pregevole. La residenza dei padri gesuiti del primo barocco risale agli anni 1678—1682.

DOUDLEBY 162 La villa rinascimentale nel villaggio situato sulla confluenza dei fiumi Divoká Orlice e Zdobnice si trova nella Boemia orientale.

L'area della villa con le decorazioni molto ricche in forma di graffiti risale agli inizi del XVI secolo: in parte la villa fu ristrutturata in stile barocco. I locali della villa hanno le decorazioni a base di dipinti e di stucchi, posseggono l'arredamento dell'epoca, i quadri, c'è un'esposizione del merletto ceco e mondiale. Attorno alla villa c'è un parco naturale.

HRADEC KRÁLOVÉ 163 Città della Boemia orientale di centomila abitanti e la riserva monumentale, situata sulla confluenza dei fiumi Elba e Orlice. Nel suo nucleo storico nella Piazza Žižka si leva in alto la cattedrale gotica dello Spirito Santo, fondata nel 1307, ci sono quindi la Torre Bianca in forma di un alto prisma, costruita tra gli anni 1574—1589, la chiesa del primo barocco dedicata all'Assunzione della Vergine Maria (1654—1666) con il collegio dei Gesuiti, la residenza vescovile barocca (1709—1716), il municipio rinascimentale nell'aspetto impressogli negli anni 1850—1851 nonché il gruppo di statue mariano degli anni 1714—1716.

HRÁDEK U NECHANIC 164 L'area della villa degli anni 1839—1854 si trova sul monte Lubenský, costruita nello stile del gotico inglese Tudor. Il centro della villa è sottolineato da una torre prismatica con la merlatura e le torrette per i fucilieri. I mobili, i quadri con i ritratti, la ceramica, la porcellana e le armi che si trovano negli ambienti interni della villa, provengono praticamente dall'intera Europa centrale. Attorno alla villa c'è un parco naturale con le dimensioni di non interi 30 ettari.

RYCHNOV NAD KNĚŽNOU 165 La villa barocca con un'ampia facciata degli anni 1676—1690, allargata ulteriormente attorno al 1720, forse con la partecipazione dell'architetto Jan Santini. Dietro la villa si trova la chiesa della Santissima Trinità risalente al periodo attorno al 1600, la cui facciata fu progettata da Santini. Nelle sale di rappresentanza della villa si trova la collezione dei quadri, opere realizzate tra i secoli XV e XIX, provenienti dalle raccolte della famiglia feudale dei Kolovrat: ci sono poi le tapizzerie, statute, mobili vecchi, maiolica di Faenza, opere in stagno e nella porcellana.

IL PAESAGGIO PRESSO KUKS 166 Il carattere della regione collinosa di Bělohrad, tipico per i luoghi segnati dall'attività architettonica dell'illuminista František Antonín Špork, a cavallo dei secoli XVII e XVIII.

NOVÉ MĚSTO NAD METUJÍ 167 La città fu fondata nell'anno 1501 su un'alta lingua di terra sopra il fiume Metuje assieme alla fortezza, una delle città tardive della Boemia. La piazza rettangolare al centro della città è attorniata da case rinascimentali, in parte munite di facciate barocche. La chiesa della Santissima Trinità in stile tardo gotico risale agli anni 1513—1523, e la villa ristrutturata in stile del primo barocco fu ritoccata tra gli anni 1909—1911 in stile moderno. L'arredamento degli ambienti della villa è opera degli artisti cechi. Nové Město fu dichiarato riserva monumentale cittadina.

KUKS 168—169 Negli anni 1695—1724 il conte František Antonín Špork fece costruire nelle vicinanze delle locali sorgenti minerali le terme, il teatro, l'ippodromo e la villa. Si conserva soltanto l'ospedale barocco e la chiesa della Santissima Trinità, e nelle sue vicinanze, sui terrazzi delle gallerie, un complesso di statue che raffigurano le Virtù e i Vizi, opere dello scultore Matyáš B. Braun. Nella vicina Nový les presso Žirč, nel cosiddetto Betlemme, gli scultori dell'officina di Braun scolpirono nelle rocce statue e rilievi barocchi, ammirevoli dal punto di vista artistico.

PAESAGGIO PRESSO SEMILY 170 Esso si stende tra i contrafforti dei Monti dei Giganti (Krkonoše) e il dorsale Kozákovský hřbet nella Boemia orientale: vi si alternano le foreste, i prati e i campi.

MONTI DEI GIGANTI (Krkonoše) 171—172 Un aspetto invernale tipico dei monti più alti della Boemia, con un'alta coltre di neve mentre tutt'attorno regna un profondo silenzio. Ai fotografi si offre una lunga serie di immagini scattate dai luoghi più belli dell'altipiano, agli amici degli sport bianchi i terreni ideali per le discipline sciistiche, per le discese e le corse su sci di fondo.

LA DIGA SULL'ELBA (Labská přehrada) 173 Il bacino idrico sull'Elba che raccoglie le acque a distanza di 2 km a sud-ovest di Špindlerův Mlýn. Le rapide sotto la diga durante lo svuotamento del bacino diventano luogo gradito per le gare nello slalom e nella discesa sulle acque selvagge.

LA CASCATA DI MUMLAVA (Mumlavský vodopád) 174 La sua altezza è di 10 metri ed occupa l'intero letto del fiume Mumlava nella miniera di Mumlava del Parco nazonale dei Monti dei giganti, nei pressi del centro montano di Harrachov.

IL MONTE STUDNIČNÍ E IL RIFUGIO LUČNÍ 175 Il secondo monte più alto dei Monti dei giganti con la piana vetta raggiunge l'altitudine di 1554 metri s. l. m. Verso il nord esso passa con i suoi pendii erbosi nel Prato bianco (Bílá louka) e nella Torbiera di Úpa (Úpská rašelina), verso il sud e l'est scende in mezzo ai pendii rocciosi verso la Miniera gigante e la Miniera azzurra. Il rifugio Luční situato sull'ampio prato Luční è il più grande rifugio montano nella Repubblica Ceca.

SNĚŽKA 176—177 È la vetta più alta (1602 m) in mezzo ad un dorsale lungo 30 km dei Monti dei giganti che procede dall'ovest verso l'est, sulle frontiere tra la Repubblica Ceca e la Polonia. La frontiera di Stato divide la vetta del monte Sněžka, sulla quale, oltre le costruzioni polacche, c'è pure un rifugio turistico ceco e la stazione finale della seggiovia che collega la cima con il centro turistico Pec pod Sněžkou. Il lato sud del monte Sněžka con i suoi ripidi pendii cade nella Miniera Gigante, un'immensa profondità scavata dai ghiacciai del quaternario. I Monti dei giganti sono parco nazionale.

BRNO 178—183 La seconda città più grande della Repubblica Ceca con 350 mila abitanti, capitale storica della Moravia, importante per il suo potenziale industriale, commerciale e culturale. È dominata dalla fortezza Špilberk, situata in alto, originariamente un castello gotico trasformato in una fortezza barocca, e dal monte più piccolo chiamato Petrov con le sue snelle torri della cattedrale dei Santi Pietro e Paolo, di fondazioni romaniche. Brno, da un centro commerciale situato sotto il castello, nel XIII secolo fu trasformato in una città che ottenne un'importante posizione politica ed economica. Essa si conservò numerosi e rari monumenti edilizi e culturali. Vi rientrano il municipio vecchio con la sua torre caratteristica, l'ex edificio territoriale, oggi il Nuovo municipio, il Palazzo Ditrichštejn ed alcuni altri palazzi, la chiesa di San Tommaso, quelle di San Giacomo e di San Michele, inoltre la chiesa del monastero della Brno vecchia, e tanti altri edifici. Non mancano ovviamente le costruzioni moderne, come sono la villa Tugendhat, gli edifici e i padiglioni dell'area fieristica di Brno, il teatro di Leoš Janáček. Il nucleo storico di Brno è riserva monumentale cittadina.

LA DIGA DI BRNO 184 L'opera idraulica sul fiume Svratka, costruita negli anni 1935—1939 nei pressi del sobborgo Bystrc. Dietro l'argine alto 34 metri della diga si trovano 21 milioni di metri cubici dell'acqua e formano un lago lungo 9 km e largo sino ad 800 m. Il bacino idrico divenne la più importante zona di ricreazione di Brno, e durante la stagione estiva ci sono le possibilità di utilizzare le linee formate da vaporetti.

VYŠKOV 185 Già nel 1131 se ne parla come di un luogo abitato di proprietà feudale e territoriale, nel XIII secolo l'abitato viene promosso a città che per interi secoli figura tra le proprietà della diocesi di Olomouc. Sulla piazza che si trova al centro sta ad attira la costruzione del municipio rinascimentale, ritoccato attorno all'anno 1730, con un'alta torre quadrangolare, in alto si trova un ballatoio, e poi la colonna della peste barocca (1719). La villa barocca, originariamente un castello gotico, nonché la chiesa gotica dell'Assunzione della Vergine Maria, ristrutturata in stile barocco, rappresentano altri monumenti edilizi della città.

SLAVKOV U BRNA (Austerlitz presso Brno) 186—187 Il tumulo di pietra di Austerlitz fu costruito sull'altura Pracký kopec (325 m) negli anni 1909—1912, come monumento che rievoca la battaglia di sangue dei tre imperatori, avvenuta il 2 dicembre 1805 presso Austerlitz, che si concluse con la vittoria dell'armata di Napoleone I. Il tumulo fu progettato dall'architetto Josef Fanta. La villa di Austerlitz fu costruita nello stile barocco attorno all'anno 1700 e fu allargata verso la metà del XVIII secolo. Essa possiede un pregevole arredamento interno. La villa è attorniata da un parco ristrutturato in stile barocco.

LA MADONNA DI TUŘANY 188 La statua di legno della Madonna con il bambino e con le coroncine degli anni '80 del XIII secolo, è collocata sull'altare del santuario dedicato all'Annunciazione della Vergine Maria, ristrutturato in stile barocco nel XVIII secolo. Tuřany fa parte di Brno.

VRANOV U BRNA 189 Il santuario barocco ad una navata dedicato alla Natività della Vergine Maria ha le torri quadrangolari e risale agli anni 1622—1624, mentre la sua ristrutturazione risale alla seconda metà del XVII secolo. L'ampio affresco del soffitto nella chiesa fu creato da Jan J. Etgens nel 1738.

LA VORAGINE MACOCHA 190 La sua profondità è di 138,5 m ed è la voragine più profonda esistente nella Repubblica Ceca. Essa nacque con la caduta del soffitto di un'ampia grotta del Carso Moravo. Dall'alto possiamo guardare giù nella voragine dal Ponte superiore presso il rifugio turistico, oppure dal Ponte inferiore collocato nella parete rocciosa a 90 metri sopra il fondo della voragine. Il fondo della voragine Macocha è raggiungibile attraverso le grotte chiamate Punkevní. Sempre sul fondo ci si trovano due laghetti — Superiore ed Inferiore, attraverso i quali passa il fiumicciatolo Punkva.

GROTTE PUNKEVNÍ 191 Esse formano un ampio complesso di caverne nella parte settentrionale del Carso Moravo, regione paesistica protetta: vi si accede dal burrone carsico chiamato Pustý žleb, collegato per quanto riguarda la comunicazione con la vicina città Blansko. Le grotte furono aperte al pubblico nell'anno 1914. Esse sono famose per i loro enormi ambienti con le loro varie decorazioni carsiche. Le famose sale con l'acqua della Macocha sono accessibili dal fondo del burrone via acqua.

CARSO MORAVO (Moravský kras) 192—194 La regione dei calcari devoniani con la distesa di 100 km², con la lunghezza di 25 e la larghezza di 2—5 km, si trova a nord-est di Brno, protetta dal punto di vista paesistico. Nel territorio notevolmente rimboschito si trova una quantità notevole di tipici fenomeni carsici, depressioni, burroni, vallate cieche, grotte, fiumi sotterranei, di cui il più noto è Punkva. Più a nord, nella parte inferiore del Suchý

žleb, è accessibile la Grotta Kateřinská, a Ostrov presso la Macocha la Grotta Balcarka, mentre nella parte settentrionale del Carso Moravo si trova l'ampio complesso delle Grotte Sloup-Šošůvka.

KŘTINY 195—196 Un grandioso santuario barocco con un'imponente cupola e una torre quadrangolare inserita nella facciata, fu costruito secondo il progetto di Jan Santini negli anni 1728—1750. I dipinti del soffitto sono opera di Jan J. Etgens. La statua della Madonna con il bambino sull'altare maggiore è del XV secolo.

RÁJEC NAD SVITAVOU 197 La costruzione barocca tipo mansarda nello stile di Luigi XV su pianta della lettera U, sorse negli anni 1762—1769 sul pendio situato sopra il comune di Rájec-Jestřebí. Nell'interno si trovano sfarzose sale di quell'epoca, la biblioteca, la pinacoteca della villa, locali che posseggono un'inventario pregevole, in prevalenza in stile barocco. La villa è attorniata da un parco.

LYSICE 198 La fortezza sull'acqua dalla fine del XV secolo, parecchie volte ristrutturata e modificata: l'aspetto della villa attuale è dovuto alla ristrutturazione nel barocco culminante avvenuta tra gli anni 1705—1738. La poco vistosa silueta dell'area della villa è messa in evidenza dal colonnato dell'anno 1833 con una galleria coperta di legno. I ritocchi sostanziali nello stile impero furono eseguiti per opera del casato Dubští z Třebomyslic. Dal mobilio dell'epoca risalta la biblioteca della nota scrittrice austriaca Marie Ebner von Eschenbach, nata Dubská z Třebomyslic (1830—1916), la quale aveva vissuto la propria giovinezza proprio qui.

L'ALTIPIANO CECO MORAVO 199, 206—207 Un'ampia regione di montagna che si distende nei territori della Boemia meridionale e orientale, della Moravia sud-ovest e sud-est, tra le zone montuose di Hornosázavsko e di Jevišovicko. I Mont di Žďár, una parte dell'Altipiano, formano una regione paesistica protetta: essa è coperta in prevalenza dalle foreste di abete, dai prati di montagna, dalle torbiere e da numerosi laghi. Uno di essi, Velké Dářko, la cui superficie è di 206 ettari, è un luogo di villeggiatura. La regione montuosa dell'Altipiano, sopra tutto durante la primavera e l'estate, attira con la propria natura, d'inverno poi con i propri torrenti che si offrono per gli sport sciistici.

TIŠNOV-PŘEDKLÁŠTEŘÍ 200—201 Porta coeli — Porta del cielo, monastero delle monache cistercensi, fu fondato dopo l'anno 1230 dalla regina ceca Costanza, dove ella fu poi anche seppellita. La chiesa del monastero in stile gotico, risalente agli anni 1240—1260, è una basilica a tre navate. L'ammirevole portale, che si trova nella facciata occidentale, imita gli esempi dello stile gotico francese ed ha le decorazioni alquanto ricche, che riproducono le piante e varie figure.

NÁMĚŠŤ NAD OSLAVOU 202 La villa che domina la città ebbe come suo predecessore un castello gotico della seconda metà del XIII secolo. Dopo la ristrutturazione, prima rinascimentale e poi quella barocca, dopo le modifiche varie, la villa ricevette l'aspetto odierno nel XVIII secolo. Negli ambienti interni si rispecchiano la data epoca, sono collocate numerose tapizzerie dal XVI al XIX secolo. Il ponte che collega le rive del fiume Oslava e si trova sotto la villa, è decorato da 20 statue barocche dei Santi degli anni 1730—1740.

TŘEBÍČ 203 La basilica di San Procopio (originariamente dedicata all'Assunzione della Vergine Maria) si trova nel monastero dei padri Benedettini: le sue origini risalgono agli anni 1240—1260. Nella disposizione della costruzione tardo romanica già stavano penetrando gli elementi di stile gotico. Ammirevoli sono le volte a costole ottagonali nonché i dipinti parietali che si trovano nella sacrestia e risalgono alla seconda metà del XIII secolo. Dopo le devastazioni precedenti, la chiesa fu rinnovata nell'anno 1725 secondo il progetto di Frant. Max. Kaňka nello stile del gotico barocco (da quel periodo risale anche la consacrazione della basilica al San Procopio).

PERNŠTEJN 204—205 Il castello monumentale moravo fu costruito nella seconda metà del XIII secolo su un dorsale sopra la confluenza del torrente Nedvědička e il fiume Svratka. Nel corso dei secoli esso veniva allargato, modificato, architettonicamente arricchito, in particolare negli stili tardo gotico, rinascimentale e barocco, venivano consolidate le sue fortificazioni, cosicché esso potè resistere anche all'assediamento degli Svedesi. Gli ambienti interni ritoccati nei secoli XVIII e XIX sono arredati nel tardo gotico e nel rinascimento.

TELČ 208—210 Una delle riserve monumentali cittadine più belle, compresa la sua villa, che si trovano nella Repubblica Ceca, è situata nella regione sud-ovest della Moravia. Il villaggio è citato per la prima volta nell'anno 1207. La piazza oblunga possiede proprio nel suo centro case gotiche, rinascimentali e barocche con i portici e numerosi bei frontoni, sopra le case dominano i campanili delle chiese e la silueta della villa che originariamente era un castello gotico. Nelle sale della villa si conservano soffitti rinascimentali meravigliosi, gli arredi dell'epoca, i quadri e le armi. La città, su decisione dell'UNESCO, fu inserita tra i monumenti dell'eredità culturale mondiale.

ZNOJMO 211 La riserva monumentale cittadina di notevole importanza si trova sopra il fiume Dyje, nella parte sud-est della Moravia. Qui si trova la sede dei principi ereditari del casato dei Premysl e a quell'epoca è legato il famoso ciclo dei dipinti parietali dell'anno 1134 nella rotonda di Santa Caterina, situata davanti al castello di Znojmo, trasformato in una villa. Nell'ambito del panorama della città fondata nel 1226 eccellono alcune costruzioni e torri dell'architettura ecclesiastica: la chiesa di San Nicola, la cappella di San Venceslao, le chiese di San Michele, del Ritrovamento della Santa Croce, di San Giovanni Battista, di Santa Elisabeta, nonché la torre del municipio della città. Si conservano pure parti notevoli delle fortificazioni cittadine.

VRANOV NAD DYJÍ 212   Molto in alto sopra il bacino del fiume Dyje, su una lingua di terra rocciosa, sul posto del castello gotico del XIII secolo, si erge in alto la villa costruita tra gli anni 1687—1695 secondo il progetto di J. B. Fischer di Erlach. Proprio sopra il dirupo principale il progettista aveva situato la sala degli antenati, di pianta ovale, riccamente decorata con dipinti e statue. Gli ambienti interni della villa sono arredati nello spirito del classicismo.

LA DIGA DI VRANOV 213   L'opera idraulica sul fiume Dyje fu costruita negli anni 1930—1933 con l'intento di regolare e raccogliere le inondazioni: sotto l'argine della diga si trova una centrale elettrica. L'argine è alto 55 metri e contiene le acque del fiume Dyje nella lunghezza di circa 30 km. Accanto al lago artificiale sono dislocati numerosi centri di villeggiatura.

DUB NAD MORAVOU 214   Il santuario dedicato alla Purificazione della Vergine Maria risale agli anni 1734—1756 e rappresenta una costruzione dominante dell'intera regione di Haná. Le torri da parte della facciata sono collegate tramite una galleria con 28 statue, mentre attorno alla chiesa intera c'è una balaustrata pure con le statue e con i vasi in pietra. Le torri furono rinnovate dopo l'incendio (1782), le volte dopo il loro crollo (1854).

LEDNICE 215   La villa neogotica degli anni 1846—1856 inserita in un paesaggio modificato in un parco, in cui passa il fiume Dyje e si trovano numerosi laghi. L'area del castello aveva da antenato un fortilizio gotico, di seguito rinascimentale, mentre verso la fine del XVII secolo qui nacque una villa barocca. Gli arredi interni comprendono i lavori pregevoli dai punti di vista artistico ed artigianale ma anche un prezioso mobilio. Attorno all'area della villa si trova un parco naturale di stile inglese.

JAROMĚŘICE NAD ROKYTNOU 216   Una villa del barocco culminante costruita secondo il progetto di Jakub Prandtauer negli anni 1700—1737 sulla riva del fiume Rokytná. Essa rientra tra le architetture di ville più imponenti dei paesi Cechi e risale alla prima metà del XVIII secolo. La dominante dell'area è rapresentata dalla chiesa di Santa Margherita degli anni 1715—1732, che ha una cupola imponente. Jaroměřice nel XVIII secolo divenne centro importante della cultura del teatro e della musica. Il parco è completato dalle statue barocche che riproducono gli eventi della mitologia antica.

VNOROVY 217   Un villaggio pittoresco della regione Moravské Slovácko, in cui si tramandano forti tradizioni dell'arte popolare, tra l'altro le decorazioni delle uova da Pasqua e la produzione delle figurine dal fogliame del granoturco.

IL COSTUME DI RATÍŠKOVICE 218   Nel comune di Ratíškovice, che si trova tra Kyjov e Hodonín, le donne e gli uomini durante le occasioni di festa portano ancora i costumi colorati: si tratta del costume denominato kyjovský.

IL COSTUME DI HANÁ 219   Esso proviene dalla zona di Náměšť na Hané. Il costume di festa femminile è fatto in generale nel colore bianco, mentre caratteristiche sono pure le maniche riccamente ripiegate e le gonne fino alla metà dei polpacci.

VELEHRAD 220—222   La basilica originariamente romanica dedicata all'Assunzione della Vergine Maria, apparteneva al monastero cistercense fondato nel 1205: dopo l'incendio essa fu radicalmente ristrutturata in stile barocco tra gli anni 1686—1735. I dipinti sul soffitto e sulle pareti sono opera di Jan J. Etgens. La cappella gotica chiamata Cyrilka della metà del XIII secolo ricevette pure il volto barocco. Il quadro votivo dei Santi Cirillo e Metodio fu fatto dal pittore polacco Jan Matejka (1838—1893) nell'anno 1885.

KROMĚŘÍŽ 223—227   La città nacque sotto il castello dei vescovi di Olomouc nel XIII secolo. Il castello ristrutturato nel XVII secolo e trasformato in una villa, riccamente decorata da parte degli artisti principali dell'epoca! Particolarmente pregevoli sono le opere artistiche che si trovano nella pinacoteca della villa. Nel centro del parco sotto la villa è il colonnato Pompeiano; il giardino Floreale trova la sua soluzione nello stile francese. Al centro della città si distingue con la propria costruzione la chiesa gotica di San Maurizio: ci sono quindi altri edifici chiesastici, case, i resti delle mura, la porta del Mulino (1585), il municipio di origini rinascimentali. Kroměříž è una riserva monumentale cittadina.

BUCHLOVICE 228   Con il proprio aspetto si tratta di una villa italiana creata da due edifici semicircolari autonomi, che guardano con le rispettive facciate uno contro l'altro. L'edificio inferiore è la villa in quanto tale con i locali

di rappresentanza e con l'arredamento dell'epoca: l'edificio superiore era riservato alla servitù e, in parte, alle scuderie. Il complesso barocco fu costruito attorno all'anno 1700. Il parco della villa è arricchito di opere scultoree barocche.

ZLÍN 229   La città provinciale moderna con i quartieri industriali e residenziali molto estesi. Gli inizi del comune risalgono al XIV secolo: nella parte storica della città si conserva una villa ristrutturata nello stile barocco, una chiesa tardo gotica nell'aspetto datole nell'anno 1845 nonché il municipio (dell'anno 1586). I complessi dell'edilizia costruttivistica moderna comprendono le fabbriche di Baťa, edifici di amministrazione, culturali e commerciali, le scuole, costruiti con la partecipazione di numerosi architetti locali.

HOSTÝN 230   Il santuario barocco fu costruito su un alto monte negli anni 1721—1748. Dopo l'incendio del 1769 esso fu rinnovato e in questa occasione furono completate parzialmente anche le torri. Nel XIX secolo al convento fu aggiunta la cappella dedicata al Beato Jan Sarkander. Il mosaico che rappresenta la Vergine Maria di Svatý Hostýn e che si trova sulla facciata della chiesa, è composto di 250 mila sassolini.

OLOMOUC 231—235   La città di centomila abitanti, una importante riserva monumentale cittadina, rappresenta un centro culturale, scientifico ed economico di questa regione agricola di Haná. Il centro storico della città è dominato dal municipio gotico con un'alta torre e un orologio, dal grandioso gruppo di statue dedicato alla Santissima Trinità, dalla chiesa gotica di San Maurizio. Nella città si trovano altri edifici sacri, numerosi palazzi, case gotiche, rinascimentali e barocche, diverse fontane. Nell'ex castello si ergono in alto tre torri della cattedrale gotica di San Venceslao, che fu ristrutturata in stile gotico nel XIX secolo. Il palazzo del casato dei Premyslidi è monumento culturale nazionale.

SVATÝ KOPEČEK 236—237   La chiesa dedicata alla Visitazione della Vergine Maria che si trova accanto al convento dei Premonstratesi, è la costruzione del primo barocco e risale agli anni 1669—1679: il progetto fu proposto da G. P. Tencalla. L'interno del santuario possiede un pregevole arredamento. Dopo l'anno 1700 vi fu aggiunto l'edificio della residenza. Svatý Kopeček si trova in una posizione dominante supra la regione di Haná.

ŠTERNBERK 238—239   Il Museo degli orologi che si trova nella villa è orientato alla storia dell'orologeria, dal passato fino al presente. Nelle sue collezioni si trovano ammirevoli pezzi dai punti di vista tecnico ed artistico. Il castello gotico Šternberk fu ristrutturato nel XVI secolo e trasformato in una villa rinascimentale: nell'anno 1886 avvenne un'altra ristrutturazione in stile neogotico.

LA GROTTE JAVOŘÍČSKÉ 240—241   Si tratta di ampie grotte carsiche scavate nel calcare devoniano sul monte Špráňk dalle acque del torrente sotterraneo omonimo. Esse furono scoperte nel 1938 e aperte al pubblico nel 1952. Le conosceva già l'uomo preistorico. Le grotte eccellono per gli ampi ambienti con una bellissima decorazione stalattitica! Il più attraente è il Duomo dei giganti, lungo 50, largo 14 ed alto 18 metri, pieno di stalattiti e di stalagmiti con le dimensioni molto grandi.

BOUZOV 242—243   Il castello gotico, per la prima volta menzionato nel 1317 ed ampliato nel XVII secolo, nell'anno 1699 divenne proprietà dell'Ordine dei Cavalieri Teutonici. Questi ultimi negli anni 1896—1901 fecero ristrutturare Bouzov ormai in condizioni fatiscenti rinnovandolo in un castello dell'ordine nello stile gotico romantico. In stile romantico furono ritoccati e arredati anche gli ambienti interni per mezzo di arredamento pregevole e di varie collezioni.

LE GROTTE DI MLADEČ 244—245   Sono situate nei pressi della città morava di Litovel, nel Carso di Mladeč, in mezzo al calcare devoniano. Esse furono prodotte tramite l'attività corrosiva delle acque del torrente del monte Třesín. Le conosceva pure l'uomo preistorico verso la fine del paleolitico superiore. Qui furono trovate le sue ossa, il focolare e gli attrezzi in pietra, nonché i resti della fauna ormai scomparsa. L'ambiente più interessante è la grotta Panenská con ricche decorazioni carsiche, inoltre la grotta Jezerní con due laghetti e il Duomo dei morti.

JESENÍKY 246—247   Estesi altipiani che coprono la parte settentrionale della Moravia e una parte della Slesia. Essi sono divisi in alcuni gruppi montuosi, di cui il più ricercato è Hrubý Jeseník con la cima più alta chiamata Praděd (1492 m). Attraverso il passo Červenohorské sedlo del Hrubý Jeseník, con numerosi centri di villeggiatura e di turismo, passa la strada di montagna tra Šumperk e Domašov e Jeseník. In cima ai monti suddetti passa un tracciato turistico e sciistico.

KARLOVA STUDÁNKA 248   Le terme del Hrubý Jeseník sono situate in una profonda vallata di Bílá Opava, ai piedi del monte Praděd, e sono circondate da profonde foreste. Le terme furono fondate dopo il 1780, la gran parte degli edifici termali fu costruita in maniera unitaria per quanto riguarda lo stile architettonico. Vi si curano le malattie delle vie respiratorie.

UNO SGUARDO SUL JESENÍK 249   Viene ricordato nell'anno 1267: tra le sue curiosità figura anche il castello sull'acqua ristrutturato in una villa rinascimentale che oggi contiene le esposizioni museali. Le terme Jeseník-láz-ně furono fondate prima dell'anno 1830 dal contadino Vincenc Priessnitz. Per la terapia si utilizzano le sorgenti naturali e le condizioni climatiche, vi si curano le malattie dei nervi, psichiche, del metabolismo, delle vie respiratorie, l'arteriosclerosi, e così via.

LE GROTTE NA POMEZÍ 250 Le grotte che si trovano nei Monti Rychlebské si trovano a 576 metri s. l. m. Esse sorsero nel calcare cristallino molto pulito. La grotta più vecchia fu scoperta nel 1936. Le grotte si distinguono per le loro belle decorazioni carsiche, in particolare nel Duomo del ghiaccio (Ledový dóm), nel Duomo reale (Královský dóm), nela Grotta del tesoro (Klenotnice) e in altri ambienti. Vi si trovano forme interessanti di stalattiti, tende, formazioni sinterizzate.

OPAVA 251 La città è centro culturale ed economico della Slesia e viene menzionata per la prima volta nel 1195. Essa fungeva da capitale del principato di Opava e poi della Slesia ceca. Tra i monumenti importanti rientra la chiesa in mattoni dedicata all'Assunzione della Vergine Maria, rievocata già nel 1204, meritano l'attenzione la chiesa di Santo Spirito, la chiesa dei padri Domenicani di San Venceslao, quelle di San Giovanni Battista, di San Giorgio appartenente ai Gesuiti, l'edificio del governo territoriale, il municipio con la torre Hláska dell'anno 1618, i palazzi Blücher e Sobek, a Kateřinky si trova la cappella di Santa Croce detta anche Svedese. Opava fu gravemente danneggiata durante i combattimenti nel 1945: il centro della città era quindi così ristrutturato.

FULNEK 252—254 La città viene menzionata nell'anno 1293 come città fortificata situata sotto il castello che fu poi ristrutturato in una villa barocca. La Villa inferiore è una costruzione rinascimentale. Tra gli anni 1618—1621 nella locale scuola dei Fratelli boemi insegnava Jan Ámos Comenius. L'ex collegio dei Fratelli boemi, ristrutturato e trasformato in un monumento di Comenius, è oggi monumento culturale nazionale. Il municipio con la torre risalente all'anno 1610 fu rinnovato dopo il 1945. La colonna barocca risale alla prima metà del XVIII secolo. Verso la fine della seconda guerra mondiale la città fu gravemente danneggiata.

LA ACCIAIERIE DI VÍTKOVICE 255 Furono fondate nel 1828 dall'arcivescovo di Olomouc, arciduca Rudolf Jan. La fondazione, lo sviluppo burrascoso delle acciaierie, un ampio programma di produzione del complesso assieme a tutta una serie di modelli tecnologici e dei prodotti locali, tutto questo è documentato nell'esposizione museale delle Acciaierie di Vítkovice.

OSTRAVA 256 La terza più grande città della Repubblica Ceca con 340 mila abitanti, è situata nel bacino carbonifero di Ostrava-Karviná. È il centro economicamente molto importante del paese per la sua industria del carbone, delle acciaierie, della metallurgia, della meccanica e della chimica. La città nacque con l'unione di 33 comuni autonomi della Moravia e della Slesia. Un'ampia estrazione del carbone, la costruzione delle acciaierie e i collegamenti ferroviari crearono le condizioni atte alla nascita dell'industria pesante di Ostrava. Tra le costruzioni monumentali della città rientra il municipio vecchio dell'anno 1556, che nel 1859 fu rialzato. Oggi vi si trova un museo.

LA DIGA TĚRLICKÁ 257 Il bacino idrico sul fiume Stonávka presso il comune di Horní Těrlicko, vicino a Český Těšín.

HELFŠTÝN 258 I ruderi del castello più esteso della Moravia si trovano sulla vetta piena di boschi sopra il fiume Bečva nella Porta morava (Moravská brána). Il castello fu fondato dopo l'anno 1278, fu allargato nel XIV secolo, di seguito furono consolidate le sue fortificazioni, in particolare quelle del tardo gotico, sul posto del castello interno fu costruito il palazzo tardo rinascimentale con la cappella. L'area è circondata dalle mura con le torri cilindriche e quadrangolari, con le porte e i fossati. Nell'anno 1656 il castello Helfštýn fu distrutto per non servire al nemico e dal XVIII secolo esso andava man mano in rovina. Ora vi avvengono costanti ricostruzioni.

LE MESSI A HANÁ 259 La grande regione agricola della Moravia centrale, famosa per le sue culture agricole.

BESKYDY — LA DIGA ŠANCE 260 Il bacino idrico sul fiume Ostravice nei monti Beskydy moravoslesiani.

ROŽNOV POD RADHOŠTĚM 261—262 Il punto di attrattività della città consiste nel Museo della cultura popolare — il Museo naturale della regione di Valašsko, aperto proprio sotto il dorso principale dei monti Beskydy moravoslesiani nell'anno 1925. La parte originaria del museo, la cosiddetta Città di legno, fu estesa della parte Stráni — il cosiddetto Villaggio della Valacchia, un'altra parte divenne la Vallata Mlýnská dolina. Nel museo naturale sono concentrate alcune decine di stabili provenienti dalle zone Valašsko, Lašsko, Těšínsko e Kopanice.

BESKYDY 263—265 Un'ampia regione di montagna, inserita nella regione paesistica protetta dei monti Beskydy di 1160 m². I monti che si stagliano nitidamente sull'orizzonte, sono abbelliti di prati montani, di fattorie contadine e di case caratteristiche in legno della Valachia, di profonde vallate, di numerosi corsi d'acqua. I monti si dividono in tre gruppi montuosi — gli altipiani Radhošťské, Lysohorské e Klokočovské. Il monte Radhošť (1129 m), anche se non è il più alto, figura tra i più noti, mentre il monte Pustevny (1018 m) appartiene ai posti più ricercati.

República Checa

EL MOLDAVA Y EL CASTILLO DE PRAGA 1 El Castillo de Praga, símbolo milenario de la Nación Checa, lugar desde el cual gobernaron el país los príncipes premyslidas, los grandes reyes, los emperadores y en el siglo XX los presidentes, es una monumental obra arquitectónica hecha por muchos destacados arquitectos y también por famosos o anónimos constructores. Desde hace siglos se refleja en la brillante superficie del río Moldava, que fluye recogiendo la imagen del Castillo, de las dos ciudades praguenses en ambas orillas, las torres y las cúpulas de las iglesias, las frondosas laderas de cerros y montículos, los jardines, las islas y el altísimo cielo.

EL PUENTE DE CARLOS 2, 15—16 El puente de medio kilómetro de longitud une desde los tiempos de Carlos IV la Ciudad Vieja en la orilla derecha del Moldava, con el barrio de Malá Strana en la orilla izquierda. Fue edificado en el año 1357 y su construcción va unida con el nombre de Petr Parléř. El puente vino a sustituir el románico puente de Judith destruido durante una riada. Desde siempre desempeñó un significativo papel en la historia de Praga pues fue durante siglos el único puente de la ciudad. Su mayor atractivo es la colección de 30 estatuas y grupos escultóricos, principalmente barrocos, colocados sobre los pilares del puente. En sendos extremos lo cierran las puertas de puente.

LA PLAZA VENCESLAO 3, 5 Al fundar Carlos IV en 1348 la Ciudad Nueva de Praga, la plaza servía de mercado de cereales, y también se celebraban aquí ferias de caballos. El edificio neorrenacentista del Museo Nacional erigido entre 1885 y 1890, según el proyecto de Josef Schulz, cierra la parte superior de la plaza, donde antaño se alzaba una de las puertas de la ciudad. En sendos lados de la plaza se hallan edificios de bancos, hoteles, grandes almacenes, palacios de diversas empresas y casas de vivienda. El monumento con la estatua equestre del Príncipe San Venceslao y de los cuatro patronos de la Nación Checa al pie del Museo, es obra de Václav Myslbek realizada entre 1912 y 1924

EL HOTEL EUROPA 4 El hotel, doble edificio asimétrico de estilo modernista en la Plaza Venceslao es una obra característica de su época, con frontón decorado con motivos vegetales, aplicación de materiales de metal y dorados. El edificio fue diseñado en los años 1903—1094 por Bedřich Bendelmeyer y Alois Dryák.

LA CASA DEL MUNICIPIO Y LA TORRE DE LA PÓLVORA 6 La casa representativa de la capital Praga fue proyectada por los arquitectos Antonín Balšánek y Osvald Polívka. Levantada entre 1906 y 1911, es la construcción modernista más hermosa de la capital que preserva intacto el estilo de los interiores. En la Edad Media, bajo el reinado de Venceslao IV, era lugar de la sede del monarca checo. La puerta colindante de estilo gótico tardío fue construida después del año 1475 por Matyáš Rejzek y reconstruida en el siglo XIX por Josef Mocker.

LA CALLE DE PARÍS (PAŘÍŽSKÁ) 7 Empieza junto al puente de Svatopluk Čech y desemboca en la Plaza de la Ciudad Vieja. No ha pasado aún un siglo desde que fue trazada. Transita por los lugares donde se extendían las callejuelas tortuosas, plazas y rincones del antiquísimo gueto praguense, saneado en las postrimerías del siglo XIX. En la calle nueva prevalecen altas casas de distintos estilos arquitectónicos como el neogótico, el histórico y el modernista con decoraciones plásticas, mosáicos, inscripciones y torres.

EL AYUNTAMIENTO DE LA CIUDAD VIEJA 8 El ala sur muestra a la perfección el crecimiento progresivo del ayuntamiento. La Casa de los Wolflin del Kamene —adosada a la torre prismática del ayuntamiento— sentó los cimientos del mismo. Mas adelante se fueron añadiendo otras casas, la de Kříž, la de Mikša y la Casa del Minuto, con esgrafiados renacentistas. La antigua casa de Kříž ostenta una gran ventana renacentista y la inscripción Praga Caput Regni — Praga cabeza del reino.

EL RELOJ DEL AYUNTAMIENTO DE LA CIUDAD VIEJA 9 Esta única obra técnica y artística en la fachada meridional de la torre del ayuntamiento fue realizada hacia 1410 por el relojero Mikuláš de Kadaň con la ayuda del astrónomo Jan Šindel. Reconstruido hacia 1490 por el maestro Hanuš, llamado Rosa. Las estatuillas del reloj son barrocas. Tres partes integran el reloj — el paso de los apóstoles, la esfera, es decir el sistema astronómico y el calendario.

LA PLAZA DE LA CIUDAD VIEJA 10 Entre los edificios que se alzan en la parte oriental de la plaza destacan los dos pisos del palacio Goltz Kinsky, edificio rococó de mediados del siglo XVIII. La casa colindante La Campana de Piedra es gótica, junto a la callejuela Týnská se encuentra la Escuela de Týn con frontón veneciano renacentista y la última es la casa El Unicornio Blanco. Por encima de las casas se alza la iglesia gótica de Nuestra Señora de Týn con sus dos torres, fundada en el año 1365. El monumento a Juan Hus, obra de estilo modernista de Ladislav Šaloun fue inaugurado en 1915.

EL VIEJO CEMENTERIO JUDÍO 11 Se extiende cerca de la Vieja Nueva Sinagoga y fue fundado a finales del siglo XIV. La más antigua lápida conservada lleva la fecha del 23. 14. 1439 y la última dala del año 1787. Entre los millares de lápidas se han conservado muchas tumbas de destacados personajes, entre ellas, la del famosísimo rabino Löw Jehuda ben Becalel del año 1609, autor del legendario Golem

LA VIEJA NUEVA SINAGOGA 12   Esta sinagoga de estilo gótico temprano construida hacia 1280 es el edificio más antiguo y más famoso del gueto praguense y un monumento enropeo único. Los frontones de ladrillo son del siglo XVI y la edificación suplementaria de menor altura destinada a las mujeres data del siglo XVIII. La sinagoga sirve a su finalidad.

EL TEATRO NACIONAL 13   El solemne edificio de estilo neorrenacentista fue construido según el proyecto de Josef Zítek y Josef Schulz en los años 1868—1883 gracias a las donaciones voluntarias del pueblo checo. Muchísimos artistas destacados, miembros de la generación del Teatro Nacional participaron en la decoración de su interior.

VYŠEHRAD 14   El segundo castillo de Praga sobre la alta roca que domina la orilla derecha del Moldava, fue fundado en la segunda mitad del siglo X. Su origen va ligado a los albores mitológicos de la historia checa. En los siglos X y XI fue el lugar donde se acuñaban los dineros con la inscripción Visegrad y Visegrad civitas. Los reinados de Vratislav II y Carlos IV fueron dos épocas de gloria y auge del Castillo. En la actualidad las torres neogóticas de la iglesia de san Pedro y san Pablo constituyen su punto arquitectónico dominante. Lo encierran murallas barrocas de ladrillo.

LA IGLESIA DE SAN NICOLÁS 17—18   Dominante única de Malá Strana, obra cumbre de la arquitectura barroca checa que se ubica en la Plaza Malostranské. El amplio espacio de la nave con capillas laterales, galerías y bóveda son obra de Kryštof Dienzenhofer (1704—1711), el presbiterio y la cúpula, realización de Kilián Ignác Dienzenhofer (1737—1752) y el esbelto campanario de Anselm Luragho (1753). El interior de la iglesia cuenta con una magnífica decoración, con estatuas, cuadros y altares.

LOS PUENTES SOBRE EL MOLDAVA 19   En los lugares donde el río Moldava entra en el casco histórico de Praga una serie de puentes une las dos orillas. Vistos desde la colina de Letná el más cercano es el puente de Mánes, le sigue el famoso puente gótico de Carlos del siglo XIV y más arriba a contra corriente se encuentran los demás puentes, de las Legiones, el puente Jirásek, el puente Palacký y al pie de Vyšehrad el puente ferroviario.

LA CATEDRAL DE SAN VITO 20—21   La monumental catedral gótica en el Castillo de Praga, obra iniciada en 1344 por Matyáš de Arras y Petr Parléř fue terminada en estilo neogótico en 1929. Se alza en el lugar de la rotonda de San Venceslao y de la basílica del príncipe Spytihněv. En el interior de la catedral que decoran numerosas capillas, se hallan el mausoleo real, la cripta de los reyes de Bohemia, las lápidas góticas de algunos soberanos premyslidas y el barroco sepulcro, soberbia obra de platería, de San Juan Nepomuceno. La capilla más valiosa está consagrada a San Venceslao, patrono de Bohemia. En la cámara de la coronación se guardan las joyas de la Corona de Bohemia, patrimonio cultural nacional.

EL PALACATE REAL 22   Original edificio praguense renacentista, fundado por el rey Fernando I en 1535 y acabado en 1563. El interior del palacete se reconstruyó en los años 1845—1846. En las arcadas se conservan relieves con motivos mitológicos. La fuente cantante en el jardín real frente al palacete es obra de Francesco Terzio y fue moldeada por el campanero Tomáš Jaroš.

LA CALLEJUELA DEL ORO 23   La pintoresca callejuela del Castillo de Praga conserva casas y casitas renacentistas y barrocas de los siglos XVI—XIX adosadas a las murallas del castillo. Aquí vivían los fusileros de la guardia del castillo, más adelante los plateros y finalmente, los pobres. La leyenda tradicional afirma que precisamente aquí trabajaban los alquimistas.

LA IGLESIA DE SAN JORGE 24   La basílica románica del siglo X recibió su aspecto actual al ser reconstruida después del incendio del Castillo de Praga en 1142. En el siglo XIII fue ampliada con la capilla de Santa Ludmila. La portada de estilo barroco data de alrededor de 1680 y la capilla de San Juan Nepomuceno es de comienzos del siglo XVIII. El interior de la iglesia ha preservado su estilo románico.

LA BIBLIOTECA DEL MONASTERIO DE STRAHOV 25   La barroca sala de 1671—1679, llamada de los teólogos, fue diseñada por D. Orsi. Los adornos estucados en la bóveda enmarcan los murales al fresco realizados entre 1723—1727 por el pintor Siard Nosecký, clérigo de la orden de los premonstratenses. El nombre de la sala corresponde con los libros en ella depositados.

NUESTRA SEÑORA DE LORETO 26   La portada data de los años 1720—1722 y fue diseñada por Ignác Dienzenhofer. En la torre del campanario se halla el famoso carrillón de 1694 que toca un aire mariano. Las estatuas son obra de J. B. Kohl: las traviesas estatuillas de «putti» son de O. F. Quitainer. En el patio interior encontramos la Santa Casa (1626—1631) y la iglesia de la Natividad (1734—1735). El tesoro loretano es famosísimo por sus piezas únicas.

PRAGA NOCTURNA 27   El magnífico fuego de artificios, lleno de luces multicolores, viste la capital en un majestuoso traje regio, que más que nunca corresponde al epíteto de Praga mágica.

LÁNY 28   El palacio está situado en el lindero del gran parque de Lány que es parte de la reserva natural de Křivoklát. Es lugar de veraneo del presidente de la República Checa. Originalmente, palacete de caza construido hacia 1600 y remodelado en el siglo XVII, fue reconstruido en 1821 y a comienzos de nuestro siglo. La iglesia del palacio data del siglo XVIII.

KŘIVOKLÁT 29—30   Es uno de los castillos más importantes de Bohemia, mencionado por vez primera en 1109. Fue construido en un promontorio sobre el arroyo de Rakovník, que en la actualidad forma parte de la reserva natural de Křivoklát. La original construcción de madera de este palacete de caza de los soberanos checos fue sustituida en el siglo XIII por un castillo gótico de piedra que conocería reconstrucciones en los siglos XIX y XX. La capilla del castillo cuenta entre sus joyas un extraordinario altar de estilo gótico tardío de finales del siglo XV obra de un artista anónimo.

KONĚPRUSY 31   Cuevas de estalactitas y estalagmitas en las cálizas devónicas de Bohemia Central e importante localidad arqueológica. Las cuevas forman el mayor sistema subterráneo del sistema cárstico de Bohemia, abiertas al público en 1959. Conservan una bellísima riqueza de estalactitas y estalagmitas, son dignas de consideración por los hallazgos de esqueletos fósiles además de haber albergado, en el siglo XV, un taller de falsificadores de moneda.

KARLŠTEJN 32—34   El más importante de los castillos checos, patrimonio nacional cultural. Su fundador, Carlos IV, le adjudicó una extraordinaria misión que influyó en la edificación del castillo como monumental fuerte gótico con interiores únicos. El remodelamiento neogotizante de 1887—1899 plasmó la apariencia actual del castillo. La gran torre que domina el recinto encierra la capilla de la Santa Cruz con 127 cuadros sobre madera, el Ejército de Cristo, obra del maestro Teodorico realizada entre 1357—1365, excepcional muestra de la pintura gótica.

KONOPIŠTĚ 35   Castillo gótico del siglo XIV con siete torres de estilo francés. Reconstruido en diversas ocasiones, en el siglo XVIII fue convertido en palacio. Recibió su semblanza actual durante la reconstrucción neorromántica en 1889—1894. La imponente torre cilíndrica de origen medieval constituye el elemento dominante del actual palacio. La decoración del interior posee un extraordinario valor, igual que las celecciones de armas, armamentos y trofeos de caza de la aristocrática familia de los d'Este.

PRŮHONICE 36   En el lugar del fortín gótico se levantó en el siglo XVI un palacio renacentista remodelado entre 1892—1898 en estilo neorrenacentista. La iglesia de la Natividad de la Virgen frente al palacio tiene origen románico (1187). El palacio está rodeado por un parque excepcional de 200 hectáreas fundado en 1885, único en Bohemia.

ČESKÝ ŠTERNBERK 37—38   Castillo fundado en torno al año 1240 en un abrupto promontorio sobre el río Sázava. Las reconstrucciones efectuadas en las postrimerías del siglo XV, y esencialmente las alteraciones barrocas, le dieron su aspecto actual. El interior profusamente decorado con estucos contiene mobiliario y colecciones de gran valor.

PŘÍBRAM—SACROMONTE 39, 41   La iglesia de peregrinación de la Asunción, construida entre 1658—1709 sobre un monte de 586 metros de altura constituye un punto dominante natural. Posteriormente se vió ampliada por ámbitos con capillas y puertas. Junto a la iglesia se halla la antigua residencia jesuita de estilo barroco. La decoración interior de la iglesia es extraordinariamente rica. La escultura de la Virgen y el Niño Jesús con coronas de oro se guarda dentro de un arca de plata sobre el altar del mismo metal

LA MINA DE ŠEVČÍN 40   El recinto de la antigua mina en Příbram-Březové hory encierra el museo de la minería al aire libre. Las exposiciones dejan constancia de la historia de la minería, las técnicas de extracción, la evolución del transporte vertical y la vida de los mineros. Las singulares colecciones mineralógicas y geológicas proceden principalmente del siglo XIX.

BŘEZNICE 42   El palacio de estilo renacentista con torre prismática que fue construido en las postrimerías del siglo XVI, conserva su núcleo gótico. Los espacios interiores del palacio ocultan preciosos muebles de la época y la inapreciable biblioteca de Lokšany del año 1558. Un parque de estilo inglés rodea al palacio.

DOBŘÍŠ 43   El palacio de estilo rococó construido según proyecto francés entre 1745—1765 sirve para fines culturales. El parque de terrazas de estilo francés está rematado en perspectiva por un jardín de invierno, detrás del cual se extiende el parque inglés. La decoración plástica del palacio y del parque data de los años posteriores a la fecha de 1760 y es obra de Ignác F. Platzer.

EL PAISAJE DE BRDY 44   El valle cercano a la localidad de Hluboš en los bosques de los montes de Brdy, con vista al monte Třemošná de 778 m de altura.

STARÝ ROŽMITÁL 45 En el coro de la iglesia de la Elevación de la Santa Cruz, reconstruida en estilo barroco, tocaba el órgano Jan Jakub Ryba (1765–1815) el compositor y autor de la célebre Misa de Navidad Checa. Starý Rožmitál es la parte más antigua de de la ciudad Rožmitál pod Třemšínem.

PLANÁ 46 Localidad de la meseta de Březnice, situada en el camino turístico que va de Petrovice a Solenice hasta la pared de retención del pantano Orlík.

SLIVICE 47 Tradicional belén popular de la Navidad checa en la iglesia local de San Pedro, mencionada ya en el año 1352.

HVOŽDANY 48 La iglesia de una nave terminada en presbiterio rectangular, de la mitad del siglo XIV. La disposición interior viene de los siglos XVII y XVIII.

LA REGIÓN DE SEDLČANY 49 El monte sobre el que se alza el castillo de Vysoký Chlumec visible desde muy lejos, anima la ondulante meseta de bosques y estanques de Březnice. El castillo gótico, mencionado por primera vez en 1382, fue completamente reconstruido en los años 1643–1654.

EL PANTANO DE ŠTĚCHOVICE 50 Esta presa sobre el río Moldava fue construida entre 1939–1945 en un paisaje romántico al sur de Praga. La presa de contención de 25 m de altura retiene 11,2 millones de m³ de agua formando un lago artificial de 9 km de longitud. La central hidráulica al pie de la presa toma el agua del lago y del depósito situado a 160 m de altura en el monte Homole.

EL PANTANO DE SLAPY 51–52 Otra de las presas sobre el río Moldava construida entre 1951–1954. Detrás de su pared de retención de 65 m de altura se formó un lago de 44 km de longitud con 269 millones de m³ de agua. Al pie de la presa se halla incorporada una central hidráulica. En ambas orillas del lago surgieron muchos centros de recreo. En la temporada estival, también el transporte por barco sirve de recreo.

EL PANTANO DE ORLÍK 53, 57 Al suroeste del pantano de Slapy creció en el curso de los años 1954–1962 la tercera presa. La pared de 91 metros de altitud, en la que también se halla una central hidráulica retiene 717 millones de m³ de agua del Moldava. El agua embalsada cubre una superficie de 68 km de longitud, 33 km del río Otava y 7 km del río Lužnice. La extensa superficie acuática con transporte por barco ha transformado completamente el paisaje. Han surgido centros de recreo que ofrecen muchas oportunidades para los deportes acuáticos.

ZVÍKOV 54–55 El rey de los castillos checos fue construido en las tres primeras décadas del siglo XIII en el promontorio sobre la confluencia de los ríos Moldava y Otava. En la actualidad emerge de las aguas del embalse de Orlík. La alta torre cilíndrica con fortificaciones exteriores de aristas son rasgos característicos del castillo. El Palacio Real con capilla y la más antigua torre bulbiforme son las partes más importantes del castillo. Los murales con temas religiosos que cubren las paredes de la capilla son posteriores a 1475. El relieve en el altar mayor es de comienzos del siglo XVI, obra del Maestro de la Lamentación de Zvíkov.

ORLÍK 56, 58 En el pasado parecía un nido de águila colgado sobre el profundo valle del río Moldava. Una vez levantada la presa, sus tres cuartas partes han quedado rodeadas por las aguas del embalse. El original castillo gótico sufrió numerosas reconstrucciones hasta convertirse en el actual palacio cuyo aspecto data de los años 1849–1860. La pequeña sala de los caballeros debe su instalación al período de la reconstrucción romántica de Orlík. El parque natural en torno al castillo fue creado después del año 1802.

TÁBOR 59–61 La ciudad fue fundada por los husitas en 1420 en el lugar de un antiguo asentamiento. El ayuntamiento gótico terminado en 1521, posteriormente reconstruido y remodelado en estilo gótico, así como la iglesia de la Conversión de Nuestro Señor en el Monte Tabor, construida después del siglo XV, forman los puntos dominantes de la plaza Žižka y del núcleo histórico. Algunas casas de origen gótico en la plaza ostentan preciosos frontones renacentistas, como por ejemplo la casa de Ctibor. La escultura del caudillo husita es obra de Josef Strachovský. El centro histórico de Tábor fue proclamado patrimonio urbano.

VLASTIBOŘ 62 Aldea de Bohemia del Sur en las turberas de Soběslav que contiene una colección de muestras de arquitectura popular de la segunda mitad del siglo XIX. Las casas rurales y los graneros tienen frontispicios profusamente decorados al estuco.

VELKÝ TISÝ 63–64 La superficie acuática del estanque es de 317 hectáreas. El arquitecto Štěpánek Netolický terminó de construirlo en 1505, posteriormente fue ampliado por Jakub Krčín de Jelčany. Junto con el estanque Malý Tisý y otros en los alrededores forman una reserva natural. La pesca otoñal suele convertirse en espectáculo de descomún encanto.

LOS PIRAGÜISTAS EN EL RÍO LUŽNICE 65–67 La corriente del Lužnice, río de Bohemia del Sur, su entorno natural y atractivo paisaje no han perdido nada de sus encantos románticos. Lužnice sigue siendo uno de los ríos checos de mayor atractividad.

TŘEBOŇ 68–73 Ciudad de Bohemia del Sur a orillas del Lužnice situada en un paisaje de estanques, antaño pantanoso, cuya historia se remonta al siglo XIII. Conoció su mayor auge bajo el dominio de los Rožmberk y Schwarzenberk. Sobre el plano medieval se alzan casas góticas y renacentistas, el ayuntamiento, la iglesia de San Gil, originalmente parte del monasterio, el palacio que anteriormente fue un fortín y también una gran parte de las murallas con bastiones y puertas. En esta ciudad nacieron destacadas obras artísticas — la escultura gótica de la Virgen con el Niño Jesús realizada en torno a 1400 y los cuadros del Maestro de Trebon, anteriores a 1380. Třeboň es reserva urbana y también balneario.

JINDŘICHŮV HRADEC 74 El palacio situado en el promontorio entre el estanque Vajgar y el río Nežárka es el monumento histórico más primoroso de la ciudad. Fue fundado como castillo románico a comienzos del siglo XIII. La monumental torre cilíndrica y el Palacio Viejo con su capilla con constructiones del período gótico. A finales del siglo XV y en el XVI se convirtió en residencia renacentista. Entonces se construyeron los edificios nuevos de Jáchymovo y de Adam II. las Grandes y Pequeñas Arcadas y el rondel. Murales góticos y renacentistas decoran las paredes de las salas del palacio.

PLÁSTOVICE 75 Localidad de las turberas de Zbudov que conserva la colección más completa de casas rústicas de mediados del siglo XIX, cuyos frontones presentan un característico decorado al estuco. La forja es uno de los edificios más originales.

ROŽMBERK 76–77 El mayor estanque en la República Checa con una superficie acuática de 489 hectáreas. Construido en el río Lužnice cerca de Třeboň por el arquitecto estanquero Jakub Krčín de Jelčany por órdenes de Vilém de Rožmberk. El descomunal espectáculo de la pesca suele transcurrir con la multitudinaria presencia de espectadores.

ČESKÉ BUDĚJOVICE 78–80 La ciudad fue fundada hacia 1265 por el rey Přemysl Otakar II en la confluencia de los ríos Moldava y Malše. En el centro de esta reserva urbana, en la plaza cuadrilateral con la fuente de Sansón, el ayuntamiento barroco, las casas del gótico tardío, renacimiento y barroco, se alza dominando toda la ciudad la Torre Negra de 72 m de altura, construida entre 1549–1578. Debajo de la misma se halla la catedral de San Nicolás de origen gótico que recibió su aspecto actual en 1686–1688.

HLUBOKÁ NAD VLTAVOU 81–83 El monumental palacio en el promontorio sobre el río Moldava, fue construido en estilo neogótico de Windsor entre 1841 y 1871. En el siglo XIII un castillo gótico real ocupaba el lugar, en el siglo XVI y en el XVIII fue sustituido por un palacio renacentista primero, y barroco posteriormente. Los interiores están decorados con primorosa suntuosidad: con valioso mobiliario, tapices, cuadros, esculturas talladas, techos artesonados y armas.

EL ESTANQUE MUNICKÝ 84 Fue construido en las proximidades de Hluboká nad Vltavou en el año 1494 y tiene una superficie acuática de 118 hectáreas. Junto a la orilla sur del estanque se alza el palacio barroco Ohrada.

LA ADORACIÓN DEL NIÑO 85 El cuadro sobre tabla del Maestro de Třeboň data aproximadamente del año 1380 y está expuesto en el palacio de Hluboká en la Galería Mikoláš Aleš de Bohemia del Sur. El artista anónimo es seguramente uno de los más destacados de la pintura gótica checa del siglo XIV.

LA VIRGEN DE RUDOLFOV 86 La escultura gótica de la Virgen con el Niño posterior al año 1320, es obra de un maestro anónimo. Forma parte de la colección de arte gótico de la Galería Mikoláš Aleš de Bohemia del Sur en Hluboká.

OHRADA 87 El edificio barroco levantado en 1708–1718 cerca del estanque Munický se utilizaba exclusivamente como palacio de caza. El bellísimo fresco del año 1715 decora el techo del gran salón. En las salas del palacio están instaladas las colecciones del Museo de Agricultura, Bosques y Pesca.

KLEŤ 88–89 El pico más alto (1083) de la cadena montañosa de los Bosques Blanský. En la cima se encuentran una atalaya de piedra de 1825, un refugio turístico, una estación de retransmisión y un observatorio. Desde el mirador panorámico se puede observar el interior del país, los montes de Šumava y en días de buena visibilidad incluso parte de los Alpes.

OTOÑO EN SRNÍ 90 Ambiente otoñal, frondosas pendientes de una localidad montañosa turística situada a 845 m de altura en las laderas de los montes Šumava.

ČESKÝ KRUMLOV 91–93 Una de las reservas urbanas de la República Checa incluida por la UNESCO entre los monumentos del patrimonio universal. El castillo gótico del siglo XIII, reconstruido en palacio, del que sobresale una imponente torre cilíndrica, oculta en su interior valiosos muebles de la época y tapices originales. Digna de atención es la Sala de las Máscaras con pinturas de J. Lederer del año 1748, el teatro palaciego con decoración original y el taller donde se acuñaban las monedas. La catedral de san Vito, magnífico edificio del gótico checo, se alza soberbia por encima de las casas góticas y renacentistas, el ayuntamiento renacentista, conventos e iglesias, el arsenal, la puerta de Budějovice y parte de las fortificaciones urbanas.

ROŽMBERK 94—95 Castillo sobre la ciudad situada a orillas del río Moldava, fundado antes del año 1250. Del Castillo Alto sólo se conserva la torre cilíndrica llamada Jacobea. El Castillo Bajo, posterior al año 1330, fue reconstruido en el período renacentista y en parte remoldelado en estilo neogótico. En las salas del castillo con techos artesonados, mobiliario de la época, cuadros y objetos de arte, se exhibe una colección de armas históricas. La romántica galería de los Cruzados decorada en estilo neogótico ostenta retratos ficticios de Caballeros de la Cruz.

VYŠŠÍ BROD 96—98 Monasterio de la orden de los cirtencienses, fundado en el año 1259, formado por un conjunto de edificios construidos progresivamente hasta finales del siglo XIV. La iglesia de la Asunción fue iniciada en 1281. La ventana circular en la sala capitular data del siglo XV, el vía crucis del siglo XIV, el ámbito, el comedor y el dormitorio del año 1385. En la biblioteca monástica (1757) se conservan valiosos libros, manuscritos e incunables, y en la galería, obras principalmente flamencas de los siglos XVII y XVIII.

LIPNO 99, 101 El embalse de más de 40 km de longitud con una superficie de 4870 hectáreas forma parte de la presa construida en el curso superior del río Moldava en los años 1951—1959. En la pared de contención de 22 m de altura se sitúa una hidrocentral subterránea. El pantano de Lipno se encuentra en una altura de 720 m y sus orillas ofrecen muchas posibilidades de recreo: para bañarse, practicar deportes acuáticos o pescar. Durante la temporada los numerosos centros de recreo y lugares de interés cuentan con transporte regular por barco.

ESLALON DEBAJO DE LIPNO 100 Cuando se abre el pantano en el río Moldava debajo de Lipno, el agua corre rauda y tempestuosa formando saltos y remolinos. Es entonces cuando se ofrece la ocasión única de practicar el eslalon acuático en aguas rápidas.

ŠUMAVA (MONTES DE BOHEMIA) 102—104 Cadena montañosa de unos 125 km de longitud que forma la frontera entre Bohemia, Austria y Alemania. Está cubierta principalmente de bosques de abetos. Su vertiente suroccidental cae abruptamente, sin embargo, baja gradualmente hacia el interior de Bohemia. La cima más alta de la parte checa de Šumava es el monte Plechý de 1378 m de altitud. Las extensas altiplanicies en la parte central de la sierra con muchas ciénagas constituyen un fenómeno característico de Šumava. En las turberas con pequeños lagos suelen crecer abedules enanescos y pinos alpestres. Las ciénagas de los Tres Lagos se encuentran a 1062 m de altitud y la Chalupská a 910 m. Esta región motañosa constituye una zona importante por sus fuentes, en las altiplanicies al pie del monte Černá, nace el río Moldava.

SELVA DE BOUBÍN 105—107 Reserva selvática centroeuropea en la vertiente sur del frondoso monte Boubín (1362 m) que forma parte de la serranía de Boubín en Šumava, con una superficie de 666,41 hectáreas, fundada en el año 1858. En la reserva se mantiene el equilibrio original de hayas, pinos y abetos. El arroyo de Kaplice atraviesa la selva.

LENORA 108 Localidad de Šumava en la confluencia del Moldava Caliente y el Řásnice, conocida por su producción de cristal. El puente de madera cubierto del siglo XIX está clasificado entre los monumentos técnicos del patrimonio nacional.

EL LAGO NEGRO (ČERNÉ JEZERO) 109 El mayor lago natural de Šumava de origen glacial, oculto entre los bosques de la falda del monte Jezerní, está situado a 1008 m de altitud. Reserva natural con superficie de 18,47 hectáres y 39,8 m de profundidad.

EL LAGO DEL DIABLO (ČERTOVO JEZERO) 110 De origen glacial con superficie de 10,3 hectáres y de 36,5 m de profundidad se extiende al Sur del monte de los Lagos (Jezerní) a 1030 m de altitud. Clasificado entre las reservas naturales.

EL BARRANCO BLANCO (BÍLÁ STRŽ) 111 En el romántico cañón cerca del Lago Negro el arroyo llamado Blanco forma remolinos, saltos, cascadas y el barranco. Con sus 79 hectáreas, es una reservca natural y elemento único del pintoresco paisaje.

EL VYDRA CERCA DE ANTÝGL 112 El raudo riachuelo de los montes de Šumava, Vydra, nace en la confluencia de los arroyos Modravský y Roklanský. Su cauce lleno de saltos y remolinos forma en el lecho rocoso las denominadas «ollas gigantes». El río atraviesa la localidad de Antýgl con autocamping y despúes de confluir con el Křemelná cerca de Čeňkova Pila se convierte en el río Otava.

RÁBÍ 113 Ruinas del extenso castillo de la primera mitad del siglo XIV. Sitiado en dos ocasiones y tomado por los husitas. Durante el segundo cerco

en el año 1421 el caudillo husita Jan Žižka fue gravemente herido en el único ojo que tenía visión. A finales del siglo XV fue ampliado y nuevamente fortificado. El rey Fernando II prohibió que se hicieran reparaciones y el castillo quedó abandonado en el siglo XVIII. La pequeña ciudad al pie del castillo fue fundada en 1499.

EL VALLE DEL RIO OTAVA 114 Otava, río de Bohemia del Sur con 113 km de corriente, nace en los montes de Šumava de la confluencia del Vydra y el Křemelná. Atraviesa profundos y frondosos valles de la serranía Svatoborská debajo de la cadena montañosa de Šumava, pasa por las ciudades de Strakonice y Písek y desemboca debajo del castillo de Zvíkov en el Moldava, en el actual embalse de Orlík

CHEB 115 Ciudad de historia milenaria que preserva en su casco urbano, proclamado patrimonio nacional, una serie de joyas arquitectónicas. En la plaza del rey Jorge se alzan edificios de distintos estilos arquitectónicos: el recinto denominado El Tajo (Špaliček), el ayuntamiento barroco y la casa de Pachelbl en la que fue asesinado el mariscal Albrecht de Wallenstein en 1634. Además de la catedral gótica de San Nicolás y de Santa Isabel con torres de origen románico, se conservan otros importantes edificios eclesiásticos. La Torre Negra con su capilla de dos plantas es el edificio más valioso del castillo originalmente románico que conoció una reconstrucción en el gótico tardío y finalmente fue convertido en fuerte barroco.

KLATOVY 116 Antaño ciudad real, fundada en la segunda mitad del siglo XIII por Přemysl Otakar II. En el centro histórico se alza la catedral de Nuestra Señora de 1410, con nave abovedada entre 1550 y 1560. Fue reconstruida en estilo neogótico en las postrimerías del siglo XIX. De dicha época datan los vitrajes que representan a los santos Ludmila, Luis y Jorge. La Torre Blanca, originalmente campanario renacentista de la iglesia fue remodelada en el siglo XVIII en estilo barroco.

LA VIRGEN DE PILSEN 117 La escultura gótica policromada de la Virgen y el Niño Jesús en la iglesia de San Bartolomé fue esculpida hacia el año 1395. La imagen de piedra calcárea, de 125 cm, es una muestra pura del llamado estilo checo.

FRANTIŠKOVY LÁZNĚ 118—119 Este balneario de Bohemia Occidental cercano a la ciudad Cheb es un importante centro terapéutico de enfermedades ginecológicas, circulatorias y del metabolismo. Las fuentes de aguas minerales, particularmente la de Glauber, y también el fango, son los medios terapéuticos que se utilizan desce la fundación del balneario en 1793. El pabellón sobre la fuente de Francisco y la estatua del niño Francisco son símbolos del balneario. La ciudad de plano regular contiene construcciones de estilo clacisista y extensos parques y jardines.

LA RESERVA NATURAL SOOS 120 Al sureste del balneario Františkovy Lázně se halla la extensa turbera y depósito de fango mineral con superficie de 221 hectáreas, mofetas y falsos volcanes, borbotones de agua y fango y fuentes de agua caliente. Son conocidas manifestaciones de actividades posvolcánicas en esta zona de Bohemia. En la turbera crecen plantas salífilas y la típica flora de las turberas.

EL PANTANO DE JESENICE 121 El embalse de Jesenice de 11 km de longitud en el río Odrava cerca de Cheb fue construido en 1960 para regular el caudal del río Ohře hacia la central eléctrica de Tisová. En las aguas del pantano hay transporte por barco durante la temporada turística y el fácil acceso a las mismas ofrece posibilidades para el recreo, el baño y la pesca.

MARIÁNSKE LÁZNĚ 122—125 Famoso balneario de Bohemia Occidental situado junto a la reserva natural del Bosque de Slavkov a 567—779 m de altitud. Las aguas minerales frías de las fuentes alcalino salínicas, las envolturas de fango y gas natural de óxido carbónico curan las patologías nefríticas, metabólicas, dérmicas, respiratorias y de las articulaciones. El balneario fue fundado en 1805, pero la fuerza terapéutica de las fuentes era conocida ya en el siglo XVI. En el siglo XIX se construyeron las columnatas, las termas y los principales centros terapéuticos. La fuente cantante y luminosa delante de la columnata principal merece la atención permanente del visitante.

KARLOVY VARY 126—132 El mayor y más importante balneario checo de fama mundial se extiende debajo de las Montañas Metalíferas y el Bosque de Slavkov, en la confluencia de los ríos Teplá y Ohře, a 376 m de altitud. El Surtidor que mana desde una profundidad de 3000 m y alcanza una altura de 15 m, junto con la estatua de la gamuza sobre la roca del Salto del Ciervo son los símbolos del balneario. Las aguas de las fuentes minerales tienen facultades terapéuticas para las enfermedades del aparato digestivo, del metabolismo, la gota, la obesidad, etc. El balneario se encuentra en el angosto valle del Teplá y sus destacadas construcciones arquitectónicas son: el palacete barroco, la columnata Mlýnská, la iglesia de María Magdalena, el sanatorio Thermal, el hotel Imperial, el Grandhotel Pupp y la atalaya Diana en la colina de la Amistad.

LAS MONTAÑAS METALÍFERAS (KRUŠNÉ HORY) 133 Se alzan como soberbia muralla en el noroeste de Bohemia formando la frontera con Alemania y van desde el puerto de Plesná (598 m) hasta el puerto de Tisá

(571). Caen abruptamente en la depresión de los ríos Ohře y Bílina, mientras en el lado sajón descienden progresivamente. En el pasado tenían importantes yacimientos de metales no ferrosos y plata, y estaban habitadas hasta las cimas. En las cumbres de la cadena montañosa hay turberas con la típica vegetación de pinos y abedules enanescos. Las Montañas Metalíferas son atractivas en invierno por sus bellos terrenos aptos para esquiar.

KLÍNOVEC 134 El punto más alto de las Montañas Metalíferas (1244 m) unido por telesillas a la ciudad de Jáchymov. En la cima se encuentra, además de una atalaya, un hotel de montaña y un punto de retransmisión. Los aficionados a los deportes de invierno tienen a su disposición pistas de esquiar con telesquíes y los que practican el esquí de fondo pueden utilizar los trazados a lo largo de la cadena montañosa.

JEŠTĚD 135 Cima de 1012 m que sobresale de la cadena montañosa del mismo nombre y domina la ciudad de Liberec a la que está unido por telecabina y por carretera. La punta del monte está rematada con una original torre de televisión, un hotel y un restaurante. Desde las alturas se abre una bella vista circular. El centro de Pláně pod Ještědem ofrece en invierno piestas y terrenos aptos para esquiar, telesquíes y trampolines, en verano trazados turísticos para practicar la marcha.

LAS MONTAÑAS DE BOHEMIA CENTRAL (ČESKÉ STŘEDOHOŘÍ) 136 El angosto valle en forma de cañón por el que transcurre el río Elba en las Montañas de Bohemia Central denominado Puerta de Bohemia (Porta Bohemica), tiene 4 km y está formado por los montes Dobrý (311 m) y Strážiště (362 m) al noroeste de Velké Žernoseky. Las Montañas de Bohemia Central de origen volcánico tienen sus características formas y conos de materiales magmático — basalto, fonolita y traquita.

KOKOŘÍN 137 Castillo gótico de la primera mitad del siglo XIV que se eleva sobre un promontorio de piedra arenisca que domina el valle poblado de bosques por el que transcurre el arroyo Pšovka. Abandonado desde el siglo XVII fue remodelado en estilo romántico entre 1911 y 1918. En la construcción destacan la alta torre cilíndrica con su casco cónico y el palacio al que se añadió una planta durante los trabajos de restauración. El paisaje circundante con rocas areniscas denominadas «tapaderas» por sus extravagantes formas y los grandes bosques son parte de la zona de protección natural de Kokořín.

MĚLNÍK 138 Ciudad en la confluencia de los ríos Moldava y Elba con remotísima historia. El nombre de Mělník aparece en monedas del siglo X. En el siglo XIV, Carlos IV tuvo el mérito de fomentar la vieja tradición vinícola. El castillo fuerte gótico, posteriormente reconstruido en palacio, muchas veces remozado, se eleva sobre un cerro encima del río. La iglesia gótica adyacente de San Pedro y San Pablo es de origen románico y su alta torre sobresale en el panorama de la ciudad.

EL MONTE ŘÍP 139 El cono de basalto de forma acampanada (456 m) se alza en medio de un paisaje llano sin bosques en las inmediaciones del río Elba cerca de la ciudad de Roudnice. En su cima se halla la rotonda románica de San Jorge levantada en la primera mitad del siglo XI, que conserva el aspecto posterior a la reconstrucción de 1126. Según la mitología checa Chej, el Padre de la Nación, trajo a su tribu hasta el Monte Řip. En el año 1962 el lugar fue proclamado parte del patrimonio nacional.

HEJNICE 140 Cúpula del templo de peregrinación de la Visitación de la Virgen construido entre 1722 y 1725 como iglesia con nave de crucero y frontón de dos torres convexo-cóncavo. La pintura al fresco en la cúpula de 1906 es obra de Ondřej Groll.

FRÝDLANT 141—142 Castillo del primer gótico en el norte de Bohemia que se alza sobre la ciudad de origen medieval. La poderosa torre cilíndrica denominada Indica es el punto más alto del recinto. En el siglo XVI fue ampliado, se edificó un palacio renacentista y posteriormente se renovó una de las alas del castillo original. En las salas se conserva valioso mobiliario de época. En el patio del castillo fortificado se organizan en verano representaciones de grupos de esgrima histórica.

ČESKÁ KAMENICE 143 La ciudad sobre el río Kamenice que linda con la zona natural protegia de las rocas areniscas del Elba fundada a mediados del siglo XIII al pie del castillo de Kamenice cuyos restos se han conservado en la colina Zámecký. El palacio, en parte renacentista y en otra barroco, sirve para distintos propósitos. La iglesia gótica de Santiago del siglo XIV, la capilla barroca de la Natividad de la Virgen (1736—1739) y el ayuntamiento de origen renacentista constituyen los monumentos arquitectónicos más destacados de la ciudad.

SYCHROV 144 El palacio debe su origen a los años 1847—1862 al reconstruirse en estilo romántico neogótico el anterior edificio del siglo XVII. Las torres de Rohan y de Breton dominan todo el edificio. Los Rohan que construyeron el palacio decoraron su interior con valioso mobiliario, empero la colección de retratos franceses constituye el mayor valor. En el parque de 26 hectáreas crecen árboles y arbustos vernáculos y exóticos.

HUMPRECHT 145 El palacete construido entre 1666—1668 sobre plano ovalado, observa el paisaje desde la punta del frondoso montículo de basalto sobre Sobotka, ciudad del Paraíso Checo. Después del incendio de 1678, el edificio fue reconstruido para alcanzar la altura actual. Lleva el nombre de su constructor Humprecht Černín de Chudenice.

LA CUEVA DOLOMÍTICA DE BOZKOV 146 Cueva descubierta en el año 1847 durante la explotación de una cantera calcárea, abierta al público en 1969. Los espacios subterráneos con una rica decoración de estalactitas y estalagmitas ocultan en una de sus cavidades un lago de 30 por 12 m. Las grutas se formaron en terreno dolomítico.

LA REGIÓN DE HRUBÁ SKÁLA 147 Vista panorámica de la extensa ciudad encantada de rocas areniscas, torres, agujas, paredes y otras caprichosas formas. Reserva natural de Hrubá Skála y Sedmihorky en la zona protegida del Paraíso de Bohemia. La ciudad encantada se divide en cuatro zonas denominadas Las Rocas del Dragón, El Director de Orquesta, El Faro y El Vallecito. Terreno ideal para practicar el alpinismo.

KOST 148 Monumental castillo fuerte gótico fundado después del año 1371 junto al Paraíso de Bohemia. La prismática Torre Blanca trapezoidal de cinco plantas domina el castillo. A finales del siglo XV se añadió el palacio de Šelmberk y, hacia 1545, el palacio renacentista de Bibrštejn. En los espacios interiores de este castillo checo mejor conservado se exhiben obras plásticas del arte gótico tardío.

HRUBÁ SKÁLA 149 Hacia mediados del siglo XIV se alzaba aquí, entre las configuraciones rocosas del Paraíso de Bohemia, un castillo gótico rodeado de bosques. En sucesivas obras de reconstrucción fue transformado en palacio renacentista, posteriormente barroco y finalmente, palacio neobarroco con una alta torre. Recientemente ha sido acomodado para el recreo de los miembros de organizaciones sindicales.

LAS ROCAS PRACHOVSKÉ 150 Ofrece muchas vistas atractivas la ciudad encantada de rocas areniscas que se extiende en 187 hectáreas en el Paraíso de Bohemia a poca distancia de la ciudad de Jičín, rodeada de bosques de coníferas y de árboles de fronda. Los lugares románticos con rocas areniscas de distintas formas, paredes, bloques, torres, agujas y cuevas son de fácil acceso y los trazados turísticos están perfectamente señalados.

LAS RUINAS DEL CASTILLO TROSKY 151 Los dos montes magmáticos con las respectivas ruinas de castillo sobre sus cimas dominan el paisaje del Paraíso de Bohemia, el cual usa como símbolo. Los edificios en forma de torre sobre los montes Baba y Panna, construidos en el siglo XIV son obras técnicas dignas de atención. El castillo quedó abandonado en el siglo XVII y sus ruinas han sido conservadas.

PŘEROV NAD LABEM 152 Al Museo de la arquitectura popular al aire libre fueron trasladadas muestras de casas rurales, granjas, graneros, secaderos, palomares y herramientas agrícolas, amén del mobiliario típico de los hogares, objetos de uso cotidiano, vestidos, trajes y pinturas sobre cristal. En los jardines crecen árboles, arbustos, plantas, flores y hortalizas que solían cultivarse en las aldeas.

VESELÝ KOPEC 153 Museo de la arquitectura rural al que fueron trasladados ejemplares de casas y talleres de los siglos XVII y XVIII, conservados en la población montañosa de Vysočina. La reserva situada a 590 m de altura en el distrito de Chrudim en la Meseta Checomorava sigue adquiriendo nuevas piezas.

FESTIVALES DE KLADRUBY 154, 155 La yeguada de Kladruby nad Labem fue fundada en 1579 y la cría renovada de ganado caballar no se ha interrumpido desde 1770 hasta nuestros días. En la localidad se organizan regularmente festivales y jornadas hípicas que suelen atraer a multitudes.

KUTNÁ HORA 156—158 La que fue en la Edad Media una rica ciudad minera con privilegios reales, es en la actualidad un importante centro económico y reserva patrimonial urbana. Fue fundada en el siglo XIII junto a yacimientos de plata. Poseía una Casa de la Moneda y de vez en cuando se convertía en sede provisional de los monarcas checos. La Corte Italiana, donde se acuñaban los famosos ochavos praguenses, la iglesia gótica de Santiago, la catedral de Santa Bárbara, el Castillete, la iglesia de Nuestra Señora de Náměť, la fuente de piedra de estilo gótico tardío, la iglesia gótica de Nuestra Señora en Sedlec y otros monumentos religiosos, así como las viviendas patricias que abarcan todos los estilos arquitectónicos, desde el gótico hasta el siglo XIX, constituyen la singular riqueza patrimonial de este conjunto urbano.

LIPNICE 157 Monumental castillo gótico citado por vez primera en el año 1316. A pesar de las reconstrucciones que experimentó en los siglos XVI y XVII, conserva los rasgos característicos de la arquitectura de los castillos de principios del siglo XIV. El viejo palacio gótico así como el nuevo del siglo XVI fueron remodelados en estilo barroco en 1683. La torre de Sansón fue levantada en 1537. En la capilla del castillo se han conservado pinturas al fresco de mediados del siglo XIV. El incendio de 1869 causó serios daños que dejaron al castillo al borde de la ruina. Últimamente algunas de sus partes han sido restauradas.

LITOMYŠL 159 El monumental palacio renacentista, construido a partir del año 1568 por los Pernštejn, se eleva sobre la ciudad declarada reserva patrimonial. En el palacio se conserva el teatro de estilo clasicista de 1796—1797 con decorados originales. El interior del palacio alberga las colecciones del Museo de la música checa. En el edificio de la cervecería palaciega nació el compositor Bedřich Smetana en el año 1824.

EL PANTANO DE SEČ 160 El embalse sobre el Chrudimka fue construido en 1925—1935 para regular la corriente del río y asegurar el abastecimiento de agua. La superficie acuática de 192 hectáreas es la mayor de la región. Se extiende en una zona de bosques y constituye un atractivo centro de recreo en las Montañas Férreas.

LUŽE 161 La grandiosa iglesia barroca de peregrinación de Nuestra Señora domina la contornada desde lo alto del monte de basalto Chlumek. Fue construida entre años 1690 y 1695 y en su interior conserva objetos de gran valor. La vecina residencia jesuita de estilo barroco temprano data de 1678—1682.

DOUDLEBY 162 Palacio renacentista en la localidad situada en la confluencia de los ríos Divoká Orlice y Zdobnice en Bohemia Oriental. El edificio con su fachada profusamente decorada con esgrafiados data de finales del siglo XVI, algunas de sus partes fueron modificadas en estilo barroco. Las salas palaciegas con decoraciones pictóricas y estucos contienen muebles de época, cuadros y una exposición de encajes checos y extranjeros. Un parque natural rodea el palacio.

HRADEC KRÁLOVÉ 163 Ciudad de Bohemia Oriental y reserva urbana patrimonial de cien mil habitantes, situada en la confluencia de los ríos Elba y Orlice. En su centro histórico, la plaza de Žižka, se alza la catedral del Espíritu Santo, edificio gótico de ladrillo, edificado en 1307. Otros monumentos dignos de consideración son la prismática y alta Torre Blanca levantada entre 1574 y 1589, la iglesia de la Asunción de estilo barroco temprano (1654—1666) con colegio jesuita, la residencia episcopal barroca (1709—1716), el ayuntamiento renacentista remozado en 1850—1851 y el conjunto escultórico mariano erigido en 1714—1716.

HRÁDEK U NECHANIC 164 El edificio palaciego de 1839—1854 en el Monte Lubenský fue construido en estilo neogótico Tudor. En el centro del palacio sobresale la torre prismática con almenas y torretas artilleras. Los muebles, los retratos, las piezas de cerámica y porcelana, los relojes y las armas exhibidas proceden prácticamente de toda Europa Central. El parque natural que rodea el palacio ocupa cerca de 30 hectáreas.

RYCHNOV NAD KNĚŽNOU 165 El palacio con su inmensa portada barroca de 1676—1690 fue ampliado alrededor de 1720, probablemente con la participación del arquitecto Jan Santini. Detrás del palacio se alza la iglesia de la Santa Trinidad construida hacia 1600 con frontón de Santini. En los salones del palacio está expuesta la colección de cuadros de la familia Kolovrat con obras que van del siglo XV hasta el siglo XIX, tapices, esculturas, muebles antiguos, objetos de cerámica, estaño y porcelana.

PAISAJE DE KUKS 166 Típica imagen de la serranía Bělohradská característica para los lugares donde el ilustre František Antonín Špork dejó su huella en grandes obras arquitectónicas de finales del siglo XVII y comienzos del XVIII.

NOVÉ MĚSTO NAD METUJÍ 167 Una de las pocas ciudades de Bohemia fundada al mismo tiempo que la ciudadela en 1501 sobre un alto promontorio encima del río. Casas renacentistas rodean la céntrica plaza rectangular, algunas de ellas ostentan fachadas barrocas, la iglesia de la Santa Trinidad del gótico tardío (1513—1523) y el palacio reconstruido en estilo barroco temprano, modernizado en 1909—1911. Las decoraciones interiores son obra de artistas checos. La ciudad fue proclamada reserva patrimonial urbana.

KUKS 168—169 Entre 1695 y 1724 František Antonín Špork construyó junto a las fuentes minerales locales los edificios del balneario, el teatro, el hipódromo y el palacio. Hasta nuestros días se han conservado el hospital barroco y la iglesia de la Santa Trinidad. En las terrazas se halla la galería de esculturas de Virtudes y Vicios, obras del escultor Matyáš B. Braun. En el cercano bosque Nový les u Žirče, en el denominado Belén, los escultores del taller de Braun esculpieron en las rocas plásticas barrocas de admirable calidad artística.

PAISAJE DE SEMILY 170 Se extiende en la línea divisoria de la falda de los Montes Gigantes y la serranía de Kozákov en Bohemia Oriental, en el que se alternan los bosques, prados y campos.

LOS MONTES GIGANTES (KRKONOŠE) 171—172 Típica imagen invernal de las montañas más altas de Bohemia, con su blanca capa de nieve y el profundo silencio reinante. Los fotógrafos tienen la oportunidad de sacar muchísimas imágenes poéticas de los lugares más bellos de la cadena montañosa, mientras los aficionados al deporte blanco encuentran terrenos ideales para practicar el esquí de pista o el esquí de fondo.

EL PANTANO DEL ELBA 173 Presa construida a través del río Elba a dos km de distancia al suroeste de la localidad Špindlerův Mlýn. Los saltos y remolinos que se forman al soltar el agua, son el escenario donde se organizan competiciones de eslalon y piragüismo de aguas bravas.

LA CASCADA DE MUMLAVA 174 Tiene una altura de 10 m y ocupa el lecho del río Mumlava en el valle del mismo nombre en el parque natural de Krkonoše, en las proximidades del centro turístico de Harrachov.

EL MONTE STUDNIČNÁ Y EL CHALET LUČNÍ 175 El segundo pico más alto de la cadena montañosa de Krkonoše con cima plana alcanza 1554 m de altura. Su falda norte baja gradualmente hasta la pradera Bílá y la turbera de Úpa. Las vertientes del sur y del este caen abruptamente formando profundos barrancos Obří y Modrý. El chalet de montaña Luční que se alza en el espacioso prado del mismo nombre es el mayor en la República Checa.

EL MONTE SNĚŽKA 176—177 Es la cima más alta (1602 m) de la cadena montañosa de 30 km de longitud que avanza desde el oeste hacia el este, formando la frontera de la República Checa con Polonia. La frontera estatal divide la cima del Sněžka, en la cual, además de edificios polacos se halla un albergue turístico checo y la estación terminal del teleférico que sale de Pec pod Sněžkou. La vertiente sur del Sněžka cae en el abrupto barranco Obří důl, enorme precipicio excavado por el glaciar en la era Cuaterniana. Las Montañas Gigantes son parque natural protegido.

BRNO 178—183 Con sus 350 mil habitantes es la segunda ciudad más importante de la República Checa, la capital histórica de Moravia, famosa por su potencial industrial, su comercio y su cultura. La ciudad tiene dos puntos dominantes, Špilberk, originalmente castillo gótico transformado en fuerte barroco, que se alza monumentalmente al oeste y el algo menos alto Petrov con las esbeltas torres de la iglesia de San Pedro y San Pablo de origen románico. Brno se constituyó como ciudad en el siglo XIII, al transformarse de centro comercial al pie del castillo en significativo centro político y económico. Ha conservado muchos valiosos monumentos arquitectónicos y culturales. Entre ellos destacan el ayuntamiento con su característica torre, la antigua Casa Real convertida en Nuevo ayuntamiento, el palacio Ditrichstejn y otros cuantos más, las iglesias de Santo Tomás, Santiago, San Miguel, la iglesia del convento en la ciudad vieja y muchas otras. Tampoco faltan edificios modernos como la villa Tugendhat, las construcciones y pabellones del recinto de las exposiciones de Brno o el teatro Leoš Janáček. El casco histórico de Brno ha sido declarado reserva urbana del patrimonio nacional.

EL PANTANO DE BRNO 184 La presa en el río Svratka fue construida en 1935—1939, en Bystrc, suburbio de Brno. El dique de 34 m de altura retiene 21 mil m³ de agua formando un lago de 9 km de longitud con una anchura de hasta 800 m. El embalse se ha convertido en la principal zona de recreo de la capital, en la temporada está asegurado el transporte por barco.

VYŠKOV 185 Localidad real cuyo nombre se menciona en el año 1131, elevada al grado de ciudad en el siglo XIII, perteneció durante siglos a la diócesis de Olomouc. En la plaza céntrica destacan el ayuntamiento de estilo renacentista y su alta torre prismática con galería, modificado hacia 1730 y la columna de la peste de estilo barroco (1719). El palacio barroco, originalmente castillo gótico, y la iglesia de la Asunción de Nuestra Señora edificada en estilo gótico tardío, remozada en el barroco son valiosos monumentos arquitectónicos de la ciudad.

SLAVKOV U BRNA (AUSTERLITZ) 186—187 El túmulo de piedra de Slavkov fue erigido en el monte Pracký (325 m) en los años 1909—1912 para conmemorar la sangrienta batalla de los tres emperadores, el 2 de diciembre de 1805, que acabó con la victoria del ejército de Napoleón I. El túmulo fue diseñado por el arquitecto Josef Fanta. El palacio de Slavkov, construido en estilo barroco hacia el 1700, fue ampliado en la primera mitad del siglo XVIII. Conserva valiosas piezas en su interior y está rodeado por un parque barroco reconstruido.

LA VIRGEN DE TUŘANY 188 Escultura de madera de la Virgen y el Niño Jesús con coronas de oro de los años 80 del siglo XIII expuesta en el altar de la iglesia de peregrinación de la Anunciación, reconstruida en estilo barroco en el siglo XVIII. Tuřany forma parte de Brno.

VRANOV U BRNA 189 La iglesia barroca de peregrinación de la Natividad con torres cuadrilaterales, construida entre 1622 y 1624, fue reconstruida en la segunda mitad del siglo XVII. La magnífica decoración al fresco del techo de la nave es obra de Jan J. Etgens de 1738.

LA GARGANTA DE MACOCHA 190 Con sus 138,5 m es la garganta más profunda de la República Checa. Se formó al derrumbarse el techo de una extensa cueva del sistema cárstico de Moravia. Se puede observar el fondo desde el Puente alto situado junto al albergue turístico, o bien desde el Puente bajo colgado en la pared del precipicis a 90 m de altura. El fondo es accesible desde las grutas del Punkva, riachuelo subterráneo que pasa por el fondo formando dos pequeños lagos el Superior y el Inferior.

LAS GRUTAS DEL PUNKVA 191 Forman una extensa red de cuevas en la parte norte del sistema cárstico de Moravia, región natural protegida. Son accesibles desde el cañón de Pustý žleb que se comunica con la cercana ciudad de Blansko. Abiertas al público en 1914 son famosas por sus enormes espacios y su magnífica riqueza de estalactitas y estalagmitas. Desde el fondo de la garganta de Macocha se puede acceder a las famosas catedrales acuáticas, únicamente en barco.

EL SISTEMA CÁRSTICO DE MORAVIA 192—194 Terreno calcáreo devoniano que ocupa una superficie de 100 km: 25 km de longitud por 2—5 km de anchura situado al nordeste de Brno y proclamado zona natural protegida. En este territorio de abundantes bosques aparecen muchos fenómenos típicos para los sistemas cársticos: estrías, cañones, valles sin salida, grutas y pequeños ríos sumergibles, el más conocido de cuales es el Punkva. Más al norte, en la parte baja de Suchý žleb está abierta al público la Cueva Kateřínská, en Ostrov u Macochy, la cueva Balcarka y en la parte norte del sistema cárstico de Moravia se halla la extensa serie de cuevas de Sloup-Šošůvka.

KŘTINY 195—196 Magnifica iglesia de peregrinación barroca con monumental cúpula y torre cuadrilateral en el frontón, edificada según diseño de Jan Santini en 1728—1750. La pintura al fresco en el techo es obra de Jan J. Etgens y la escultura de la Virgen con el Niño Jesús en el altar mayor datan del siglo XV.

RÁJEC NAD SVITAVOU 197 Edificio barroco con buhardillas en depurado estilo Luis XV, levantado sobre un plano horizontal en forma de U entre 1762 y 1769 en la pendiente sobre la localidad de Rájec-Jestřebí. El interior contiene magníficos salones de época, la biblioteca, la galería de pintura y salas con un valioso mobiliario predominantemente barroco. Un parque rodea el palacio.

LYSICE 198 El fortín acuático de finales del siglo XV, que experimentó muchos cambios, debe su actual aspecto de palacio barroco a la recontrucción llevada acabo entre 1705 y 1738. La columnata con galería de madera cubierta del año 1833 realza la discreta silueta del edificio palaciego. Los Dubský de Třebomyslice efectuaron modificaciones sustanciales en estilo imperio. Entre el mobiliario de época destaca la biblioteca de la conocida escritora austriaca Marie Ebner von Eschenbach, nacida Dubská de Třebomyslice, que pasó su juventud en este palacio.

LA MESETA CHECOMORAVA 199, 206—207 Extensa región montañosa que ocupa zonas del sur y del este de Bohemia, y también partes del suroeste y sureste de Moravia, desde las serranías Hornosázavská hasta la Jevišovická. Los Montes de Žďár, y parte de la Meseta forman una región natural protegida, poblada de bosques de abetos, praderas, turberas y muchos estanques. El de Velké Dářko con 206 hectáreas de superficie es un lugar de recreo. El paisaje montañoso de la Meseta tiene una atractivca naturaleza en primavera y en verano y terrenos aptos para esquiar en invierno.

TIŠNOV-PŘEDKLÁŠTEŘÍ 200—201 Porta coeli — Puerta del cielo, convento destinado a las monjas cistercienses, fundado en 1238 por la reina checa Constancia sepultada en él. La iglesia gótica del convento de 1240—1260, es una basílica que consta de tres naves. El espléndido portal en la fachada occidental sigue modelos del gótico francés con profusa decoración vegetal y figural.

NÁMĚŠŤ NAD OSLAVOU 202 El palacio que domina la ciudad tuvo su predecesor en un castillo gótico de la segunda mitad del siglo XIII. Cobró su aspecto actual en el siglo XVIII después de reconstrucciones en las épocas del renacimiento y del barroco. En las salas de época se exhiben las colecciones que documentan cronológicamente la evolución de la tapicería desde el siglo XVI hasta el XIX. El puente sobre el río Oslava debajo del castillo está decorado con 20 esculturas barrocas de santos de los años 1730—1740.

TŘEBÍČ 203 La basílica de San Procopio (originalmente de la Asunción) anexa al monasterio benedictino fue erigida entre 1240 y 1260. En la disposición arquitectónica de estilo románico tardío es visible la penetración de elementos góticos. Son notables las octogonales bóvedas de aristas y las pinturas al fresco en la sacristía que data de la segunda mitad del siglo XIII. Tras haber sufrido vicisitudes devastadoras fue restaurada, en 1725, según diseño de František M. Kaňka en estilo del gótico barroco (desde entonces quedó dedicada a a San Procopio).

PERNŠTEJN 204—205 Monumental castillo moravo edificado a partir de la segunda mitad del siglo XIII en un monte de suave pendiente sobre la confluencia del Medvědička con el Svratka. A lo largo de los siglos fue ampliado, modificado y arquitectónicamente enriquecido en estilos del gótico tardío, renacenimiento y barroco. Sus fortificaciones fueron consolidadas de manera que resistió el sitio por los suecos en la Guerra de Treinta Años. Las salas interiores, modernizadas en los siglos XVIII y XIX, contienen objetos y muebles de los períodos del gótico tardío y del renacimiento.

TELČ 208—210 Una de las reservas urbanas más bellas de la República Checa con palacio señorial, situada al surroeste de Moravia. El nombre de la localidad se menciona por vez primera en 1207. Su oblonga plaza céntrica está rodeada de casas góticas, renacentistas y barrocas con soportales y mu-

chos espléndidos frontones. Las torres de las iglesias y el edificio del palacio, originalmente castillo gótico, sobresalen de la urbanización. En los salones del palacio se conservan magníficos techos renacentistas, mobiliario de época, cuadros y armas. Po decisión de la UNESCO la ciudad ha sido declarada monumento del patrimonio universal.

ZNOJMO 211 Importante reserva urbana del patrimonio nacional sobre el río Dyje al sureste de Moravia y sede hereditaria de los príncipes premyslidas, hecho que recoge la famosa serie de murales del año 1134. Se conservan en la rotonda de Santa Catalina, que se alza frente al castillo de Znojmo convertido en palacio. En el panorama de la ciudad, fundada en 1226, destacan algunos monumentos y torres de la arquitectura eclesiástica — la catedral de San Nicolás, la capilla de San Venceslao, las iglesias de San Miguel, del Hallazgo de la Santa Cruz, de San Juan Bautista, de Santa Isabel y la torre del ayuntamiento. Las murallas de la ciudad se han conservado en gran parte.

VRANOV NAD DYJÍ 212 En un alto promontorio rocoso sobre el valle del río se alza el palacio construido entre 1687 y 1695 según diseño de J. B. Fischer de Erlach, sustituyendo el castillo gótico del siglo XIII. Encima del mismo despañadero el arquitecto situó la sala de plano ovalado dedicada a los antecesores, exquisitamente decorada con obras pictóricas y escultóricas. El mobiliario en el interior del palacio procede del período clasicista.

EL PANTANO DE VRANOV 213 La presa construida sobre el río Dyje entre 1930 y 1933 para regular y retener las aguas de aluvión, contiene debajo del dique une hidrocentral. La pared de 55 m de altura retiene las aguas del Dyje hasta 30 km de distancia. A lo largo del lago artificial hay muchos centros de recreo.

DUB NAD MORAVOU 214 La iglesia de peregrinación barroca de la Purificación de Nuestra Señora construida entre 1734 y 1756 es uno de los monumentos arquitectónicos más destacados de la región de Haná. Una galería con 28 esculturas une las torres de la portada y una balaustrada con estátuas y jarrones de piedra forma un cinturón alrededor de la iglesia. Las torres fueron reconstruidas después del incendio de 1782 y las bóvedas en 1854.

LEDNICE 215 Palacio neogótico de los años 1846—1856 emplazado en un parque en medio de un paisaje de estanques por el que transcurre el río Dyje, El actual edificio del palacio vino a sustuir un fortín gótico, transformado en palacio renacentista y, posteriormente barroco a finales del siglo XVII. Los salones guardan valiosas piezas artísticas y artesanales, así como un precioso mobiliario. Un parque inglés natural rodea el edificio.

JAROMĚŘICE NAD ROKYTNOU 216 Palacio del barroco culminante construido según diseño de Jakub Prandtauer entre 1700 y 1737 a orillas del río Rokytná, uno de los edificios palaciegos más imponentes de la República Checa levantado en la primera mitad del siglo XVIII. La iglesia palaciega con monumental cúpula de 1715—1732 dedicada a Santa Margarita domina el recinto. Durante el siglo XVIII Jaroměřice se convirtió en importante centro teatral y musical. Esculturas barrocas con escenas mitológicas decoran el parque.

VNOROVY 217 Pintoresca localidad de la región moravoeslovaca, donde se ha conservado el arte tradicional popular de decorar los huevos de Pascua y confeccionar figuritas de hojas de maíz.

TRAJE POPULAR DE RATIŠKOVICE 218 En la localidad de Ratiškovice, situada entre las ciudades de Kyjov y Hodonín, las mujeres y los hombres suelen vestir durante las ocasiones solemnes el multicolor traje popular de Kyjov.

TRAJE POPULAR DE HANÁ 219 Tiene su origen en Náměšť en la región de Haná. El traje popular que lucen las mujeres en ocasiones festivas suele ser de color blanco, con las características mangas muy fruncidas y faldas hasta media pantorrilla.

VELEHRAD 220—222 La original basílica románica de la Asunción anexa al monasterio cisterciense, fundado en 1205, sufrió una radical reconstrucción barroca entre 1686 y 1735. Las pinturas en el techo y en las paredes son obra de Jan J. Etgens. La capilla gótica Cyrilka de mediados del siglo XIII fue remodelada en estilo barroco. La imagen votiva de San Cirilo y San Metodio de 1885 es obra del pintor polaco Jan Matejka (1838—1893).

KROMĚŘÍŽ 223—227 La ciudad se formó en el siglo XIII al pie del castillo de los obispos de Olomouc. El castillo fue remodelado en el siglo XVII en palacio y muchos artistas de la época participaron en la decoración de los interiores. En la galería hay obras de valor extraordinario. La columnata pompeyana constituye el centro del Jardín debajo del palacio, y el jardín de las flores está dispuesto en estilo francés. La iglesia gótica de San Mauricio es uno de los monumentos destacados del centro urbano amén de otros edificos eclesiásticos, casas, restos de murallas, la Puerta Mlýnská de 1585 y el ayuntamiento de origen renacentista. Kroměříž ha sido proclamada reserva urbana del patrimononio nacional.

BUCHLOVICE 228 Tienen forma de villa italiana estos dos edificios semicirculares independientes con las portadas enfrentadas en el patio. El edificio inferior es el propio palacio con salones representativos y mobiliario de época, el edificio superior estaba destinado a la servidumbre y en parte a caballerizas. El conjunto barroco fue edificado hacia el año 1700. Esculturas barrocas realzan la belleza del parque palaciego.

ZLÍN 229 Esta moderna ciudad, cabeza de distrito, es también una importante aglomeración industrial. Su origen se remonta al siglo XIV y en el centro histórico se ha conservado un palacio reconstruido en estilo barroco, una iglesia del gótico tardío remodelada en 1845 y el ayuntamiento (1586). Fueron muchos los arquitectos del país que tomaron parte en las edificaciones constructivistas de la empresa de calzado de Baťa, los centros administrativos y sociales, los grandes almacenes y las escuelas.

HOSTÝN 230 La iglesia barroca de peregrinación erigida entre 1721 y 1748 sobre un alto monte, fue reconstruida después del incendio (1769), cambiándose durante las obras la terminación de las torres. En el siglo XIX se construyó junto al monasterio la capilla del beato Juan Sankander. El mosáico de la Virgen de Santo Hostýn en el frontón de la iglesia se realizó con 250 mil trocitos de piedra.

OLOMOUC 231−235 La ciudad de cien mil habitantes, importante reserva urbana patrimonial, constituye el centro cultural, científico y económico de la región agrícola de Haná. La alta torre del ayuntamiento gótico con reloj astronómico domina el casco histórico en el que destacan la magnífica escultura de la Trinidad y la iglesia gótica de San Mauricio. En la ciudad se conservan otros edificios eclesiásticos, muchos palacios, casas góticas, renacentistas y barrocas, fuentes, etc. En el lugar del antiguo castillo se levantan las tres torres de la catedral gótica de San Venceslao, retocada en estilo neogótico en el siglo XIX. El palacio de los Premyslidas consta entre los monumentos del patrimonio nacional.

SVATÝ KOPEČEK 236−237 La iglesia de la Visitación de Nuestra Señora junto al monasterio premonstratense es un edificio del barroco temprano erigido entre 1669 y 1679 según diseño de G. P. Tencalla. El interior de la iglesia de peregrinación es muy valioso. El edifico de la residencia fue construido después de 1700. Debido a su posición, Svatý Kopeček domina el paisaje de la región de Haná.

ŠTERNBERK 238−239 El museo de los relojes en el palacio está dedicado a la historia de la relojería desde el pasado hasta nuestros días. En las colecciones se conservan valiosas piezas de interés téncico y artístico. El castillo gótico de Šternberk convertido en palacio renacentista en el siglo XVI fue remodelado en estilo neogótico en 1886.

LAS GRUTAS DE JAVOŘICÁ 240−241 Las extensas cuevas de estalactitas y estalagmitas en las formaciones calcáreas devonianas del monte Špráněk fueron horadadas por las aguas del riachuelo subterráneo del mismo nombre. Descubiertas en 1938 se abrieron al público en 1952, sin embargo, habían sido habitadas en tiempos prehistóricos. Las cuevas destacan por su extensión y por sus encantos naturales. La más impresionante es la Catedral de los Gigantes de 50 m de longitud por 14 m de anchura y 18 m de altura con estalactitas y estalagmitas de dimensiones descomunales.

BOUZOV 242−243 El castillo gótico mencionado por primera vez en el año 1317 y ampliado en el siglo XVII se convirtió en propiedad de los Caballeros de la Orden Teutónica en el año 1699. Estos últimos procedieron a la renovación del castillo que se caía en ruinas y a la reconstrucción en estilo gótico romántico entre 1896−1901, convirtiéndolo en castillo de la Orden. También el interior fue decorado con valiosas colecciones y mobiliario de estilo romántico.

LAS CUEVAS DE MLADEČSKÁ 244−245 Se hallan a poca distancia de la ciudad morava de Litovel en el sistema cárstico de Mladečský en formaciones calcáreas devonianas creado por la actividad de las aguas de un riachuelo en el monte Třesín. Las conocía el hombre prehistórico que habitaba en esta zona a finales de la era paleolítica. Se hallaron aquí restos de esqueletos, de hogares e instrumentos de piedra, así como osamenta de especies animales desaparecidas. Los espacios más atractivos son: la Cueva de la Virgen con bellísimas estalactitas y estalagmitas, la Cueva de los Lagos con dos laguitos y la Catedral de los Muertos.

JESENÍKY 246−247 Extensa cadena montañosa en la parte Norte de Moravia y Silesia dividida en distintas zonas, la más tractiva de ésta es Hrubý Jeseník con el pico Praděd, el más alto con 1492 m. La carretera de montaña que atraviesa el puerto Červenohorský, centro turístico y de recreo en Hrubý Jeseník, une las ciudades de Šumperk, Domašov y Jeseník. La senda turística y el trazado de esquí de fondo recorren la cresta de la cadena.

KARLOVA STUDÁNKA 248 Balneario en medio de profundos bosques en el estrecho valle del río Bílá Opava al pie del monte Praděd. Fue fundado después del año 1780 y la mayoría de los edificios son del mismo estilo arquitectónico. Aquí se curan enfermedades de las vías respiratorias.

VISTA DE JESENÍK 249 Se menciona su existencia en 1267, siendo su peculiaridad un castillo rodeado de agua reconstruido en palacio renacentista, hoy convertido en museo. El balneario de Jeseník fue fundado antes del año 1830 por el granjero Vincenc Priessnitz. Las fuentes minerales y las condicio-

nes climáticas son propicias para el tratamiento de trastornos mentales y nerviosos, enfermedades de metabolismo, de las vías respiatorias, arteriosclerosis, etc.

LAS CUEVAS DE NA POMEZÍ 250 Las grutas en las montañas Rychlebské situadas a una altura de 576 m a poca distancia del balneario Dolní Lipová se formaron en rocas cálizas cristalinas muy puras. La primera y más conocida fue descubierta en 1936. Las cuevas destacan por su bella decoración natural de la Catedral del Hielo, la Catedral Real, la Sala del Tesoro y otras, así como por las interesantes formas de las estalactitas y estalagmitas, tobas y formaciones de travertino.

OPAVA 251 Centro cultural y económico de Silesia mencionado por vez primera en 1195, capital del principado de Opava y posteriormente de la Silesia checa. Destaca entre los monumentos la catedral, obra de mampostería cuya existencia se menciona en el año 1204, la iglesia minorita del Espíritu Santo, la dominica de San Venceslao, la de San Juan Bautista, la jesuita de San Jorge, el edificio de la Casa Real, el ayuntamiento con la torre Hláska erigida en 1618, los palacios de Blucher y de Sobek y, en el barrio Kateřinky, la capilla de la Santa Cruz, denominada capilla sueca. Los combates de 1945 dañaron el centro de la ciudad, por cuanto fue posteriormente reconstruido.

FULNEK 252−254 Recordada en 1293 como ciudad amurallada al pie del castillo fuerte modificado posteriormente en palacio barroco. El palacio inferior es un edificio renacentista. En la escuela local de los Hermanos Checos Jan Amos Komenský ejerció entre 1618 y 1621. El edificio eclesiástico de los Hermanos fue retocado, convertido en Museo de Komenský y declarado monumento del patrimonio nacional. El ayuntamiento con la torre del año 1610 fue levantado nuevamente después de 1945, la columna barroca data de la primera mitad del siglo XVIII. A finales de la Segunda Guerra Mundial la ciudad fue seriamente dañada.

LAS FUNDICIONES DE VÍTKOVICE 255 Fundadas en 1828 por el arzobispo de Olomouc, el archiduque Rudolf Jan. Los documentos sobre la fundación, la impetuosa evolución de la empresa siderúrgica, su amplio programa de producción y una serie de modelos tecnológicos y muestras de productos, se encuentran expuestos en las colecciones del Museo de las Fundiciones de Vítkovice.

OSTRAVA 256 La tercera ciudad de la República Checa con 340 mil habitantes, situada en la cuenca hullera de Ostrava y Karviná constituye uno de los centros económicos más importantes del país debido a la presencia de las industrias minera, siderúrgica, maquinaria y química. La ciudad se creó aglomerando a 33 localidades moravas y silesias originalmente independientes. La intensa extracción del carbón, la edificación de las fábricas siderúrgicas y de las redes de ferrocarril sentaron las bases del desarrollo de la industria pesada en Ostrava. Uno de los monumentos arquitectónicos conservados es el viejo ayuntamiento de 1556, elevado a la actual altura en 1859 que hoy alberga las colecciones del museo.

EL PANTANO DE TĚRLICKO 257 Embalse construido en el río Stonávka cerca de la localidad de Horní Těrlicko y a poca distancia de Český Těšín.

HELFŠTÝN 258 Las ruinas del más extenso castillo moravo que se alza en un frondoso monte sobre el río Bečva en la Puerta de Moravia. Fue fundado después de 1278, ampliado en el siglo XIV, en períodos posteriores se reforzaron sus murallas del gótico tardío. En el lugar del castillo interior se erigió un palacio de estilo renacimiento tardío con capilla. Rodean el recinto murallas con torres cilíndricas y prismáticas, puertas y fosos. En 1656 Helfštýn fue parcialmente destruido para que no pudiera servir al enemigo y a partir del siglo XVIII se fue desmoronando. En la actualidad se procede a contínuos trabajos de conservación.

COSECHA EN HANÁ 259 Vasta región agrícola de Moravia Central famosa por altos rendimientos de productos de cultivo.

BESKYDY-PANTANO DE ŠANCE 260 El embalse en el río Ostravice en las montañas moravosilesias de Beskydy es la fuente de agua potable para la región de Ostrava.

ROŽNOV POD RADHOŠTĚM 261−262 El Museo de Valaquia al aire libre, abierto en 1925 como skansen de la arquitectura popular constituye el punto de atracción de la ciudad que se extiende al pie de los Beskydy, la mayor cadena de montañas moravosilesias. Al original, Pueblo de Madera, se unió el Pueblo de Valaquia en Stráni y el valle Mlýnská dolina pasó a formar parte del mismo. En el museo se hallan concentradas decenas de construcciones rústicas de las regiones Valašsko, Lašsko, Těšín y Kopanice.

BESKYDY 263−265 Extensa zona montañosa que forma parte de la reserva natural de Beskydy con una superficie de 1160 km². Entre los picos abruptos animan el paisaje praderas, cortijos, típicas casas de madera de la región Valašsko profundos valles y muchísimas corrientes de agua. La cadena se divide en tres grupos distintos — las sierras Radhoštská, Lysohorská y Klokočovská respectivamente. El pico Radhošť (1129 m) sin ser el más alto es el más conocido y Pustevny (1018 m) se considera el lugar más atractivo de toda la cordillera.

ČESKÁ REPUBLIKA

Fotografie Miroslav Krob a Miroslav Krob mladší
Předmluvu napsal Karel Šiktanc
Průvodní text ing. Evžen Veselý
Německý překlad Ernst Grof, PhDr. Pavel Cink, doc. PhDr. Leoš Houska, CSc.
Anglický překlad doc. PhDr. Eva Oliveriusová, CSc., Peter Nitsche
Francouzský překlad JUDr. Emil Fiala
Italský překlad Jaroslav Kunčík
Španělský překlad PhDr. Dely Serrano
Grafická úprava, návrh obálky a vazby akad. malířka Dana Krobová
Znaky nakreslil Jiří Louda
Vydalo nakladatelství KVARTA Praha 1993 jako svou 36. publikaci
Vydání první
Vytiskla SVOBODA, grafické závody, akciová společnost, Praha
ISBN 80-85570-25-4